Eva Neumann, Sabine Heß

Mit Rollen spielen II

45 neue Rollenspiele für Trainerinnen und Trainer

managerSeminare Verlags GmbH, Bonn

Eva Neumann, Sabine Heß
Mit Rollen spielen II
45 neue Rollenspiele für Trainerinnen und Trainer

© 2010 managerSeminare Verlags GmbH
Endenicher Str. 282, D-53121 Bonn
Tel: 0228 – 9 77 91-0, Fax: 0228 – 9 77 91-99
shop@managerseminare.de
www.managerseminare.de/shop

Der Verlag hat sich bemüht, die Copyright-Inhaber aller verwendeten Zitate, Texte, Abbildungen und Illustrationen zu ermitteln. Sollten wir jemanden übersehen haben, so bitten wir den Copyright-Inhaber, sich mit uns in Verbindung zu setzen.

Alle Rechte, insbesondere das Recht der Vervielfältigung und der Verbreitung sowie der Übersetzung vorbehalten.

ISBN 978-3-936075-94-6

Lektorat: Ralf Muskatewitz, Michael Busch
Cover: Silke Kowalewski
Grafik: Jürgen Graf
Druck: Kösel GmbH und Co. KG, Krugzell

Inhalt

Willkommen zu „Mit Rollen spielen II" 7

1. Neue Rollenspiele á la carte

Welches Spiel zu welchem Ziel? 12

Die Spiele
Achtung: Kunde! 20
Auf Augenhöhe 26
Außenseiterin 34
Australienurlaub 41
Blick nach vorne 45
Borsty und seine wilden Freunde von der Tischkante 51
Das gestohlene Portemonnaie 56
Der störende Dritte 62
Dreh Dich um 69
Warm-up: Wohnungsführung 74
Future-Talk – Experten zu Gast bei Sandr(o)a Maischberger ... 76
Gespräch mit Herrn Lahm 85
Gleichberechtigte Projektleitung 92
Großraumbüro 96
Warm-up: Sprechende Körper 103
Hallo Drama – ich komme 104
Kolleginnen im Betrieb 109
Konflikt im Bauamt 115
Let's fetz – Die legendäre Pro- und Contra-Debatte 122

Warm-up: Party der Persönlichkeiten 132
    Lügendetektor 134
    Magenprobleme 138
    Mal ganz ehrlich ...! 142
    Märchenschule 146
Warm-up: Fliegender Wechsel 152
    Miss-Universe-Wahl, einmal anders herum 154
    Mitarbeiterbeurteilung 160
    Piep, piep, piep 168
    Radio (Firmenname) live 172
    Regie führen im Inneren Team 177
    Satir war hier 183
    Schweißgeruch 190
Impuls: Verhaltenskodex für perfekte Teilnehmer 196
    Skandalkonzert 198
    Speakers' Corner 212
    Stromausfall 219
Impuls: Video- und Audio-Desensibilisierung 223
    Telefonsituationen im Alltag souverän meistern 225
    Turmbau zu Babel 228
    Versetzung nach Hintertupfingen 232
    Vor Gericht 236
    Wer bedient die Hotline? 242
    Wer nicht fragt, bleibt dumm! 248
    Wertvolle Rückmeldung 250
    Zahnbürsten zu verkaufen 256
    Zugabteil 260

2. Methodische Spezialitäten

Rollenspiele im Coaching – kreative Klärungsarbeit für äußere und innere Schauplätze

Gründe für Rollenspiele im Coaching 267
Erstes Coaching-Ziel: Angemessenes Verhalten für
herausfordernde Situationen entwickeln 270
Die Platzierung von Coach und Coachee 271

Inhalt

Ablauf eines Rollenspiels im Coaching.................................... 275
Methodenvarianten 276
Fragen und Antworten 281
Zweites Coaching-Ziel: Authentizität und emotionale
Souveränität entwickeln 286
Drei spezifische Rollenspiel-Methoden für das Coaching 286
Grenzen des Nutzens von Rollenspielen im Coaching................. 291
Rollenspiel bei der Arbeit mit Persönlichkeitsanteilen.............. 292
Überblick: Rollenspiel und Arbeit mit Persönlichkeitsanteilen.... 295
    Interview mit dem Konfliktpartner 296
    Kontrollierter Dialog 299
    König, Liebender, Magier und edler Krieger...................... 303

Führungskompetenzen erwerben durch Szenariobasiertes Lernen

Szenariobasiertes Lernen... 311
Beispiel eines SBL-Trainings: „Das Versetzungsgesuch"............. 315
Die Problemlandkarte – ein spezifisches Tool beim SBL-Training. 321
Rollen und Kompetenzen der SBL-Trainer/-innen..................... 322
Weitere spezifische Tools 323
Fazit 324

Schauspieler im Rollenspiel

Wie realitätsnah ist das Spiel? 327
Wer spielt mit? 328
Impuls: Erfahrungen mit Schauspielszenen............................. 329
Best Practise – Drei Erfahrungsberichte 332
Was brauchen Trainer, die mit Seminarschauspielern arbeiten? .. 338
Impuls: Schlagfertigkeitstraining mit Schauspielern 339
Woher nehmen ... und wie hoch bezahlen? 341
Voraussetzungen, die Schauspieler mitbringen sollten 343
Viermal A und ein O für das Briefing des Schauspielers 344
Transfersicherung mit Schauspielern................................... 345
Grenzen des Rollenspiels mit Schauspielern 346
Wenn Schauspieler vor- und verführen................................. 347

Impuls: Menschliche Grundcharaktere auf der Bühne 347
Praxisbeispiel Sparda-Bank Berlin eG 348
Fazit 352

Mit Rollen spielen nach Seminarende –
Impulse für motivierte Teilnehmende zum Weiterlernen
Alleine weiterüben – aber wie? 353
Motivation zu mehr Rollenspiel im Alltag 354
Motivierendes Feedback auch im Alltag sichern 355
Checkliste: Schaffen Sie sich ein motivierendes Umfeld 356
Alltagssituationen zum Üben nutzen 357
Checklisten: Übung in Alltagsrollen 358
Fazit 361

3. Nach-Lese
Literatur und Quellen 365
Die Herausgeberinnen 368
Autorenverzeichnis 370
Stichwortverzeichnis 381

Willkommen zu „Mit Rollen spielen II"

Liebe Trainerin, lieber Coach, liebe Beraterin, lieber Ausbilder, liebe Lehrerin, lieber Dozent,

willkommen zum zweiten Band von „Mit Rollen spielen"! Erfreut über die positive Resonanz auf den ersten Band und über die Mitwirkung vieler Kolleginnen und Kollegen an neuen Rollenspielversionen haben wir diese Fortsetzung von „Mit Rollen spielen" realisiert.

Was erwartet Sie? Im ersten Teil starten wir nach einem Kurzüberblick zu Lernbereichen und Besetzung sofort mit den Spielen. Sie finden erneut eine Sammlung von 45 „sinn"-vollen Variationen rund um die Rollenspielmethodik: Da spielen Fingerpuppen den Teilnehmenden etwas vor, da wird das Innere Team in Rollen aufgefächert, da wechseln Männer und Frauen die Seiten – lassen Sie sich mitreißen und für Ihre Arbeit wieder neu inspirieren! Die klassische Form des Rollenspiels ist in diesem Buch wieder reichlich vertreten, mit ihr erreichen Sie verhaltensorientierte und situationsbezogene Lernziele im Gesprächstraining. Sie finden Spiele zu Mitarbeiter-, Feedback- und Beurteilungsgesprächen sowie zu Verkaufs- und Konfliktlösungssituationen. Neu ist das Thema „Werte" und Urteilsvermögen, auf das sich einige Rollenspiele beziehen. Beispielsweise die Beschreibung von Dr. Stephan Hametner, ob sich über Geschmack sinnvoll streiten lässt. Diese Frage hat er als Rollenspiel für den Einsatz im Musikunterricht in Szene gesetzt. Zudem haben wir weitere Rollenspiele für das Training freier Rede im öffentlichen Auftritt und zum Einsatz im Coaching in diesen Buch aufgenommen. Durchsetzt sind die Beschreibungen mit Warmups, die die Spiellust stärken sowie mit erkenntnisreichen Impulsen.

Im zweiten Teil des Buches haben wir einige spezielle Anwendungen von Rollenspielen in der Praxis unterschiedlich beleuchtet: Interessant war für uns im ersten Beitrag die Frage: Wie kann ein Rollenspiel im Coaching gelingen – trotz begrenzter Mitspielerzahl? Wir stellen einen Leitfaden für Coachings mit Rollenspielen sowie hilfreiche Tipps zusammen, wie Coach und Coachee auf verschiedenen Rollenebenen miteinander arbeiten können. Ergänzend dazu finden Sie weitere Rollenspiele, die speziell für Coachings geeignet sind.

Dass ein Rollenspiel den Rahmen für eine ganze Fortbildungsveranstaltung bieten kann, zeigen Eva-Maria Schumacher und Dirk Heidemann in ihrem Konzept „Szenariobasiertes Lernen" am Beispiel eines Führungskräftetrainings der Deutschen Hochschule der Polizei.

In einem weiteren Kapitel gehen wir der Frage nach, wann und wie der Einsatz von professionellen Schauspielern im Training sinnvoll ist und in welcher Hinsicht sie besonderen Nutzen für das Seminar bieten. Wir haben dazu Auftraggeber, Schauspieler und Teilnehmer interviewt, sowie selbst spannende Erfahrungen gesammelt, die wir hier für Sie zusammenfassen.

Rollenspiele finden nicht nur im Seminar statt, sondern auch im „Leben draußen" – aus dieser einfachen Erkenntnis können Trainer Transferhilfen für Teilnehmende entwickeln, die nach einem Seminar motiviert sind, weiterzulernen. Wie das mit „Rollenspielen im Alltag" geht, zeigen wir in unserem abschließenden Beitrag.

Wie auch im ersten Band finden Sie im Anhang die Porträts der Rollenspielautoren und -autorinnen, sowie unsere Quellen- und Literaturtipps.

Unser Dank geht an unsere Mitautorinnen und -autoren, die mit ihren Erfahrungen dazu beitragen, dass dieser zweite Band wieder zu einer Fundgrube abwechslungsreicher Übungen und zu einer Quelle lebendigen Lernens wird.
Wir freuen uns über weitere Rückmeldungen und Rückfragen, wie sie uns zum ersten Band immer wieder erreichen.

Nun wünschen wir Ihnen viel Freude beim Lesen, zahlreiche Anregungen für Ihre Seminare, Trainings und Unterrichtseinheiten und jede Menge positiver Überraschungen beim Entdecken der Vielfalt von Rollenspielen.

Ihre Eva Neumann und Sabine Heß
Schorndorf und Berlin

EINS

Neue Rollenspiele á la carte

Welches Spiel zu welchem Ziel?

40 neue Rollenspiele zum Einsatz in Trainings, Seminaren und Lehrveranstaltungen – auch dieses Mal haben wir uns für eine Übersicht entschieden, die Ihnen den Zugang zum passenden Rollenspiel über Lernziele ermöglicht.

Coachings
Die Rollenspiele für Einzelberatungen haben wir ausgegliedert, um sie deutlich vom Trainings- und Seminarkontext abzugrenzen. Die drei Coaching-Rollenspiele finden Sie im zweiten Teil des Buchs, im Anschluss an das Kapitel „Rollenspiel im Coaching" (Seite 267).

Rollenspiele à la carte
Die Anleitungen sind methodisch vielfältig und deshalb dieses Mal alphabetisch geordnet. Wir unterscheiden wieder zwei Lernzielbereiche, die ein Rollenspiel unterstützen kann: Verhaltensziele (wie z.B. Zuhören und Verstehen, Argumentieren oder Fragetechnik einsetzen) und rollen- oder anlassbezogene Lernziele (wie z.B. Lernziele im Bereich Persönlichkeit, Führung, Konflikt- und Problemlösung). Sie werden als Tabellenbereiche jeweils farblich voneinander getrennt.

Warm-up
Um Teilnehmenden den Einstieg in ein Rollenspiel zu erleichtern, empfehlen wir vor dem ersten Spiel den Einsatz von Warm-ups, also „Aufwärm-Übungen", die Teilnehmende spielerisch
- ▶ vom Sitzen in die Bewegung,
- ▶ vom Denken in die sinnliche Erfahrung auf allen Ebenen,
- ▶ von der Konzentration auf die Trainerin zur gegenseitigen Wahrnehmung führen, und sie damit

Übersicht

- von Reagierenden zu kreativ-aktiv Handelnden,
- von Teilnehmenden zu „Teil-Gebenden" machen.

Vier „Aufwärmer", die in diesem Sinne zum Spielen hinleiten und themenunabhängig einsetzbar sind, finden Sie zwischen den Rollenspielen. Sie erscheinen im Inhaltsverzeichnis als *kursiv* abgesetzte Überschriften. In diesem Sinne zum Spielen hinführen kann auch ein Rollenspiel, das als thematischer Einstieg dient und noch in der Komfortzone der Teilnehmenden stattfindet. Solche „niedrigschwellig" angelegten Rollenspiele haben wir in der letzten Spalte der Übersicht als „warm-up-fähig" markiert.

Konstellationen
Eines Ihrer Auswahlkriterien für den Rollenspieleinsatz kann auch darin liegen, wie viele Personen gleichzeitig am Spiel beteiligt sind. Diese Übersicht finden Sie in der Tabelle „Konstellationen".

Übersicht nach Lernbereichen

	Achtung: Kunde!	Auf Augenhöhe	Außenseiterin	Australienurlaub	Blick nach vorne	Borsty und seine wilden Freunde	Das gestohlene Portemonnaie	Der störende Dritte	
Angriffen, Beschwerden und Kritik begegnen								x	
Argumentieren, Überzeugen							x	x	
Feedback geben, Kritik und Anerkennung			x	x	x				
Fragetechnik einsetzen							x		
Gespräch beginnen, Kontaktaufnahme	x								
Schwierige Gesprächspartner	x	x						x	
Selbstbehauptung, Durchsetzungsvermögen		x						x	
Unangenehmes mitteilen									
Wahrnehmung, Perspektivwechsel	x								
Werte und Bewertung									
Zielorientierung			x	x	x			x	
Zuhören und verstehen, Umgang mit Gefühlen		x	x	x					
Führen, Mitarbeitergespräch				x					
Konfliktklärung, Problemlösung		x	x						
Kundenorientierung, Verkauf	x								
Moderation		x							
Rhetorik, Redewirkung							x		
Rolle und Persönlichkeit									
Teamkommunikation, Teamcoaching					x				
Verhandeln		x		x					
Vermitteln, Mediation, Deeskalation		x							
Als Warm-up einsetzbar	x					x			

Übersicht

	Dreh Dich um	Future-Talk	Gespräch mit Herrn Lahm	Gleichberechtigte Projektleitung	Großraumbüro	Hallo Drama – ich komme	Kolleginnen im Betrieb	Konflikt im Bauamt	Let´s fetz	Lügendetektor	Magenprobleme	Mal ganz ehrlich …!
		x							x			
		x			x				x	x		
			x			x					x	x
		x	x								x	
							x					x
						x						x
					x				x			
												x
				x		x				x		
	x								x		x	
				x			x				x	x
			x			x	x	x			x	
				x	x	x		x			x	x
		x						x				
	x	x							x	x		
						x					x	
					x							
					x							
						x	x	x				
	x									x		

Übersicht nach Lernbereichen, Fortsetzung

	Märchenschule	Miss-Universe-Wahl	Mitarbeiterbeurteilung	Piep, piep, piep	Radio live	Regie führen im Inneren Team	Satir war hier	Schweißgeruch
Angriffen, Beschwerden und Kritik begegnen								x
Argumentieren, Überzeugen				x				
Feedback geben, Kritik und Anerkennung			x					x
Fragetechnik einsetzen	x		x					
Gespräch beginnen, Kontaktaufnahme								x
Schwierige Gesprächspartner				x			x	
Selbstbehauptung, Durchsetzungsvermögen		x						
Unangenehmes mitteilen				x				x
Wahrnehmung, Perspektivwechsel	x	x		x	x	x	x	
Werte und Bewertung		x	x					
Zielorientierung		x			x			
Zuhören und verstehen, Umgang mit Gefühlen	x		x		x	x	x	
Führen, Mitarbeitergespräch			x	x				
Konfliktklärung, Problemlösung	x					x	x	x
Kundenorientierung, Verkauf					x			
Moderation					x			
Rhetorik, Redewirkung		x			x			
Rolle und Persönlichkeit		x		x	x	x	x	
Teamkommunikation, Teamcoaching	x	x					x	
Verhandeln								
Vermitteln, Mediation, Deeskalation								
Als Warm-up einsetzbar				x	x		x	x

Übersicht

Skandalkonzert	Speakers' Corner	Stromausfall	Telefonsituationen	Turmbau zu Babel	Versetzung nach Hintertupfingen	Vor Gericht	Wer bedient die Hotline?	Wer nicht fragt, bleibt dumm!	Wertvolle Rückmeldung	Zahnbürsten zu verkaufen	Zugabteil
		x			x	x	x				
x	x				x	x	x				
x									x		
					x	x		x		x	x
			x		x						x
					x						x
	x					x	x				
x											
x		x							x	x	
x		x							x		
			x	x							
x		x								x	
									x		
x		x				x	x				
			x						x	x	x
	x		x		x	x					
		x		x							
		x		x			x				
							x				
			x								x

Übersicht nach Gesprächskonstellation

	Zweiergespräch	Dreiergespräch	Gruppengespräch	Bühnensituation: Redner + Publikum
Achtung: Kunde!	x			
Auf Augenhöhe		x		
Außenseiterin	x			
Australienurlaub	x			
Blick nach vorne		x		
Borsty und seine wilden Freunde				x
Das gestohlene Portemonnaie	x			alle
Der störende Dritte		x		
Dreh Dich um	x			
Future-Talk				4
Gespräch mit Herrn Lahm	x			
Gleichberechtigte Projektleitung	x			
Großraumbüro			5	
Hallo Drama – ich komme	x (+2)			
Kolleginnen im Betrieb		x		
Konflikt im Bauamt			4	
Let´s fetz			x	alle
Lügendetektor				alle
Magenprobleme	x			
Mal ganz ehrlich …!		x, alle		

Übersicht

	Zweiergespräch	Dreiergespräch	Gruppengespräch	Bühnensituation: Redner + Publikum
Märchenschule			6	
Miss-Universe-Wahl				alle
Mitarbeiterbeurteilung	x			
Piep, piep, piep	x			
Radio live				2
Regie führen im Inneren Team			x	
Satir war hier			x	
Schweißgeruch	x			
Skandalkonzert				11
Speakers' Corner				3+
Stromausfall		x		
Telefonsituationen	x, alle			
Turmbau zu Babel			x	
Versetzung nach Hintertupfingen	x, alle			
Vor Gericht			x	2
Wer bedient die Hotline?			6-12	
Wer nicht fragt, bleibt dumm!		x, alle		
Wertvolle Rückmeldung	x			
Zahnbürsten zu verkaufen	x			
Zugabteil	x			

Achtung: Kunde!

von Claudia Kreymann

Überblick

Kurzbeschreibung Überspitzte Darstellung von negativen, alltäglichen Szenen im Kundenkontakt.

Die Teilnehmer werden auf humorvolle Art an Rollenspiele herangeführt und verlieren die Sorge, sich zu blamieren. Evtl. Widerstände können so im Vorfeld bereits entkräftet werden.

Zielgruppe
- ▶ Anfänger und Fortgeschrittene.
- ▶ Führungskräfte und Mitarbeiter.
- ▶ Teilnehmende aus allen Bereichen, die mit Mitarbeitern oder Kunden zu tun haben.

Lernziele
- ▶ Mitarbeiter- und Kundenorientierung.
- ▶ Ansprache des Kunden.
- ▶ Zuhören und Nachfragen.
- ▶ Aufmerksamkeit und Wertschätzung zeigen.
- ▶ Auf Stimme, Sprache und Körpersprache achten.

Einsatz Das Spiel kann als „Warm-up" und zum Einstieg in das Thema „Kundenansprache" genutzt werden. Es bietet die Möglichkeit, verschiedene Situationen auszuprobieren und gemeinsam nach guten Lösungen zu suchen. Die überspitzte Darstellung ermöglicht es den Teilnehmenden, selbst erlebte und beobachtete Situationen vorzuführen, ohne sich lächerlich zu machen. Gleichzeitig kann mit Unterstützung der ganzen Gruppe nach möglichen Verbesserungen gesucht werden. Auf humorvolle Art wird den Teilnehmenden so die Angst genommen, vor einer Gruppe zu agieren. Nach jeder Szene kann ein Austausch über die Wahrnehmung und Interpretationen erfolgen.

Spielen und auswerten

Es werden unterschiedliche Situationen des Verkaufsalltags betrachtet, z.B.: Eine Verkäuferin packt in ihrer Abteilung gerade neue Ware aus; ein Verkäufer steht zufällig in einer fremden Abteilung, eine Verkäuferin bedient gerade einen anderen Kunden, ein Verkäufer studiert einen Katalog, eine Verkäuferin führt Bestellungen durch, ein Verkäufer räumt Ware ein etc. Es sind alle Situationen verwendbar, in denen ein Verkäufer von einem Kunden angesprochen werden kann. Sie können mit der Gruppe gesammelt werden.

Situation

Ein Teilnehmer übernimmt die Rolle des Verkäufers. Eine andere Teilnehmerin schlüpft in die Rolle der Kundin. Die Kundin kommt in das Geschäft und spricht den Verkäufer an. Sie hat zum Beispiel eine Frage zu einem bestimmten Artikel oder bittet um Beratung, möchte etwas bestellen, umtauschen, reklamieren etc.

Die handelnden Personen:

Rollen

Person 1: Verkäufer
Verkäufer in einer beliebigen Alltagssituation, die neben dem Kundengespräch vorkommt. Sie können hierzu aus der Gruppe typische „Nebenbeschäftigungen" sammeln. Jede Tätigkeit auf einer Moderationskarte festhalten und je eine dann an den Verkäufer als Rollenanweisung weiterreichen. Da in mehreren Durchgängen gespielt wird, ist es gut, eine Vielzahl von Situationen zur Auswahl zu haben.

Person 2: Kundin
Auch hier können Sie auf die Gruppe zurückgreifen („Mit welchen Fragen kommen Kunden auf Sie zu?") oder aus eigenen On-the-Job-Beobachtungen typische Fragen von Kunden zusammenstellen. Legen Sie mit der Darstellerin der Kundin oder dem Darsteller des Kunden das Alter fest, z.B. ältere/r Dame/Herr, Teenager, Mutter/Vater.

Bespielfragen: „Ich suche nach XYZ." (= ein Produkt aus einer anderen Abteilung). „Ich möchte ein XYZ kaufen – was empfehlen Sie mir?", „Dieses XYZ habe ich bei Ihnen für meine Mutter gekauft – es gefällt ihr nicht.", „Das hier funktioniert gar nicht!!!"

Durchführung   Es werden kleine Szenen gespielt, die die Teilnehmer aus ihrem Alltag kennen.

Die Aufgabe des Verkäufers ist es, in der Szene möglichst übertrieben/überspitzt darzustellen, wie KEIN guter Kundenservice geboten wird. Wichtig ist, dass die Trainerin betont, dass die Darstellungen nicht der Realität entsprechen. Das heißt, keinem Teilnehmer soll durch die überspitzte Darstellung unterstellt werden, dass er tatsächlich so mit seinen Kunden spricht oder so auf Ansprache reagiert.

Nach jeder Szene oder wenn drei Negativszenen gespielt sind, werden Ideen gesammelt, wie sich der Verkäufer verhalten kann, damit die Kundin seinen Service bei ihren Freunden lobend erwähnt. Mehr dazu siehe Auswertung.

Beispiel 1
Der Verkäufer räumt gerade Ware ein und wird von einem Kunden angesprochen, der etwas umtauschen möchte. Der Verkäufer schaut den Kunden nicht an, sondern zeigt nur mit dem Arm in eine Richtung: „Da hinten können Sie das machen." (Möglicher Vorschlag zur besseren Kundenansprache: Verkäufer schaut Kunden an, nimmt ihn wahr, bietet an, sich um die Reklamation zu kümmern und/oder begleitet ihn zu dem zuständigen Kollegen.)

Beispiel 2

Der Verkäufer befindet sich in einer anderen Abteilung, die Kundin fragt nach einem Produkt: Der Verkäufer sagt im Vorbeigehen: „Keine Ahnung, bin nicht von hier", und lässt den Kunden stehen. (Möglicher Vorschlag: Verkäufer kümmert sich darum, dass ein fachkundiger Kollege den Kunden bedient.)

Beispiel 3

Die Kundin hat eine Reklamation und erklärt, was an dem gekauften Gegenstand nicht funktioniert. Der Verkäufer unterbricht: „Das glaube ich nicht, das kann nicht sein, da haben Sie bestimmt etwas falsch gemacht." (Möglicher Vorschlag: Verkäufer hört sich die Aussage des Kunden an, nimmt sie ernst und bietet Unterstützung in der Bedienung an oder überprüft den Sachverhalt.)

Beobachtung

In diesem Rollenspiel kann beobachtet werden, wie sich Verkäufer (Führungskräfte/Pflegepersonal) im direkten Kunden-, Mitarbeiter-, Patientenkontakt möglichst nicht verhalten sollten. Durch Identifikation mit der Kundin wird für die Teilnehmer fühlbar, welche Wirkung ein solches Verhalten hat. In manch einer Situation kann sich die eine Teilnehmerin oder der andere Teilnehmer wieder erkennen („Hoppla, manchmal reagiere ich wohl auch so ...") ohne dies vor der Gruppe veröffentlichen zu müssen.

Die Szene kann von den anderen Teilnehmern nach den Kriterien Körpersprache, Kontaktaufnahme, Reaktion, Herstellung einer Gesprächsbeziehung, Stimme, Sprechweise, Wortwahl, Motivation beobachtet werden.

Moderation der Auswertung

Die Auswertung erfolgt unmittelbar nach jeder Szene oder nach drei kurzen Szenen. Es werden Vorschläge gesammelt, wie der Verkäufer anders, nämlich kundenorientierter hätte reagieren können.
- ▶ Direkt im Anschluss die Szene entsprechend der Vorschläge darstellen lassen.
- ▶ Vorschläge stichwortartig auf einem Flipchart sammeln.

▶ Der Teilnehmer, der eine Idee hat, wie die Kundenansprache zu verbessern ist, geht nach vorne und spielt sie vor.
▶ Die Teilnehmer schreiben, jeder für sich, Vorschläge auf Moderationskarten, die im Anschluss gesammelt und vorgelesen werden.

Eine Videoaufzeichnung ist nicht notwendig, da die Auswertung zeitnah nach jeder Szene stattfindet.

Die Beobachter beschreiben nur die gespielte Szene, nicht den jeweiligen Darsteller (klare Rollentrennung beachten). Die Trainerin achtet darauf, dass die Darstellung nicht als tatsächliches Verhalten des Teilnehmers gewertet wird. Die Darsteller selbst haben ebenso die Möglichkeit, Vorschläge zu machen.

Ergebnissicherung: Durch eine direkt wiederholte Darstellung der Szenen mit den jeweiligen Vorschlägen haben die Teilnehmer die Möglichkeit zur Übung. Die auf dem Flipchart gesammelten Vorschläge werden zur Verfügung gestellt (Fotoprotokoll). Weitere Übungen in nachfolgenden Rollenspielen zum Thema Kunden-/Mitarbeitergespräche können immer wieder mit Bezug auf diese Übung ausgewertet werden.

Transfer: Den Teilnehmern können Klebepunkte mitgegeben werden. Beobachtet ein Kollege einen anderen, wenn dieser einen Kundenkontakt so gestaltet, wie er geübt wurde und erwünscht ist, so kann er (anonym) an dessen Spind einen (Plus-)Punkt kleben.

Außerdem ...

Anmerkungen

Das Rollenspiel kann entsprechend der Zielgruppe abgewandelt werden. Möglich ist z.B. Führungskraft und Mitarbeiter: Führungskraft ist gerade mit Schreibarbeiten, Vorbereitung einer Präsentation o.Ä. beschäftigt und wird mit einer Frage seitens des Mitarbeiters angesprochen. Auch in der Beziehung Pflegepersonal/Arzt und Patient kann dieses Rollenspiel eingesetzt werden.

Unterlagen, Auswertungsbögen: Die Teilnehmer bekommen die einzelnen Szenen in Stichworten auf einer Moderationskarte. Die Vorschläge, wie die Szene kundenorientierter hätte verlaufen können, werden durch den Trainer in Stichpunkten auf einem Flipchart gesammelt.

Quelle

Die Idee für dieses Rollenspiel entstand im Rahmen meiner Trainerausbildung in einer Gruppenarbeit. Das Ziel war es, Teilnehmer mit wenig Rollenspielerfahrung oder Bedenken an diese Methode heranzuführen. Die Vorgabe, alles überspitzt darzustellen, nimmt die Hemmung, sich zu blamieren, da klar ist, dass gelacht wird. Dennoch sind in der Regel die überspitzten Darstellungen immer ein bisschen so, wie im richtigen Leben … Die Vorgaben der Trainerin nehmen den Teilnehmern die Sorge, sich bloßzustellen.

Auf Augenhöhe

von Dr. Karin Mauthe

Überblick

Kurzbeschreibung — Drei Personen (Erzieherin, Grundschullehrerin, Mutter eines 6-jährigen Kindergartenkindes) verständigen sich über den Entwicklungsstand des Kindes und über den passenden Zeitpunkt seiner Einschulung.

Zielgruppe
▶ Zielgruppe für dieses Rollenspiel sind Erzieher/-innen in Kindergärten oder Kindertagesstätten mit und ohne Leitungsfunktion, die für Kooperationsgespräche zwischen Kindergarten und Grundschule zuständig sind.

Lernziele — Erzieher/-innen erwerben Strategien,
▶ wie sie ihre Standpunkte angemessen und auf Augenhöhe mit allen anderen Gesprächspartner/-innen darlegen und ihrem professionellen Beitrag Geltung verschaffen,
▶ wie sie das Gespräch moderierend beeinflussen,
▶ wie sie zwischen den vielfältigen Einzelperspektiven vermitteln und zu einem gelungenen Interessenabgleich beitragen.

Einsatz
▶ Das Rollenspiel kommt gegen Ende eines eintägigen Trainings zum Thema „Kooperation zwischen Kindergarten und Grundschule" zum Einsatz. Es bietet ein Übungsfeld für Erzieher/-innen, die ihre beruflichen Kompetenzen im Gespräch überzeugender als bisher darstellen wollen.

Auf Augenhöhe

- Vor dem Spiel werden im Seminar vorbereitend vier Themenbereiche bearbeitet:
  - Bewusstmachung der persönlichen Professionalität als Grundlage für eine selbstsichere und partnerschaftliche Begegnung mit Profis aus einem anderen Bildungssystem und für die Begegnung mit Eltern.
  - Erarbeitung und Definition eigener und fremder Erwartungen an das, was Erzieher/-innen im Rahmen der Kooperation leisten können und wollen.
  - Erarbeitung eines roten Fadens zur Vorbereitung auf ein Kooperationsgespräch und Herausarbeitung, in welchen Aspekten das Gespräch Elemente von Verhandlung enthält.
  - Kennenlernen von Gesprächstechniken zur Verhandlungsführung und von Strategien für einen gelungenen Interessenabgleich.

Spielen und auswerten

Situation

Es ist April. Frau Bauer, die Erzieherin, und Frau Leiprecht, die Grundschullehrerin für Kooperation, haben Frau Sommer, die Mutter von Leopold, zu einem Gespräch eingeladen. Leopold besucht Frau Bauers Gruppe und wird im nächsten Oktober sechs Jahre alt. Das Thema Einschulung steht an. Frau Leiprecht hat den Jungen im Kindergarten beobachtet, um seine Schulfähigkeit einzuschätzen. Nun soll geklärt werden, welches der beste Einschulungszeitpunkt für Leopold ist, und was noch getan werden muss, damit ihm in der Schule ein erfolgreicher Start ermöglicht wird. Die drei Personen tauschen sich demzufolge über den Entwicklungsstand des Kindes aus. Um ein sinnvolles Gespräch zu ermöglichen, hat Frau Sommer Frau Bauer, die in den drei Kindergartenjahren Leopolds viele Informationen über ihn gesammelt hat, von ihrer Schweigepflicht der Lehrerin gegenüber entbunden. Das Gespräch findet im Kindergarten statt, wofür Frau Bauer und Frau Leiprecht eine Stunde Zeit anberaumt haben. Frau Bauer eröffnet das Gespräch.

Dr. Karin Mauthe

In Anknüpfung an diese Situation führen die Spieler/-innen etwa 20 Minuten lang ein Gespräch, in dem sie die weiteren Schritte für die Einschulung von Leopold planen wollen.

Rollen **Erzieherin Frau Bauer**
Sie wissen, dass Leopold in seinem Sozialverhalten noch Defizite hat, aber in einem festen Rahmen mit verlässlichen Bezugspersonen nicht unbedingt auffällt. Er wird im Oktober erst sechs Jahre alt. Das heißt, er würde Ihrer Erfahrung nach im Sozialverhalten von einem zusätzlichen Kindergartenjahr stark profitieren und könnte immer noch rechtzeitig eingeschult werden. Ihnen ist klar, dass die Familie Sommer, die Sie gut kennen, für eine Weiterentwicklung von Leopolds Sozialverhalten nur bedingt Impulse bieten kann.

Sie wollen zu einer verantwortungsvollen Entscheidung über Leopolds Einschulung kommen, bei dem das Kindeswohl im Mittelpunkt steht. Zwischen Ihnen und der Grundschule existiert keine offizielle Hierarchie. Weder hat Frau Leiprecht Ihnen, noch haben Sie Frau Leiprecht etwas zu sagen. Sie bemerken deutlich, dass Frau Leiprecht der Meinung ist, dass ein Regelkindergarten nicht leisten kann, Leopold angemessen auf die Schule vorzubereiten und dass Frau Leiprecht als Lehrerin die Sachlage kompetenter einzuschätzen glaubt als Sie. Frau Leiprecht scheint darüber hinaus von Ihnen zu erwarten, dass Sie sie der Mutter gegenüber in dieser Einschätzung unterstützen.

Sie nehmen sich vor, sich durch diese Überheblichkeiten von Frau Leiprecht nicht ablenken zu lassen, und besinnen sich auf Ihre Kompetenzen. Infolgedessen vertreten Sie Ihren eigenen Standpunkt, warum Leopold die fehlenden Kompetenzen in einem zusätzlichen Kindergartenjahr durchaus in Ihrer Einrichtung erwerben kann. Ihre berufliche Professionalität und Ihr Ziel, die bestmögliche Lösung für das Kind zu finden, helfen Ihnen, die individuellen Sichtweisen von Frau Leiprecht und Frau Sommer nachzuvollziehen und im Gespräch auszudrücken. Setzten Sie an passenden Stellen die erarbeiteten Gesprächsführungstechniken ein. Streben Sie einen gelungenen Interessenabgleich an.

Grundschullehrerin für Kooperation Frau Leiprecht

Sie teilen Frau Sommer mit, dass Sie aufgrund Ihrer Beobachtung bei Leopold im intellektuellen Bereich keine Probleme sehen, dass sein Sozialverhalten aber noch nicht den Anforderungen der Schule entspricht. Sie versuchen Frau Sommer deutlich zu machen, dass in der Schule nur dann ein guter Unterricht gewährleistet werden kann, wenn sich alle Kinder einer Klasse „einigermaßen" einfügen können. Was das heißt, können Sie als Lehrerin sehr gut beurteilen. Auch würde er momentan mit seinem schwierigen Verhalten in einer Klasse nicht akzeptiert werden. Vor dieser Erfahrung wollen Sie ihn schützen. Sie schlagen vor, dass Leopold noch für ein Jahr einen Vorschulkindergarten einer regionalen Jugendhilfeeinrichtung besucht, wo mit ihm gezielt an seinem Sozialverhalten gearbeitet wird. Dann kann das Thema Einschulung erneut angegangen werden. Sie sind skeptisch, ob für Leopold die Förderung des Regelkindergartens ausreicht, denn Ihnen ist der familiäre Hintergrund von Leopold bekannt. Das müsste Frau Bauer doch auch einsehen. Im Gespräch verändern Sie unter Umständen Aspekte Ihrer Vorstellungen, wie es weitergehen kann, aber nur dann, wenn Sie sich durch gute Argumente dazu veranlasst sehen.

Frau Sommer, Mutter von Leopold

Sie möchten, dass Ihr Sohn ab dem kommenden September in die 1. Klasse der örtlichen Grundschule eingeschult wird. Sie wissen von der Beobachtung durch Frau Leiprecht und haben bis zu diesem Gespräch nicht mit Schwierigkeiten gerechnet. Nachdem Sie die Meinung von Frau Leiprecht gehört haben, fällt es Ihnen zunächst schwer, nachzuvollziehen, warum sie Leopold so negativ einschätzt. Sie wundern sich, warum Frau Bauer und Frau Leiprecht Leopold ein Jahr später einschulen wollen. Er hat eine erstaunliche Auffassungsgabe. Sie wollen, dass Ihr Kind gute Startchancen für sein Leben bekommt und nicht als weniger befähigt hingestellt wird, als es aus Ihrer Sicht tatsächlich ist. Deshalb soll er keine Zeit verlieren und zügig in die Schule. Dass beide Gesprächspartnerinnen für das weitere Jahr zudem noch unterschiedliche Maßnahmen vorschlagen, macht Sie ratlos. Sie versuchen herauszufinden, was Leopold fehlt und was die unterschiedlichen Maßnahmen für ihn bedeuten, um Ihre Entscheidung neu zu überdenken.

Durchführung **Schritt 1**

Laden Sie die Gruppe dazu ein, die erarbeiteten Gesprächsführungstechniken in einem Rollenspiel praktisch zu erproben. Präsentieren Sie dazu einen Flipchart, auf dem Sie die Lernziele der Übung (s.o.) visualisiert haben. Dieses Flipchart-Blatt sollte von Anfang des Seminars an für alle gut sichtbar im Raum aufgehängt sein.

Schritt 2

Motivieren Sie die Gruppe mit der Erläuterung, dass es Ihnen in der Übung schwerpunktmäßig darauf ankommt, auszuprobieren und zu erleben, was klappt und nicht so sehr auf das, was schiefgeht.

Schritt 3

Bilden Sie Kleingruppen mit je vier Personen für eine Erzieherin, eine Lehrerin, eine Mutter und eine Beobachterin.

Schritt 4

Informieren Sie die Kleingruppen über alles, was sie wissen müssen, um das Spiel in Eigenregie durchzuführen und geben Sie jeder Kleingruppe diese Information zusätzlich in Form von folgenden Unterlagen mit:
- ein Blatt mit der Situationsbeschreibung (s.o) und den Rollenbeschreibungen (s.o),
- das Blatt „Gesamtablauf der Übung ‚Auf Augenhöhe'" (s.u) und
- den „Beobachtungsbogen für die Beobachterin" (s.u).

Schritt 5

Lassen Sie jede Kleingruppe sich einen für sie geeigneten Platz suchen und das Spiel durchführen.

Gesamtablauf der Übung „Auf Augenhöhe"

Schritt 1
Verteilen Sie die vier Rollen einschließlich Beobachterin untereinander.

Schritt 2
Spielen Sie die Spielsituation weiter. Nehmen Sie sich 20 Minuten dafür Zeit. Knüpfen Sie an die Rollenbeschreibungen an.

Schritt 3
Die Beobachterin achtet auf die zeitliche Struktur, beobachtet die Spieler/-innen und notiert die Beobachtungen in ihren Beobachtungsbogen. Nach dem Spiel moderiert sie zehn Minuten lang die Auswertung in der Kleingruppe.

Schritt 4
Hinweise für den/die Moderator/-in: Achten Sie darauf, dass nach dem Spiel zuerst alle ihre Rollen sauber verlassen. Für die Auswertung sollen drei aufeinander aufbauende Themen besprochen werden:
- Wie hat sich jede Spielerin gefühlt (Blitzlicht)?
- Wie hat jede in ihrer Rolle das Gespräch erlebt?
- Besprechung der Notizen aus dem Beobachtungsbogen.

Kommen Sie danach ins Plenum.

Schritt 5
Im Plenum werden wir uns austauschen, wie das Rollenspiel insgesamt geklappt hat und was dabei herausgekommen ist.

Beobachtung

- Körpersprache.
- Tonfall, Stimme.
- Moderierende Gesprächsanteile.
- Verhandlungstechniken.
- Gesprächsanteile eines gelungenen Interessenabgleichs.

Dr. Karin Mauthe

> **Beobachtungsbogen für die Beobachterin**
>
> 1. Kann die Erzieherin ihre Position „auf Augenhöhe" vertreten und die Verhandlungstechniken einsetzen? Welche Gesprächtechniken wendet sie an?
> 2. Wie entwickeln sich die Gesprächsbeziehungen und woran ist das erkennbar (z.B. Wortwahl, Tonfall, Mimik, Gestik)? Beobachten Sie auch die Lehrerin und die Mutter.
> 3. Was führt zu einem gelungenen Interessenabgleich und zu einer unter diesen Umständen bestmöglichen weiteren Verfahrensweise für das Kind?

Wir lernen am besten an unseren Erfolgen. Daher: Beobachten und notieren Sie, was geklappt hat, auch kleinste Elemente. Legen Sie beim Feedback Ihren Schwerpunkt auf das, was gelungen ist und weniger darauf, was nicht geklappt hat.

Moderation der Auswertung

1. Auswertung in der Kleingruppe, moderiert durch die Beobachterin (s.o.):
   - ▶ Wie hat sich jede Spielerin gefühlt (Blitzlicht)?
   - ▶ Wie hat jede das Gespräch aus ihrer Perspektive heraus erlebt?
   - ▶ Besprechung der Notizen aus dem Beobachtungsbogen.

2. Auswertung im Plenum durch den/die Trainer/-in anhand folgender Fragen an die Teilnehmer/-innen:
   - ▶ Wie ist es Ihnen mit dem Rollenspiel gegangen?
   - ▶ Was haben Sie in dem Spiel gelernt?
   - ▶ Inwiefern werden Sie zukünftig die Verhandlungstechniken in Kooperationsgesprächen einsetzen?

Die Auswertung erfolgt unter Einsatz der Fishbowl-Methode: Sie bitten zuerst alle Spieler/-innen mit der Rolle der Erzieherin in die Mitte des Plenums, lassen sie einen Kreis bilden und moderieren einen Austausch unter ihnen zu den Auswertungsfragen. Dann kommen alle Spielerinnen mit der Rolle der Lehrerin an die Reihe, danach alle Spielerinnen mit der Rolle der Mutter und zum Schluss alle Teilnehmer/-innen mit der Beobachterinnenrolle. Die anderen Personen bleiben in einem äußeren Kreis und hören lediglich zu. Wenn alle Teilnehmerinnen Gelegenheit zu einem inneren Kreis hatten, schließen Sie die Übung mit Hinweisen auf den Praxistransfer (s.u.) ab.

Außerdem ...

Anmerkungen

Die stärkenorientierte Auswertung und das parallele Arbeiten in Kleingruppen senkt die Hemmschwelle zum Mitmachen. Das Risiko, sich zu „blamieren", vor Publikum nicht erfolgreich gewesen zu sein, wird so gesenkt. Betonen Sie, wie wichtig es ist, im Spiel zu beobachten, was alles schon gelingt. Das Spiel soll auf keinen Fall den Charakter einer Prüfung bekommen.

Praxistransfer

▶ Anhand der Trainingsunterlagen in der Praxis anstehende Gespräche vorbereiten, vergangene Gespräche nachbereiten und reflektieren.
▶ Eine Kollegin in ein anstehendes Gespräch mitnehmen, die mit dem Beobachtungsraster beobachtet und Feedback gibt.
▶ Das Rollenspiel kann auf Lehrer/-innen-Fortbildungen zum Thema Kooperation zugeschnitten werden.

Quelle/Download

Die Idee zu diesem Rollenspiel entstand im Zusammenhang mit einem Auftrag, ein eintägiges Training zum Thema Kooperation mit anderen Institutionen im Rahmen der Einführung des Bildungs- und Orientierungsplanes an baden-württembergischen Kindergärten durch das zuständige Kultusministerium zu konzipieren und durchzuführen. Die Autorin hat die Idee selbst entwickelt. Als Quelle für Übungen zur Vermittlung von Verhandlungstechniken wurde Christian Püttjer/Uwe Schnierda: Die heimlichen Spielregeln der Verhandlung. So trainieren Sie Ihre Überzeugungskraft. Campus Verlag, 2002 verwendet.
Download-Link: http://www.managerseminare.de/tmdl/b,187486

Außenseiterin

von Carolin Fey

Überblick

Kurzbeschreibung Ein Teammitglied fühlt sich von den anderen acht Teammitgliedern nicht angenommen. Was kann die Person tun, um ihre Situation zu verbessern?

Zielgruppe
- Teilnehmer/-innen eines Konfliktmanagement- oder Teamentwicklungs-Seminars.
- Für Teilnehmer/-innen, die schwierige Klärungsgespräche ausprobieren und üben möchten.

Lernziele
- Gefühle ansprechen.
- Schwierige Situationen klären.
- Eine positive Grundhaltung einnehmen.

Einsatz
- In Konfliktmanagement- und Teamarbeits-Seminaren.
- Rollenspielübung zur Vorbereitung auf besonders belastende Situationen im Team.
- Wenn ein Teilnehmender das Thema Ablehnung im Team aus dem eigenen Arbeitsbereich einbringt, und es sonst niemanden im Seminar direkt betrifft.

Außenseiterin

Spielen und auswerten

Situation

Im Rahmen von Umstrukturierungen ist in einer Unternehmensberatungsfirma in Berlin vor einem halben Jahr eine neue Abteilung „Finanzen" gegründet worden. Dafür steht nun ein neunköpfiges Team, das aus Mitarbeiterinnen und Mitarbeitern anderer Abteilungen zusammengestellt worden ist. Das Team besteht aus 8 Mitarbeiterinnen und Mitarbeitern zwischen 25 und 37 Jahren und Frau Sommer mit 57 Jahren.

Frau Sommer nimmt eine Sonderstellung ein, weil sie bereits 15 Jahre und damit wesentlich länger als all ihre anderen Kollegen in diesem Betrieb arbeitet. Sie wurde dem Team zugeordnet, weil sie über viel Erfahrung im Finanzwesen verfügt und sich mit den Abläufen im Unternehmen gut auskennt.

Zwischen ihr und dem weiteren Team ist die Kommunikation sparsam und die Zusammenarbeit funktioniert nur mäßig. Besonders schwierig empfindet Frau Sommer die Zusammenarbeit mit Anne Szeipe.

Marita Sommer

Rollen

Seit einem halben Jahr arbeiten Sie nun in der neu zusammengestellten Abteilung „Finanzen". Sie sind Betriebswirtin und arbeiten für dieses Unternehmen bereits 15 Jahre. Bis vor Kurzem haben Sie noch in einer Abteilung für Kundenbetreuung gearbeitet. Sie sind unfreiwillig in dieses neue, insgesamt neunköpfige Team delegiert worden. Ihnen wurde dabei gesagt, dass Ihre Kompetenzen und vor allem Erfahrungen in der neu gegründeten Abteilung dringend gebraucht würden. Diesen Eindruck haben Sie nicht. Sie fühlen sich in dem neuen Team nicht wohl und deplatziert. Die anderen Teammitglieder dagegen verstehen sich offensichtlich untereinander sehr gut.

Sie sind 57 Jahre alt und ihre Kolleginnen und Kollegen sind alle wesentlich jünger.

Sie kommen ursprünglich aus Ostdeutschland, alle ihre Kollegen/-innen aus Westdeutschland. Sie glauben, dass Ihr Alter und Ihre ostdeutsche Herkunft wesentlich dazu beitragen, dass Sie von den anderen Teammitgliedern abgelehnt werden, besonders ablehnend empfinden Sie Anne Szeipe.

Diese hat Sie zwar schon mal gefragt, ob Sie Lust hätten, mit zum gemeinsamen Mittagessen zu kommen, doch das wollen Sie nicht. Die Frage klang gezwungen und Sie essen normalerweise nicht zu Mittag. Sich unter diesen Umständen anzuschließen, finden Sie unangebracht.

Hinzu kommt, dass Sie vor einigen Wochen Anne Szeipe, auf der Toilette getroffen haben. Unvermittelt sagte sie zu Ihnen: „Na, da haben Sie ja jetzt einen guten Stand hier im Betrieb." Sie waren so überrascht, dass Sie nicht reagiert haben. Erst später ist Ihnen eingefallen, dass sich diese Aussage auf Ihren Bruder beziehen könnte, der vor Kurzem im gleichen Unternehmen zum Marketing-Leiter befördert wurde. Sie würden dennoch gerne wissen, wie dieser Satz wirklich gemeint war.

Am liebsten würden Sie einfach in Ihre alte Abteilung zurückversetzt werden. Ein Gespräch darüber haben Sie mit Ihrem Vorgesetzten schon geführt. Wie Sie sich wirklich fühlen, haben Sie ihm dabei nicht gesagt, sondern argumentiert, dass Ihnen die früheren Aufgaben mehr gelegen hätten. Er sagte, er sehe keine Möglichkeit, Sie wieder in der früheren Abteilung unterzubringen. Außerdem schätze er Sie fachlich sehr und wolle Sie nicht verlieren.

Sie beschließen, Ihre Team-Situation so gut wie möglich zu verbessern. Sie möchten mehr integriert werden und als Fachfrau im Team mehr Anerkennung erfahren.

Wie Sie dabei genau vorgehen, wollen Sie im Moment noch offenlassen. Auf jeden Fall wollen Sie zuerst mit Anne Szeipe ein Gespräch führen, auch zur Klärung der Situation neulich auf der Toilette. Sie sind sich nicht ganz sicher, inwieweit Sie ohne Schaden die Karten offen auf den Tisch legen und über Ihre wirklichen

Gefühle sprechen sollen. Sie wollen vorsichtig beginnen und den Verlauf des Gesprächs davon abhängig machen, wie Frau Szeipe reagiert.

Anne Szeipe

Vor einem halben Jahr ist eine neue Finanzabteilung in Ihrem Unternehmen gegründet worden. Sie sind froh darüber, dass Sie zu dem jungen Team gehören dürfen. Sie verstehen sich alle sehr gut, gehen zusammen zum Mittagessen und treffen sich auch manchmal in Ihrer Freizeit. Nur eine Kollegin in Ihrem neunköpfigen Team passt nicht dazu. Sie ist wesentlich älter als alle anderen und hält sich aus allem heraus. Hin und wieder haben Sie versucht, besseren Kontakt zu ihr herzustellen, doch das ist Ihnen nicht gelungen. Frau Sommer wirkt abweisend, richtig arrogant. Vielleicht denkt sie, sie hätte im Betrieb einen besonders guten Stand, weil sie schon so lange dabei ist. Auch ist ihr Bruder in diesem Betrieb angestellt und hat seit Kurzem einen ziemlich einflussreichen Posten. Dazu haben Sie auch eine Bemerkung gemacht, doch Frau Sommer ist nicht darauf eingegangen. Ob diese verwandtschaftliche Verbindung wohl irgendwann mal Nachteile für Sie hat?

Ihr gemeinsamer Vorgesetzter hat gesagt, dass das Team jemanden braucht, die genügend Erfahrung im Finanzwesen hat, außerdem die Abläufe im Betrieb insgesamt gut kennt. Sie haben das Gefühl, dass Frau Sommer dieses Wissen für sich behält und das Team nicht daran teilhaben lassen will.

Frau Sommer hat Sie um ein Gespräch gebeten, in dem sie über Ihre Zusammenarbeit sprechen möchte. Das wundert Sie einerseits, doch freut es Sie auch. Sie sehen darin eine große Chance, in Zukunft ein offeneres Verhältnis zu schaffen, in dem es möglich ist, von Frau Sommers Wissen zu profitieren. Sie wollen außerdem herauszufinden, ob die hohe Stellung des Bruders negative Auswirkungen auf ihre Zusammenarbeit hat oder haben könnte.

Durchführung   Zwei Teilnehmer/-innen spielen exemplarisch vor der Gruppe. Dazu erhalten die beiden Mitspielenden ihre jeweiligen Rollenbeschreibungen und bereiten sich 5-10 Minuten auf ihre Rolle vor. In dieser Zeit lesen die Beobachter/-innen die Rollenbeschreibungen und den Kriterienkatalog für die Rückmeldungen durch.

Ideal ist, wenn das Rollenspiel auf Video aufgezeichnet und im Anschluss an die Rückmeldungen zur Überprüfung angeschaut wird.

Das Gespräch dauert etwa 8-10 Minuten.

Als Trainerin oder Trainer achten Sie hier besonders auf eine offene und ehrliche Kommunikation und auf eine positive Grundhaltung der Rollenspieler/-innen: sich selbst und der Gesprächspartnerin gegenüber.

Um die Grundhaltung anschaulich zu machen, können Sie vor Spielbeginn die vier Grundpositionen aus der Transaktionsanalyse nach Eric Berne behandeln und diese als Beobachtungskriterien zur Diskussion stellen.

Die vier Grundpositionen sind:
- Ich bin o.k., du bist o.k.
- Ich bin nicht o.k., du bist o.k.
- Ich bin o.k., du bist nicht o.k.
- Ich bin nicht o.k., du bist nicht o.k.

Ansonsten vergeben Sie einzelne Aufgaben anhand ausgegebener Bewertungsbögen. Sie können vor die Teilnehmer-/innen Schilder stellen, jeweils mit einer Aufgabe beschriftet, sodass für alle erkennbar ist, wer welche Beobachtungsaufgabe übernommen hat.

Beobachtung   Die Beobachter/-innen erhalten einen Beobachtungsbogen mit folgenden Kriterien:
- Inwieweit verfolgten Frau Sommer und Frau Szeipe ihre jeweiligen Ziele?
- Welche Grundposition(en) nahmen Frau Sommer und Frau Szei-

pe ein? Wann? Woran ließ sich das festmachen?
- Wie war die nonverbale Kommunikation der beiden? (Körpersprache, Stimme und Sprechweise, Blickkontakt, Gestik und Mimik?)
- Inwieweit hörten die Beiden einander aktiv zu?
- Was ist Ihnen noch aufgefallen?
- Welche Alternativen sind zur Erreichung der Gesprächsziele noch denkbar?

Variante

Sie können die Bewertungskriterien auch mit der Gruppe gemeinsam festlegen und z.B. auf dem Flipchart visualisieren.

Moderation der Auswertung

- Wie war der Gesamteindruck?
- Bitte zuerst das Positive und Gelungene benennen.
- Alle Beobachtungen werden gesammelt und der Reihe nach, wie auf dem Beobachtungsbogen besprochen, aufgelistet und auf dem Flipchart festgehalten.
- Erst am Schluss werden die Rollenspieler/-innen, zuerst „Frau Sommer", dann „Frau Szeipe" über ihre Sicht und Eindrücke befragt.
- Nach Analyse des Rollenspiels im Video erhalten die Spieler/-innen Gelegenheit, sich zu äußern, wie es ihnen ergangen ist, was sie aus den Rückmeldungen für Erkenntnisse ziehen usw.

Sie können nach diesem Rollenspiel – z.B. in Konfliktmanagement-Seminaren – erörtern, welche Möglichkeiten der Problemlösung Frau Sommer noch offen stehen, z.B: noch mal das Gespräch mit dem Vorgesetzten suchen, sich an eine betriebliche Vertrauensperson wenden, sich professionelle Hilfe holen usw.

Außerdem ...

Anmerkungen

Oft verhärten sich in Teams die Fronten, wenn nicht genügend offene Kommunikation über unterschiedliche Interessen und Bedürfnisse stattfindet. Dahinter steht häufig das Gefühl einzelner Teammitglieder, nicht genügend anerkannt und akzeptiert zu sein. (Grundposition: „Ich bin nicht o.k., du bist o.k."). Um dieses nicht so sehr spüren zu müssen, drehen viele den Spieß um und wechseln in eine Haltung, die sich selbst aufwertet, indem sie andere abwertet („Ich bin o.k., du bist nicht o.k.") Auf diese Abwertung reagieren wiederum die anderen mit der Haltung „Du bist nicht o.k., ich bin o.k." Um diesen Teufelskreis zu durchbrechen, braucht es offene Worte zu den eigenen Interessen, Bedürfnissen und Gefühlen. Wer fähig ist, offen darüber zu sprechen, lädt die Gesprächspartner/-innen ein, dasselbe zu tun. Dann ist echter Austausch, Verständnis füreinander und Lösungsorientierung möglich.

Quelle Dies ist ein Fall einer Teilnehmerin aus einem meiner Seminare „Konfliktmanagement". Die Teilnehmerin war anschließend bei mir im Coaching. Insofern konnte ich „Frau Sommer" bei ihren Bemühungen begleiten, sich besser in das Team zu integrieren.

Es hat sich gezeigt, dass die anderen Team-Mitglieder in Frau Sommer eine desinteressierte und ablehnende Kollegin gesehen hatten. Frau Sommer wurde immer klarer, dass sie auch durch ihr eigenes Verhalten – ihre Absagen zum gemeinsamen Mittagessen, ihre Schweigsamkeit und Absonderung – die Spannungen im Team mit erzeugt hatte.

Download Rollenbeschreibung als Download.
Download-Link: http://www.managerseminare.de/tmdl/b,187486

Australienurlaub

von Ulrike Voggel

Überblick

Es geht darum, den Wünschen einer Mitarbeiterin mit klaren Aussagen zu begegnen.   *Kurzbeschreibung*

- Führungskräfte, auch Fortgeschrittene.   *Zielgruppe*
- Branche: Verwaltung, auch auf Industrie adaptierbar.

- Vereinbarungen treffen, Feedback geben.   *Lernziele*
- Verhandlungsführung.

- Sensibilisierung für Interpretationen, Übertragungsfehler.   *Einsatz*
- Sender-Empfänger-Modell.
- Übung der Gesprächstechniken, Vereinbarungen treffen.

Spielen und auswerten

- Beteiligte: Führungskraft (z.B. Amtsleiter Kulturamt).   *Situation*
- Mitarbeiterin im Sekretariat.
- Ausgangssituation: Mitarbeiterin hat um Gespräch gebeten.

Rollen **Mitarbeiterin**

Sie sind seit fünf Jahren Sekretärin im Kulturamt. Ihr Chef ist sehr kostenbewusst. Da es Ihre zweite Stelle als Sekretärin ist, wissen Sie inzwischen, dass es sich um einen sehr anspruchsvollen Beruf handelt und dass man sich ständig weiterbilden muss.

Sie sprechen heute mit Ihrem Chef, weil Sie …

1. Eine Fortbildung „Direktionsassistentin" bei der Volkshochschule machen möchten. Das ist ein Lehrgang über ein halbes Jahr, der 3.000 Euro kostet. Sie lernen dabei neueste Software kennen, lernen etwas über modernes Sekretariatsmanagement und über Organisationspsychologie. Das hat Sie schon immer interessiert. Sie fänden es gut, wenn der Lehrgang von der Stadt bezahlt würde. Sie profitiert schließlich davon. Letztes Jahr waren Sie nicht einen Tag auf Fortbildung. Sie möchten zumindest für die sechs anstehenden Prüfungstage Sonderurlaub haben. Mit einem Kurs „Word" (oder Ähnlichem) innerhalb des städtischen Weiterbildungsprogramms können Sie nichts anfangen. Das kennen und können Sie schon.

2. Sie möchten endlich einen Flachbildschirm für Ihren PC. Es ist immer so wenig Platz auf dem Schreibtisch, da Sie alle aktuellen Dinge ausbreiten, damit Sie nichts vergessen. Außerdem haben Sie schließlich Publikumsverkehr, da sollte das Büro möglichst modern wirken.

3. Langfristig möchten Sie bei der Stadt gerne Sekretärin eines Bürgermeisters werden. Sie wissen, dass dafür nur sehr erfahrene Sekretärinnen genommen werden und diese auch gut bezahlt werden. In ca. 3-5 Jahren werden zwei solcher Stellen frei. Sie würden gerne wissen, wie die Chancen für Sie stehen.

4. Nächsten Sommer möchten Sie für sechs Wochen nach Australien reisen. Ihr Freund plant, bald die Flüge zu buchen. Deshalb sollten Sie wissen, ob das klappt.

Australienurlaub

Führungskraft

Sie sind Amtsleiter/-in des Kulturamts. Ihre Sekretärin Frau Schulz ist seit fünf Jahren bei Ihnen.

Sie ist jung und dynamisch und geht sehr offen und direkt mit Menschen um. Das gefällt Ihnen im Grunde gut, allerdings geht sie auch recht locker mit Menschen um, die gesetzter sind und auf Titel und Hierarchie Wert legen. Sie ist da schon einige Male ins Fettnäpfchen getreten.

Ihre PC-Kenntnisse sind sehr gut. Sie hat schon mehrmals geschickte, schnelle Lösungen gefunden. Organisieren kann sie auch. Da sie gut mit den Kollegen und Kolleginnen klarkommt, laufen manche Dinge schnell und „auf kleinem Dienstweg", wenn Sie ihr die Sache in die Hand geben. Sie möchten sie deswegen auf keinen Fall verlieren.

Frau Schulz hat zu Beginn ihrer Tätigkeit viele Fortbildungen besucht. In letzter Zeit wollte sie jedoch gar nicht mehr gehen. Das ist Ihnen auch Recht, da Sie für alle 20 Mitarbeiter/-innen im folgenden Jahr ein Fortbildungsbudget von nur 10.000 Euro haben. Da Frau Schulz ihre Arbeit insgesamt recht gut macht, möchten Sie sie nächstes Jahr auch auf keine Fortbildung schicken. Außerdem geht eine Kollegin im Juli in Erziehungsurlaub, sodass viel Arbeit anfällt, die Frau Schulz übernehmen soll bis die Stelle im September neu besetzt wird. Sie werden sie bitten, mindestens 10 Tage Urlaub noch vor Juli diesen Jahres zu nehmen, um den Sommer überbrücken zu können.

Durchführung

Legen Sie Führungskraft und Mitarbeiterin fest und geben Sie die Rollenspielanweisung Führungskraft an die Hälfte der Seminargruppe aus, die andere Hälfte erhält die Anweisung für die Mitarbeiterin. Die Teilnehmer sollen sich mit einem der beiden Gesprächspartner identifizieren.

Anleitung des Trainers: *„Führen Sie ein Gespräch mit der Mitarbeiterin. Die Informationen der Anweisungen können individuell ergänzt werden. Planen Sie für das Gespräch max. 15 Minuten ein."*

Beobachtung
- Beobachtet werden soll, was zu den jeweiligen Gesprächspunkten vereinbart wird.
- Am besten während des Gesprächs Aussagen am Flipchart mitprotokollieren (nicht sichtbar für Rollenspieler).

Moderation der Auswertung
- Getrennte Befragung von Führungskraft und Mitarbeiterin: Dafür die Mitarbeiterin vor die Tür bitten. Die Führungskraft befragen aus der Rolle der Ehefrau (abends zu Hause: „Wie war Dein Tag?", „Was wollte die Mitarbeiterin Schulz denn heute?", „Was hast Du zugesagt?") oder aus der Rolle des Kollegen (Amtsleiter X).
- Die Mitarbeiterin hereinbitten und analog befragen in der Rolle des Freundes („Was habt Ihr vereinbart?", „Kann ich morgen den Urlaub buchen?").
- Vergleich mit den mitprotokollierten Aussagen.
- Auswertung: Welche Übertragungsfehler kommen vor? Was ist daran typisch in der Praxis? Wie kann hier vorgebeugt werden, was kann dagegen unternommen werden?

Außerdem ...

Anmerkungen
Eigene Erfahrungen mit dem Rollenspiel: Häufig werden vage Aussagen gemacht („Ich setze mich für Sie ein"), welche die Mitarbeiterin als Zusage interpretiert.

Quelle
Eigenentwicklung.

Download
Rollenbeschreibung als Download.
Download-Link: http://www.managerseminare.de/tmdl/b,187486

Blick nach vorne

von Katharina Schaal

Überblick

Ein Gespräch zwischen drei Personen, eine Person erhält Feedback.   *Kurzbeschreibung*

▶ Alle.   *Zielgruppe*

▶ Motivierendes Feedback geben.   *Lernziele*
▶ Einfluss von Sprache und Zielrichtung bei Feedback reflektieren.

▶ Vor oder während eines Inputs zum Thema Feedback.   *Einsatz*

Spielen und auswerten

Herr Schwenk, Frau Sonder und Herr Ötzer sind Mitarbeiter der Firma „Future". Heute treffen sie sich zu einem Statusgespräch. Ihr Ziel ist es, den aktuellen Stand ihres gemeinsamen Projektes zu reflektieren. In letzter Zeit standen alle unter Zeitdruck. Frau Sonder und Herr Ötzer haben mit „Ach und Krach", bis auf wenige Details, ihr Arbeitspensum durch etliche Überstunden bewältigt. Herr Schwenk ist seit acht Wochen Vater und bemüht, den Spagat zwischen Heim und Betriebsstätte gut zu bewältigen. Er bleibt jeden zweiten Tag eine Stunde länger. Dennoch sind etliche seiner Arbeitsaufträge noch nicht vollständig abgearbeitet. Der Zeitdruck   *Situation*

nimmt zu: In zehn Tagen muss das Team mit der Präsentation für den Auftrag fertig sein. Nun treffen Sie sich, um gemeinsam zu besprechen, welche Punkte noch zu bewältigen sind.

Rollen **Mitarbeiter Frau Sonder**
Ein eigenes, kleines Projekt mit zu organisieren ist für Sie neu. Sie fühlen sich seit sechs Wochen ununterbrochen gestresst. Mit Ihren Kollegen Herrn Ötzer und Herrn Schwenk haben Sie gemeinsam eine Präsentation Ihres neuen Produktes vorzubereiten. Sie haben jeden Tag mindestens eine Überstunde gemacht und sind sogar zwei halbe Samstage in der Firma gewesen, obwohl Sie zwei schulpflichtige Kinder haben und Ihr Mann voll berufstätig ist. Durch den immensen Arbeitsaufwand sind Ihre Familie und Sie selbst in den letzten Wochen zu kurz gekommen. In zehn Tagen ist die Präsentation. Einerseits sind Sie froh darüber, da Sie danach wieder mehr Zeit zur Verfügung haben, andererseits sind Sie in Sorge, weil Ihr Kollege Herr Schwenk ganz schön hinterherhinkt. Eines ist Ihnen bewusst, seine Aufgaben können Sie nicht auch noch übernehmen. Ihnen ist wichtig, dass die Präsentation ein Erfolg wird, denn schließlich ist es Ihr erstes Projekt dieser Art. In dem heutigen Gespräch möchten Sie Herrn Schwenk darauf hinweisen, was alles bisher vergessen wurde bzw. noch nicht von ihm umgesetzt wurde, damit er sich seiner Verantwortung bewusster wird. Sie haben keine Lust, dass wegen der Unzuverlässigkeit eines Kollegen Ihr Ruf leidet. Sie haben bereits eine Liste mit Anforderungen an ihn geschrieben, damit Sie an alle wichtigen Punkte denken, die Sie gerne einbringen wollen. Die Formulierungen sind Ihnen dabei sehr wichtig, dadurch wird die Brisanz der Situation deutlicher.

- Sie müssen unbedingt effizienter werden, Sie arbeiten zu langsam.
- Gestern haben Sie vergessen, Daten an mich zu schicken. Ohne diese Daten stehe ich hilflos da, ich brauche unbedingt diese Daten, um weiterarbeiten zu können.
- Im Moment geht das nicht, dass Sie nur ab und zu eine Überstunde machen. Sie sind zu oft weg.

Blick nach vorne

- Die Präsentation ist schon in zehn Tagen, und Ihnen fehlt immer noch die Unterschrift des Chefs für die Freigabe der Daten.
- Ich habe auch zwei Kinder, Sie können nicht immer die Familie in den Vordergrund stellen.
- Wenn bis morgen der Raum nicht reserviert ist, dann endet das in einem Desaster.

Mitarbeiter Herr Ötzer
Sie sind seit sechs Wochen mit der Präsentation beschäftigt. Ihre Aufgabe ist vor allem Daten- und Materialbeschaffung, daher sind Sie viel unterwegs. Ihre Tage sind lang, ein bis zwei Überstunden sind die Regel im Moment. Für Sie ist das in Ordnung, da in zehn Tagen wieder mehr Ruhe einkehrt. In den letzten Jahren haben Sie ähnliche Projekte schon mehrfach mitgestaltet. Sie wissen, dass der Zeitdruck gegen Ende zunimmt und die Präsentation meist von der ursprünglichen Planung abweicht. Ihre Kollegin Frau Sonder ist sehr bemüht, alles nach Vorgabe in der vorhandenen Zeit umzusetzen und bekommt das mit Überstunden für ihr erstes Projekt gut hin. Ihr Kollege Herr Schwenk macht jeden zweiten Tag eine Überstunde, obwohl er frisch gebackener Vater ist und andere Prioritäten hat. Bei ihm sind noch etliche Punkte offen. Ihr Ziel ist es, Herrn Schwenk im heutigen Gespräch zu motivieren und zu unterstützen, damit die notwendigen Punkte bis in zehn Tagen bearbeitet sind. Sie sind optimistisch, dass das mit Konzentration und Willen möglich ist. Sie geben ihm daher ausschließlich zielorientierte Rückmeldungen. (Darüber zu reden, was nicht geklappt hat oder was fehlt, kostet Ihrer Meinung nach bloß Zeit. Ihnen ist wichtig, das anzusprechen, was als Nächstes zu tun ist.) Sie haben bereits eine Liste geschrieben, damit Sie an alle wichtigen Punkte denken, die Sie gerne einbringen wollen. Die Formulierungen sind Ihnen dabei sehr wichtig, dadurch wollen Sie den Kollegen motivieren.

- Wir haben noch zehn Tage Zeit, lassen Sie uns gemeinsam festhalten, was noch zu bearbeiten ist.
- Wenn Sie heute noch den Raum reservieren, dann können wir an dieser Stelle einen Haken machen.

- Wenn wir die Punkte ... bis in fünf Tagen bewältigen, sind wir voll im Zeitplan.
- Ich find es toll, dass Sie trotz Neugeborenem zu Hause jeden zweiten Tag eine Überstunde machen. Ich kann mir vorstellen, dass das anstrengend ist. Wenn Sie diese Woche noch eine Stunde zusätzlich fürs Projekt abknapsen können, damit Sie mehrere Haken machen können, dann ist die Entspannung am Wochenende sicher deutlicher zu spüren.
- Wenn Sie bis übermorgen die Unterschrift des Chefs zur Freigabe der Daten einholen, ist das perfekt.
- Was brauchen Sie von mir als Unterstützung, damit Sie effizient arbeiten können?
- Was hilft Ihnen dabei, den Datenfluss zu Frau Sonder am Laufen zu halten?

Mitarbeiter Herr Schwenk
Sie sind seit acht Wochen Vater und nur noch müde. Im Moment macht Ihnen die Arbeit weniger Spaß, da Sie lieber bei Ihrer Frau und dem Baby wären. Leider ist Urlaub beim aktuellen Projektstand unmöglich. Sie haben mit Ihren Kollegen in zehn Tagen eine Präsentation. Obwohl Sie Überstunden machen, bleiben immer wieder Aufgaben liegen. Ihre Kollegen arbeiten beide schon mehr als genug und scheinen ihr Pensum gut zu bewältigen. Ihnen hingegen wächst die Arbeit gerade über den Kopf und Sie fragen sich, wie Sie das inhaltlich und konditionell bis in zehn Tagen bewältigen sollen. Heute ist Besprechung mit den Kollegen. Es ist klar, dass Ihre Arbeitsaufträge Hauptthema des Tages sein werden. Sie haben ein unangenehmes Gefühl, weil auf Ihrer To-do-Liste noch so viele Punkte offen sind, die längst bearbeitet sein müssten. Sie hoffen, dass Ihre Kollegen dafür Verständnis aufbringen können, und Sie einen gemeinsamen Weg finden, das Projekt durchzustehen.

Durchführung **Schritt 1**
Kündigen Sie das Rollenspiel motivierend an: *„Folgendes Rollenspiel gibt Ihnen die Gelegenheit, die Wirkung von Feedback zu testen."*

Schritt 2
Geben Sie die Situationsbeschreibung allen Teilnehmern weiter.

Schritt 3
Besetzen Sie die Rollen. Das können drei Teilnehmer aus der Gruppe sein und alle anderen übernehmen die Beobachterrolle, oder Sie bilden Vierergruppen mit je einem Beobachter.

Schritt 4
Verteilen Sie die Rollenbeschreibung an die Mitspielenden und geben Sie fünf Minuten Zeit, sich einzeln auf das Gespräch vorzubereiten. In der Vorbereitungszeit verlassen die Mitspielenden den Raum.

Schritt 5
Besprechen Sie mit den übrigen Teilnehmern die Beobachtungskriterien und vergeben Sie die Beobachterbögen.

Schritt 6
Bereiten Sie Sitzgelegenheiten für das Rollenspiel vor. Ggf. können Sie eine Videoaufnahme von der Gesprächssituation machen.

Schritt 7
Besprechen Sie die entstandenen Beobachtungen.

Anleitung Beobachter – Achten Sie bitte auf folgende Punkte: *Beobachtung*

Welche Reaktionen lösen die Rückmeldungen von Frau Sonder bei Herrn Schwenk aus?
- Wie drückt sich das körpersprachlich aus?
- Wie drückt sich das stimmlich bzw. sprachlich aus?

Wie gut kann Herr Schwenk das Feedback von Frau Sonder annehmen?

Welche Reaktionen lösen die Rückmeldungen von Herrn Ötzer bei Herrn Schwenk aus?
- Wie drückt sich das körpersprachlich aus?

- Wie drückt sich das stimmlich bzw. sprachlich aus?

Wie gut kann Herr Schwenk das Feedback von Herrn Ötzer annehmen?

Welche Aspekte der Rückmeldungen wirken motivierend, um das Projekt zu einem guten Abschluss zu bringen?

Moderation der Auswertung

▶ Kurze Befragung der Mitspielenden.
- „Wie haben Sie sich selbst erlebt?"
- „Wie ging es Ihnen damit?"

▶ (Video anschauen) Befragung der Beobachter (siehe Bogen).

Außerdem ...

Anmerkungen

Beim „Entrollen" ist es wichtig, die Herausforderung der Rolle von Frau Sonder wertschätzend aufzugreifen und gezielt darauf hinzuweisen, dass es lediglich eine Rolle ist, die von Teilnehmern gespielt wurde. Der Teilnehmer legt die Rolle ab und wird im Kreis wieder mit dem eigenen Namen begrüßt. Ansonsten besteht die Gefahr der Projektion von Rollen-Eigenschaften der Frau Sonder auf die Teilnehmerin/den Teilnehmer.

Eigene Erfahrungen

Durch die klare Rollenteilung von Herrn Ötzer und Frau Sonder wird sehr deutlich, inwieweit konstruktives, zielorientiertes Feedback sich von Feedback „mit Blick in die Vergangenheit" unterscheidet. Und welches Potenzial eine bewusste Formulierungsweise bei Feedback mit sich bringt.

Quelle/Download

Das Rollenspiel hat sich aus einer Feedbackübung in Seminaren entwickelt, bei der es Teilnehmern deutlich schwerer fiel, zukunftsorientierte Feedbacks zu geben als vergangenheitsbezogene Feedbacks. Rollenbeschreibung als Download.
Download-Link: http://www.managerseminare.de/tmdl/b,187486

Borsty und seine wilden Freunde von der Tischkante

von Klaus Steinke und Susann Tappert

Überblick

Mit Fingerpuppen unterwegs im Grenzgebiet zwischen Spielfreude und ernsthafter Gruppendynamik: niederschwelliges gemeinsames Improvisationstheater als spontane Abendgestaltung am Kneipentisch, „letzte Rettung" eines langweiligen Abends oder persönliche Solonummer mit mitspielenden Gästen – mit Fingerpuppen ist alles möglich. Mehr als eine Handvoll „Fingerlinge" braucht es dazu nicht.

Kurzbeschreibung

- Teams – Arbeitsgruppen.
- Führungskräfte – Mitarbeiter.
- Alle Branchen.
- Jugendliche.

Zielgruppe

- Offene Interaktion zwischen den Seminarteilnehmern oder in Teams in Gang bringen.
- Gruppensituationen oder Verhaltensweisen in Analogien oder in einem spielerischen Umfeld bearbeiten.
- Ideen anderer positiv fortführen lernen.

Lernziele

- Der Einsatz der Fingerpuppen ist in jeder beliebigen Situation des Trainings möglich. Die besten Ergebnisse erzielen Sie jedoch beim Einsatz losgelöst vom Tagesprogramm nach dem Abendes-

Einsatz

sen oder an der Kneipentheke. In mehrtägigen Trainings können sich Fortsetzungsgeschichten entwickeln und fein ausgearbeitete Charaktere entstehen.

▶ Borsty (die Fingerpuppe) kann bereits zum Beginn eines Trainings als Trainingshelfer vorgestellt werden, indem er beispielsweise „dumme Fragen" stellt, die vom Trainer beantwortet werden.

▶ Rollenspiele mit Fingerpuppen knüpfen an kindliche Spielerlebnisse an und können Impulse für einen lustigeren und offeneren Umgang untereinander geben. Durch die Verknüpfung von verbalen und nonverbalen Aktionsmöglichkeiten kommt es bei den Teilnehmern im Idealfall sehr schnell zu einem guten Rapport.

Spielen und auswerten

Situation

Die Beteiligten und ihre Funktionen
Da es sich um ein improvisiertes Rollenspiel handelt, sind potenziell alle anwesenden Trainingsteilnehmer gleichzeitig Mitwirkende im Rollenspiel. Ihre Funktion bzw. ihr Charakter (mit oder ohne Fingerpuppe) kann dabei von den Trainingsteilnehmern frei gewählt werden. Rollenwechsel sind einfach. Bei anfänglicher Zurückhaltung der Trainingsteilnehmer unterstützt der Trainer bei der Rollenverteilung.

Ausgangssituation
Borsty – das Fingerpuppen-Schwein – und seine Freunde stecken in einer misslichen Lage. Die Tiere haben in der Dämmerung unter einem Apfelbaum vergorene Früchte gegessen und sind nun beschwipst. Borsty als Anführer hat versucht, die Gruppe in der zunehmenden Dunkelheit nach Hause zu führen. Leider hat der Bauer auf dem Weg zum Stall ein tiefes Loch ausgehoben, bei dem es noch nicht klar ist, ob es ein Brunnen, eine Baugrube oder eine Güllegrube wird. Borsty wusste von dem Loch nichts. Nun sind alle Tiere in diese Grube gestürzt und wollen sich aus der misslichen Lage befreien. Jede Spielvariante ist möglich.

Borsty und seine wilden Freunde von der Tischkante

Rollen

Abb.: Borsty und seine Freunde

Borsty, das Schwein, Anführer einer aufrührerischen Tiergruppe mit z.B. tierischen Eigenschaften des Schweins. Borsty ist zu Spielbeginn der Gruppe bereits bekannt durch vorhergehende schweingemäße Vorstellung während des Trainingstages, z.B. als anarchischer Fragensteller oder jemand, der gerne isst und die Essenszeiten erfragt oder bekannt gibt.

Kermit, der Frosch mit tierischen Eigenschaften des Frosches. Legendär z.B. die Zusammenarbeit zwischen Frosch Kermit und Miss Piggy bei der Muppet Show. Daran lässt sich anknüpfen. Gut möglich sind auch Sprüche wie „Da brat mir einer einen Storch".

Schappi, der Hund mit tierischen Eigenschaften des Hundes, z.B. überdurchschnittlicher Geruchssinn oder auch launig: „Ich bin ein Blindenhund, ich seh's noch nicht."

Döner, das Schaf, vielleicht mit dem Motto „Döner macht schöner" oder als der tragische Fünfte der vier Bremer Stadtmusikanten, den die anderen vier nicht dabeihaben wollten.

Lee, die Kuh („ich bin die Kuh Lih") mit tierischen Eigenschaften der Kuh: „Was ist der Unterschied zwischen einer Kuh und einem Orchester? – Bei der Kuh sind die Hörner vorne und der Arsch hinten." – „Eine Kuh macht muh, viele Kühe machen Mühe." – „Nur die Ochsen büffeln."

Durchführung Da Fingerpuppen klein und knautschbar sind, kann man sie überall dabeihaben, und Zug um Zug weitere Puppen ins Spiel bringen (auf dem Tisch ablegen oder „anspielen" und weitergeben). Wichtig ist, dass die Fingerpuppencharaktere stets frei gewählt werden können. Ggf. führt man an diesem Punkt „Grundregeln" des Improvisationstheaters ein: Aufgabe der Teilnehmer ist es, jeweils der eigenen Fingerpuppenfigur einen Namen und einen Charakter zu geben.

Der Übergang vom Solospiel zur Gruppenfragestellung erfolgt dadurch, dass der Trainer den Teilnehmern die missliche Lage beschreibt, in welcher sich Borsty und seine Freunde befinden. Wie kommen die Tiere aus der imaginären Grube? Es gibt dafür keine Hilfsmittel. Zum Überleben in der Grube und zum Befreien aus der Grube sollen jeweils nur die Fähigkeiten und die spezifischen Talente der einzelnen Tiere benutzt werden.

Das Rollenspiel gestaltet sich ab diesem Zeitpunkt im besten Fall wie ein Theaterstück mit Fingerpuppen. Im besten Fall ist zumindest Borsty als Hauptakteur den Trainingsteilnehmern bereits als Figur bekannt und wird nun in der Runde herumgereicht. Erfahrungswerte aus früheren Trainings zeigen, dass das Erscheinen der Fingerpuppe sofort zu freudigen Reaktionen führt, da Borsty bereits beseelt und charakterisiert wurde. „Man weiß, mit wem man es zu tun hat." Der spielerische Ansatz führt dazu, dass Personen spontan die Fingerpuppe anziehen und mit veränderter Stimme versuchen, die Gruppe zum Lachen zu bringen.

Da man sich mit den Trainingsteilnehmern mit diesem Rollenspiel ganz bewusst auf ein manchmal albernes oder sehr kindliches Niveau begibt, ist es wichtig, jede Spielidee positiv aufzunehmen und zu verstärken. Einige Teilnehmer empfinden es eventuell zuerst als lächerlich, Fingerpuppen zu benutzen. Die Begeisterung der anderen steckt aber in aller Regel an und reißt mit. Wer nicht mitspielt, spielt sich selbst.

Beobachtet werden kann: Teamverhalten, Innovationsfreude, lösungsorientierte Denkweise, Flexibilität ... der einzelnen Teilnehmer. Explizite Fragestellungen können sein:

Beobachtung

▶ Wird Borsty wegen des Falls in die Grube als Führer der Gruppe abgelöst? Entsteht eine Meuterei? Wird Borsty mit Vorwürfen überschüttet?
▶ Welche Tiere arbeiten am intensivsten an der Lösung?
▶ Wird Ursachenforschung betrieben? Oder lösungsorientiert gedacht?
▶ Bilden sich kleine Diskussionsgruppen?
▶ Möchte sich ein anderes Tier als Anführer profilieren?
▶ Ziehen alle an einem Strang?
▶ Wer hat sich welche Fingerpuppe ausgesucht?
▶ Sprechen und verhalten sich die Rollenspieler durch ihre Fingerpuppen anders, als es im normalen Training zu beobachten war?

Jeder beobachtet jeden! (Beispielsweise Körpersprache, Kontaktaufnahme, Stimme, Sprechweise, Wortwahl, Motivation, Stimmung, Gesprächsbeziehung, Vier Seiten einer Nachricht, Fragetechnik, Argumentationstechnik.)

Die Auswertung erfolgt am nächsten Tag in einer Feedback-Runde. Die Fingerpuppe spricht zur Gruppe.

Moderation der Auswertung

Außerdem ...

▶ Keith Johnstone: Improvisation und Theater. Mit einem Nachwort von George Tabori, übersetzt von Petra Schreyer. Alexander Verlag, 9. Auflage 2008.

Quelle

Das gestohlene Portemonnaie

von Christiane Niehoff

Überblick

Kurzbeschreibung Jeder Teilnehmer verteidigt als Anwalt einen Klienten, der unter Verdacht des Diebstahls steht.

Zielgruppe
- Anfänger.
- Mitarbeiter sowie Führungskräfte.
- Unabhängig von Branchen und Funktion der Teilnehmer einsetzbar.

Lernziele
- Argumentieren.
- Moderieren, präsentieren, frei reden.
- Verhandeln, in Konflikten vermitteln.

Einsatz
- Dieses Rollenspiel bietet eine spielerische Einführung in das freie Reden vor Publikum.
- Am Ende eines Seminars bietet es ein hervorragendes Praxis- und Übungsfeld, um zuvor erlernte Argumentationstechniken und rhetorische Mittel umzusetzen und damit den Transfer in die Praxis zu erhöhen.
- Die Teilnehmer erfahren darüber hinaus, ob es für sie einfacher ist, über sich selbst oder über andere zu sprechen und können zukünftig innerlich die für sie vorteilhafte Perspektive einnehmen.

Das gestohlene Portemonnaie

Spielen und auswerten

Situation

▶ Alle Seminarteilnehmer spielen mit, gegebenenfalls nehmen zwei Teilnehmer ausschließlich als Beobachter teil.
▶ Sie schildern den Mitspielern folgende Situation: Am Vorabend, während der Pause o.Ä., wurde in dem Seminar, in dem sich die Teilnehmer gerade befinden, ein Portemonnaie gestohlen (zum Beispiel das eines Beobachters, eines Hotelangestellten oder Ihr eigenes). Jeder Teilnehmer kommt als Täter in Frage.
▶ Aufgabe jedes Spielers ist es, seinen rechten Nachbarn zu befragen, um diesen zum Schluss in einer einminütigen Rede zu verteidigen.
▶ Jeder Mitspieler versetzt sich sowohl in die Rolle des Anwalts als auch in die Rolle des Klienten.

Klient

Rollen

Als Verdächtigter gibt er dem Anwalt Auskunft für stichhaltige Argumente zum Beweis seiner Unschuld sowie ein wasserdichtes Alibi.

Anwalt

Er befragt den Klienten mit dem Ziel, Argumente zu seiner Verteidigung zu sammeln. In einer einminütigen Verteidigungsrede soll er die Mitspieler von der Unschuld seines Klienten überzeugen.

▶ Durch einen Rollentausch schlüpft jeder Mitspieler einmal in die Rolle des Klienten und in die Rolle des Anwalts, schließlich stehen alle Teilnehmer unter Diebstahlverdacht.

▶ Die Teilnehmer sollen sich ganz in diese Situation hineinversetzen, improvisieren und ihre Fantasie spielen lassen. Die genannten Alibis müssen also nicht immer ganz der Wahrheit entsprechen und es werden keine bestimmten Verhaltensmerkmale vorgegeben.

Durchführung   Bitten Sie die Teilnehmer, sich in die folgende, fiktive Situation zu versetzen: Es ist ein Portemonnaie gestohlen worden, von jemandem, der an diesem Seminar beteiligt ist. Es kann sich ausschließlich um Diebstahl handeln, denn der Bestohlene hatte die Geldbörse in einer fest verschlossenen Tasche, zu der zum Zeitpunkt des Verlusts ausschließlich die Mitspieler, also die anwesenden Teilnehmer, Zugang hatten.

Fordern Sie die Mitspieler auf, sich gegenseitig zu befragen und dadurch ein Alibi sowie Argumente für die Verteidigung des Klienten zu erhalten. Erklären Sie, dass zum Schluss jeder Teilnehmer in der Rolle des Anwalts seinen Klienten wie vor einem Gericht mit einer einminütigen Rede verteidigen wird.

Sie zählen mit 1-2, 1-2 ... ab und besetzen die Rollen: 1 = Anwälte, 2 = Klienten, siehe Schema. Jeder Anwalt interviewt nun den rechts von ihm sitzenden Klienten. Die Befragung dauert drei Minuten. Danach wird getauscht: Anwälte werden zu Klienten und umgekehrt. Dabei werden auch die Gesprächspartner gewechselt, die „neuen" Anwälte befragen die rechts von ihnen sitzenden „neuen" Klienten, ebenfalls drei Minuten lang.

Abb.: Rollen und Gesprächpartner werden alle drei Minuten getauscht

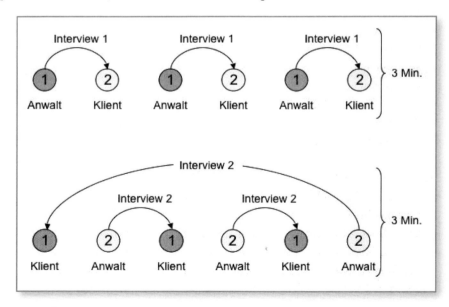

Das gestohlene Portemonnaie

Nach Ablauf von weiteren drei Minuten, die zur Vorbereitung des Plädoyers dienen, hält jeder Mitspieler seine Verteidigungsrede. Dieses Plädoyer sollte nicht länger als eine Minute dauern.

Zum Abschluss des Spiels ist es ratsam, den Fall aufzuklären. Sie können zum Beispiel erläutern, dass das Portemonnaie an der Rezeption des Hotels abgegeben wurde. Dadurch werden die negativen Gefühle und Assoziationen, die mit dem Begriff „Diebstahl" verbunden sind, durch ein „Happy End" für alle Beteiligten aufgelöst.

Beobachtung

Mögliche Fragen an die Teilnehmer zur eigenen Reflexion können sein:
- „Ist es einfacher, wenn Sie sich selbst verteidigen, so wie Sie es im Einzelgespräch mit dem Anwalt getan haben?"
- „Oder fällt es Ihnen leichter, für jemand anderen zu sprechen?"
- „Wie können Sie sich diese Erkenntnis zukünftig zunutze machen?"

Was haben die Zuhörer bei den Rednern beobachtet?
- Aufbau der Rede.
- Argumentationstechnik.
- Wortwahl.
- Stimme.
- Sprechtempo.
- Körpersprache.
- Kontakt zum „Publikum".
- Präsenz.
- Wirkung und Überzeugung.

Bei der Rückmeldung an die Redner haben Sie zwei Möglichkeiten
- Die Spieler beobachten sich gegenseitig und geben einander Rückmeldung.
- Ein oder mehrere Spieler nehmen ausschließlich als Beobachter teil (das könnten in dem Fall die Bestohlenen sein). Dies hat den Vorteil, dass sich die Mitspielenden während des gesamten Spiels voll auf ihre Rolle und die Situation einlassen können.

Im Anschluss kann sich jeder Anwalt bei seinem Klienten ein persönliches Feedback holen, insbesondere zu folgenden Kriterien:
- Zuhören und verstehen.
- Wiedergabe der eigenen Schilderung.
- Vertrauen in die Verteidigung.

Moderation der Auswertung
- Sie moderieren die Feedback-Runde.
- Jeder Anwalt erhält der Reihe nach Feedback.
- Dabei schildert er zunächst seine eigenen Wahrnehmungen.
- Danach geben die anderen ihre Rückmeldungen, insbesondere auf zuvor genannte oder auch erlernte Kriterien. Folgende Frage(n) sollte jeder Beobachter zum Abschluss beantworten:
  - „Hat mich der Anwalt von der Unschuld des Klienten überzeugt?"
  - „Würde ich seinen Klienten freisprechen?"
- Weitere Fragen zur Auswertung können sein:
  - „Warum fällt es in der einen oder anderen Position (Eigen- oder Fremdverteidigung) leichter?"
  - „Was sagt das über mich und meine Haltung zu mir und zu anderen aus?"
  - „Wie gehe ich zukünftig damit um?"
- Eine Videoaufzeichnung eignet sich hier besonders gut.

Außerdem ...

Anmerkungen
- Als mögliche Variante können Sie das Spiel ohne Rollentausch durchführen. Somit gibt es die Gruppe der Anwälte und die der Klienten, die Klienten sind in diesem Fall gleichzeitig Beobachter. Hier ist bei der Einführung zu berücksichtigen, dass nur eine Gruppe der Teilnehmer verdächtigt wird, zum Beispiel alle, die in der Pause im Raum geblieben sind, am Vorabend in der Hotelbar waren oder, oder, oder ...

- Vielleicht möchten Sie auch im Vorfeld einen Spieler bestimmen, der die Rolle des Diebes übernimmt. Nur er weiß von seiner

Rolle und versucht natürlich, dieses Geheimnis zu wahren. Das spornt den Detektiv-Sinn an. Außerdem können Erfahrung und Reflexion des Diebes spannend sein.

▶ Das Rollenspiel kann ausgedehnt werden, indem die Zeitvorgaben für Interview, Vorbereitung und Ansprache verlängert werden. Umso ausgefeilter werden die Verteidigungsreden ausfallen und umso differenzierter sollte auch das Feedback erfolgen. Dadurch liegt der Schwerpunkt stärker auf dem Argumentations- und Redeaspekt als auf dem Aspekt der Ich-Position (Eigen- oder Fremdverteidigung).

Dieses Rollenspiel ist im Rahmen meiner Trainer-Ausbildung entstanden. Dabei habe ich eine Improvisationsübung aus einem Schauspiel-Workshop als Impuls genutzt. In dieser Improvisation waren die Teilnehmer Mitglieder einer Wohngemeinschaft, deren Haushaltskasse gestohlen wurde.

Quellen

Der störende Dritte

von Diana Michl

Überblick

Kurzbeschreibung Souverän mit psychischem Druck in einer schwierigen Kommunikationssituation umgehen, während gleichzeitig ein Ziel durchgesetzt werden soll.

Zielgruppe
- Für Anfänger, aber auch für Fortgeschrittene nützlich. Am nützlichsten, wenn drei etwa gleich geübte Personen zusammen spielen.
- Besonders für Mitarbeiter geeignet.
- Für Führungskräfte interessant zur Erfahrungssammlung und Beobachtung.
- Für Menschen, die ihre Interessen immer wieder unter Druck gegen den Widerstand von Dritten durchsetzen müssen.

Lernziele
- Sachlich und konzentriert bleiben, Wichtiges von Unwichtigem trennen.
- Ruhe und Souveränität bewahren, nicht ablenken, nicht einschüchtern oder provozieren lassen.
- Argumentieren und verhandeln.
- Sich anbahnenden Konflikten vorbeugen.
- Den störenden Dritten gewandt ausschalten.
- Den störenden Dritten für sich gewinnen.
- Den Vorgesetzten beim Thema halten.
- Unfaire und schwierige Kommunikationssituationen souverän meistern, „sich fair schlagen".

Der störende Dritte

Einsatz

▶ Das Rollenspiel kann bei einander zuvor unbekannten Personen eingesetzt werden, sobald sich diese zumindest ein wenig kennengelernt haben, also eher nicht am Anfang.
▶ Nach Beendigung des Rollenspiels muss sicher diskutiert werden. Zudem stellt sich bei dem Spiel möglicherweise eine gespannte Stimmung zwischen den Partnern ein, die nicht aus dem Training hinausgetragen werden sollte. Deshalb sollte genügend Zeit bis zum Ende des Trainings zur Verfügung stehen.
▶ Als „Warming-up" ist es weniger geeignet, es sei denn, die Partner kennen sich schon besser. Es sollte eine gewisse Vertrauensbasis vorhanden sein, damit sich der eine nicht so schnell einschüchtern lässt bzw. nichts persönlich nimmt und der andere sich mehr traut. Andererseits ist es vielleicht weniger hilfreich, wenn die Partner enge Freunde sind.
▶ Als Einstieg geeignet, wenn es darum geht, wie man sich in Konfliktsituationen schlägt.
▶ Es bietet sich an, um bestimmte Gesprächstechniken auszuprobieren (ignorieren, schlagfertig kontern, Techniken um jemanden auf die eigene Seite zu ziehen …)
▶ Es bietet die Möglichkeit, zum Abschluss eines Seminars verschiedene erlernte Gesprächtechniken anzuwenden und Feedback zu erhalten.

Spielen und auswerten

Situation

Sie befinden sich in einer Besprechung zwischen Mitarbeiter und Vorgesetztem, bei der auch ein Kollege und/oder weiterer Vorgesetzter anwesend ist. Der Mitarbeiter möchte ein Anliegen durchsetzen (z.B. günstigere Arbeitszeiten, Gehaltserhöhung, eigener Arbeitsraum, Versetzung in andere Abteilung, Aufstieg auf freien Posten, Anschaffung eines wichtigen Produktes …). Der Vorgesetzte hört sich alles an und stellt Rückfragen. Er will überzeugt werden, bevor er sich entscheidet. Der andere Kollege oder Vorgesetzte versucht, den Mitarbeiter zu diskreditieren, damit er sein Interesse nicht durchsetzen kann, und will gleichzeitig den Vorgesetzten für die eigene Seite gewinnen.

- Der Mitarbeiter M möchte ein (persönliches) Ziel durchsetzen.
- Der Vorgesetzte V möchte überzeugt werden, stimmt am Ende zu oder nicht.
- Der Dritte D möchte verhindern, dass M sein Ziel durchsetzt.
- Zwischenmenschliche Beziehungen. M zu V, V zu M: freundlich, neutral, (distanziert). D zu M: feindselig/herablassend/neidisch/schwierig …

Rollen

Der Mitarbeiter mit persönlichem Ziel

Sie haben ein Anliegen, das Ihnen sehr wichtig ist, und dem Ihr Vorgesetzter zustimmen muss. Sie wollen sachlich und logisch argumentieren und den Vorgesetzten von Ihrer Kompetenz überzeugen, also wenden Sie sich weitestgehend ihm zu. Sie streiten nicht gerne, Sie verhalten sich generell sehr fair gegenüber anderen, wobei Ihnen die aggressive Art Ihres Kollegen zuwider ist. Ihren Vorgesetzten kennen Sie als distanzierten, kritischen Menschen, der gerne auf die vernünftige Art überzeugt wird, was häufig eine Weile braucht. Für Schmeichelei ist er unempfänglich, und das ist auch nicht Ihre Art.

Schwierig ist für Sie, dass Sie zunehmend das Gefühl haben, der Dritte in der Runde spiele in irgendeiner Art gegen Sie. Sie vermuten, dass der Vorgesetzte das nicht wahrnimmt, oder dass es ihn nicht interessiert. Also müssen Sie es allein schaffen, den Dritten außer Gefecht zu setzen, und dafür sorgen, dass er den Vorgesetzten nicht auf seine Seite zieht. Dabei wollen Sie natürlich vor dem Vorgesetzten nicht inkompetent wirken, die Fassung verlieren (denn dies sieht er ungern) oder das Thema auf etwas anderes gelenkt sehen. Sie versuchen, den Dritten entweder zu ignorieren, für sich zu gewinnen oder ihn elegant, kühlen Kopfes und unauffällig unschädlich zu machen.

Der Vorgesetzte

Sie merken, dass Ihr Untergebener Sie von einem ihm wichtigen Anliegen überzeugen möchte. Sie haben ein freundlich-neutrales Verhältnis zu diesem Untergebenen und Sie interessieren vor allem seine Motive und Argumente sowie Details, wie er sich die erwünschte Situation vorstellt oder sie zu erreichen hofft. Sie stellen ihm alle möglichen Fragen und entscheiden sich erst, wenn Sie das Gefühl haben, auf einer soliden Informationsgrundlage eine fundierte und sichere Entscheidung fällen zu können. Auch mit dem Dritten in der Runde unterhalten Sie sich, wenn es Ihnen sinnvoll erscheint, Sie gehen auf ihn ein, wenn er etwas sagt, das Sie interessant finden. Sie lassen sich, wie Sie meinen, fast nur auf sachliche, kompetente Art überzeugen und dies kann durchaus dauern. Von Ihren Untergebenen erwarten Sie einen gepflegten Umgangston und für gefühlsbetonte Diskussionen haben Sie nicht viel Verständnis. Spielchen schätzen Sie ebenfalls nicht sehr, doch Sie werden manipulierbar, wenn Sie die Masche nicht durchschauen, was vorkommen kann. Entdecken Sie, dass unter Mitarbeitern Antipathien oder Unstimmigkeiten herrschen, halten Sie sich dort in der Regel raus: Mitarbeiter sollten sich selbst verteidigen.

Der störende Dritte
Sie sehen, dass Ihr Mitarbeiter (bzw. Kollege) ein Interesse durchsetzen möchte und dies wollen Sie nicht zulassen. Vielleicht mögen Sie ihn nicht oder halten ihn für inkompetent, und Sie sehen Ihre beste, vielleicht einzige Chance darin, ihn an Ort und Stelle aus dem Rennen zu bringen. Sie möchten, dass er die Fassung verliert und unangenehm auffällt, oder dass er von selbst aufgibt. Ihr Wort richten Sie mal an den einen, mal an den anderen. Dabei können Sie versuchen, den Mitarbeiter zu diskreditieren, zu provozieren, das Thema auf etwas anderes zu lenken oder den Vorgesetzten so zu steuern, dass er dem Untergebenen gegenüber skeptisch ist. Sie wissen, der Vorgesetzte mag keinerlei Spielchen, doch er kann manipulierbar sein, wenn er Sie nicht durchschaut. Sie versuchen also, sich nicht aus dem Gespräch drängen zu lassen und kleine taktische Äußerungen einzuwerfen, von denen Sie glauben, der Vorgesetzte erkennt Ihr Ziel nicht, der Mitarbeiter aber sehr wohl. Da Sie nicht zu offensiv vorgehen können, unterbrechen Sie ihn nicht andauernd; Sie sind jedoch entschlossen, sich nicht ignorieren zu lassen.

Durchführung

▶ Drei Teilnehmer finden sich für das Rollenspiel, die Rahmensituation wird erklärt, die Rollen verteilt. Der Trainer erwähnt evtl., dass C versucht, A in Schwierigkeiten zu bringen. Die Teilnehmer überlegen sich ihren Rollenspieler-Namen, legen gemeinsam den Ort des Geschehens und das Unternehmen fest.

▶ Der Trainer gibt jedem Spieler seine Rollenbeschreibung, die auch nur er sieht. Die Spieler erhalten ein paar Minuten Vorbereitungszeit, dann geht's los. Der Spieler in der Rolle des Mitarbeiters denkt sich sein Gesprächsziel selbst aus, die anderen Teilnehmer sollten es vorher nicht wissen.

▶ Nachdem alle ihre Rolle durchgelesen haben und M und D sich ggf. kurz über Ziel bzw. Diskreditierungstrategien Gedanken gemacht haben, setzen sich V und D an den Tisch und M kommt herein (oder M und D kommen zusammen). Förmliche Begrüßung, das Gespräch beginnt.

Beobachtung

Die Beobachter achten auf Körpersprache, Mimik, Wortwahl, Tonfall, Argumentationstechnik, Inhalt des Gesprächs, Themensprünge, Niveauverlagerungen in Thema und Wortwahl, allgemeine Stimmung. Die Beobachter sollten das Verhalten der Mitspieler ursächlich beschreiben, d.h. erklären, woraus das beobachtete Phänomen (wahrscheinlich) resultiert. Im zweiten Schritt wird das Beobachtete bewertet und es werden ggf. bessere Strategien vorschlagen.

Die Rollenspieler sollten sich selbst und ihre Gegenüber wahrnehmen und die Wahrnehmungen hinterher wiedergeben können, aber konzentrierte Beobachtung wäre unecht und nähme Dynamik aus der Interaktion.

Moderation der Auswertung

Zur Auswertung sollte jeder Teilnehmer sagen, wie er sich selbst gefühlt und wie er die anderen beiden wahrgenommen hat. Zuschauer und Teilnehmer sollten gemeinsam über das Gesehene/Erlebte diskutieren, die Zuschauer sollten möglichst präzise Beobachtungen einbringen. Die eigene Wahrnehmung und Meinung ist gefragt, da es weniger um richtig/falsch als um angemessen/strategisch sinnvoll geht.

Auswertung mit oder ohne Video – falls ohne Video, dann sollte das Spiel nicht länger als 15 Min. dauern.

Fragen zur Auswertung
- Schafft es der Mitarbeiter, sein Interesse durchzusetzen?
- Schafft er es, den Dritten stilvoll und geschickt unschädlich zu machen?
- Bleibt er dabei sachlich?
- Wie verhält sich der Vorgesetzte, wem hört er mehr zu? Auf wessen Seite ist er und warum?
- Gelingt es dem Dritten, den Vorgesetzten zu überzeugen? Wodurch?
- Geht er geschickt vor, äußert er sich in angemessener Weise?
- Welche Schwachpunkte hat der Mitarbeiter? Wie macht der Dritte sie sich zunutze? Wie reagiert der Mitarbeiter?
- Warum endet das Spiel so, wie es endet?

Ergebnissicherung: Beispielsweise überlegen sich jeder Teilnehmer und Zuschauer, in welchen ähnlichen Situationen er/sie schon war, inwiefern er/sie sich anders verhalten hat und was er/sie hieraus für Erkenntnisse gezogen hat.

Weiterführende Fragen: Wie hätte man die Situation anders lösen können, welche Strategien gibt es noch?

Und außerdem ...

Das Rollenspiel kann in folgenden Aspekten abgewandelt werden, die den Schwierigkeitsgrad erhöhen:
- Es treten mehrere „störende Dritte" auf.
- Beziehungsebene: Der Vorgesetzte könnte sich im Verlauf der Übung auf die Seite des Dritten schlagen oder ein Freundschaftsverhältnis zu ihm haben; Mitarbeiter und Vorgesetzter könnten ein vorbelastetes Verhältnis haben; man kann auf Zeit spielen ...

Varianten

- Gruppenspiel: Mitarbeiter, die ein Anliegen durchbringen wollen, könnten als Gruppe auftreten, es könnten auch die störenden Dritten von mehreren Personen verkörpert werden. Jedoch sollten diese immer mit Abstand in der Unterzahl sein und wissen, dass das Anliegen der Gruppe rechtmäßig und sinnvoll ist und sie nicht offen dagegen argumentieren dürfen, damit keine reine Pro-Contra-Diskussion daraus wird.
- Alltagssituation: Das Spiel kann auch aus dem Berufsumfeld herausgenommen werden und z.B. ein Gespräch unter Bekannten werden, in dem der eine den anderen um etwas bittet, was der Dritte nicht gerne sieht, aber nicht offen zeigen kann oder möchte.
- Verschiebung gut/schlecht: Die Situation könnte auch umgekehrt sein, sodass der Mitarbeiter eine negative, doch für ihn vorteilhafte Absicht hat, um dessen Unlauterkeit der Vorgesetzte nicht weiß. Dann wäre der Dritte auf der guten Seite, kann dies jedoch nicht offen aussprechen. So wäre das Spiel eher eine Übung für den Dritten, seine gute Absicht auf verdecktem Wege zu erreichen bzw. „gute Miene zum bösen Spiel zu machen".

Quellen   Das Spiel ist von mir erdacht. Es entstand aus der Beobachtung, dass Kommunizierende sich oft vom eigentlichen Thema ablenken lassen und das Gespräch zuweilen im Nirgendwo endet, oder dass sie auf Seitenhiebe unnötigerweise reagieren und sich dabei in eine strategisch ungünstige Lage bringen – wodurch auch meist das eigentliche Problem nicht diskutiert wird und keine Lösung gefunden wird.

Download   Rollenbeschreibung als Download.
Download-Link: http://www.managerseminare.de/tmdl/b,187486

Dreh Dich um

von Christiane Niehoff

Überblick

Mit den drei Worten „Dreh Dich um" versuchen die Teilnehmer, einen einzelnen Mitspieler, der ihnen den Rücken zukehrt, dazu zu bringen, sich umzudrehen.

Kurzbeschreibung

- Anfänger und Fortgeschrittene.
- Führungskräfte und Mitarbeiter.
- Unabhängig von Branche und Funktion der Teilnehmer einsetzbar.

Zielgruppe

Aussprache und Wirkung.

Lernziele

- Sie können diese Übung gut einsetzen, nachdem Sie zuvor Kommunikationsmodelle erläutert haben, in denen das Verhältnis von Inhalt und Aussprache in Bezug auf die Wirkung deutlich wird.
- Es kann auch als Einstiegserlebnis in diese Thematik eingesetzt werden, da es leicht, flexibel und ohne Vorkenntnisse umzusetzen ist und den Teilnehmern ein Schlüsselerlebnis bereitet.

Einsatz

Christiane Niehoff

Spielen und auswerten

Situation
- Ein Mitspieler stellt sich vor eine Wand und kehrt den anderen Teilnehmern den Rücken zu. Innerlich geht er dabei in eine abweisende Haltung.
- Die anderen Teilnehmer stellen sich in einer Schlange mit einem Abstand von mindestens vier Metern hinter diesem Spieler auf. Ihr Wunsch ist es, dass sich dieser Mitspieler umdreht und ihnen zuwendet. Dabei wahren sie den gegebenen Abstand und sagen ausschließlich die Worte „Dreh Dich um".
- Der erste Mitspieler beginnt. Er hat drei Versuche. Hat er sein Ziel nicht erreicht, ist der Nächste an der Reihe.
- Die Person an der Wand dreht sich erst dann um, wenn sie selbst den Impuls dazu verspürt.
- Hat sich der Mitspieler an der Wand umgedreht, reiht er sich in die Schlange ein. Der erfolgreiche Mitspieler nimmt nun seine Position ein. Das Spiel geht weiter.
- Wiederholen Sie diese Übung so lange, wie die Gruppe und die Situation es hergeben.

Rollen
- Der einzelne Mitspieler an der Wand versetzt sich innerlich in eine abweisende Haltung. Als Hilfestellung kann er sich dabei eine Situation aus jüngster Vergangenheit vorstellen, in der er zum Beispiel wütend, beleidigt, traurig, ängstlich etc. war.
- Die anderen Teilnehmer möchten, dass er sich zu ihnen umdreht.

Durchführung

Wenn Sie zuvor Erklärtes erlebbar machen möchten, erläutern Sie als Ziel der Übung: „Damit Sie ausprobieren können, wie die Wirkungsfaktoren der Sprache im praktischen Einsatz funktionieren, machen wir einen Testlauf."

Wenn Sie ein vorbereitendes Erlebnis schaffen wollen, anhand dessen Sie im Nachhinein ein Modell erläutern, laden Sie zum Mitspielen ein, indem Sie sagen „Lassen Sie uns mal ausprobieren, wie wir andere von etwas überzeugen können".

Bitten Sie einen Freiwilligen nach vorne zu kommen und bitten Sie ihn, sich mit dem Rücken zur Gruppe vor einer Wand aufzustellen und innerlich in eine abweisende Haltung zu gehen. Nennen Sie ihm als Hilfestellung ein paar Gefühle, er kann zum Beispiel wütend, traurig, beleidigt oder ängstlich sein. Noch leichter wird es für ihn, wenn er sich dabei an eine Situation erinnert, in der er so ein Gefühl empfunden hat. Der Mitspieler sollte ausreichend Zeit bekommen, um sich in dieses Gefühl hineinzuversetzen. Wenn er so weit ist, gibt er ein Zeichen. Die Gruppe darf hören, was Sie dem Mitspieler sagen.

Danach fordern Sie die anderen Teilnehmenden auf, sich in eine Reihe zu stellen und nacheinander mit je drei Versuchen den „Abweisenden" dazu zu bringen, dass er sich umdreht. Sie dürfen dabei ausschließlich die Worte „Dreh Dich um" verwenden, können dabei jedoch in der Lautstärke, Emotion und Klang völlig frei variieren. Körperlicher Kontakt ist nicht erlaubt, auch der Abstand von ca. vier Metern ist zu wahren.

Der Mitspieler an der Wand dreht sich erst dann um, wenn er einen inneren Impuls dazu verspürt. Er sollte sich nicht aus Höflichkeit den Mitspielern gegenüber umdrehen. Dadurch wird die Wirkung von Aussprache und Betonung intensiv erlebbar.

Beobachtung

Sie können bei dieser Übung sehr gut beobachten, wie unterschiedlich die Mitspieler an der Wand reagieren. Hat es bei dem einen Mitspieler funktioniert, ihn möglichst sanft anzusprechen, dreht sich der nächste dabei noch lange nicht um. Die Wirkung der Ansprache ist nicht nur abhängig von den Personen, die sprechen, sondern auch von den einzelnen Stimmungen und Bildern der Personen, die sie ansprechen.

Die Teilnehmer in der Schlange beobachten die Körpersprache des Spielers an der Wand und versuchen, diese zu deuten. Diese Beobachtung erfordert genaues Hinschauen, da sie den Spieler nur von hinten sehen und auch kleine Regungen wahrnehmen müssen. Daraus können sie Schlussfolgerungen auf die Erfolg versprechenden Ansätze ziehen und ihre nächste Ansprache entsprechend variieren.

Außerdem reflektieren sie sich selbst und beobachten, wie sich die (Nicht-)Reaktion auf ihr Gefühl auswirkt und ob sich ihre Ansprachen dadurch verändern.

Moderation der Auswertung

Befragen Sie zuerst die Mitspieler, die an der Wand gestanden haben:
- In welcher Stimmung waren sie?
- Wie haben sich die unterschiedlich ausgesprochenen Aufforderungen auf ihre Stimmung ausgewirkt?
- Wieso haben sie sich gerade bei dieser Aufforderung umgedreht und bei den anderen nicht?

Ein Abgleich, mit den Vermutungen der anderen Mitspieler kann sehr spannend sein:
- Was haben sie geglaubt, in welcher Stimmung diese Person war?

Dabei können Sie sehr gut verdeutlichen, dass das Finden der „richtigen" Ansprache ohne das Hinterfragen der eigenen Hypothesen einem Glücksspiel gleicht.

Fragen Sie alle Mitspieler nach ähnlichen Situationen ihres Alltags, in denen sie Vermutungen über die Stimmungen anderer anstellen und ihre Art der Kommunikation darauf einstellen.

Sammeln Sie Vorschläge, wie diese Situationen anders gelöst werden können.

Außerdem ...

Anmerkungen

- Diese Übung können Sie in der Länge variieren. Achten Sie auf die Reaktionen der Mitspieler und darauf, wann Sie Ihr Ziel erreicht und das Erlebnis für möglichst viele Personen spürbar gemacht haben.
- Da das Rollenspiel sehr einfach ist und die Wirkung von Aussprache schnell erlebbar macht, sollten Sie auch die Auswertung eher kurz halten, damit das Erlebnis im Vordergrund bleibt.
- Geben Sie vor allem dem Mitspieler an der Wand ausreichend Zeit, um sich in eine bestimmte Stimmung hineinzuversetzen, bei sich zu sein und seinem eigenen Impuls zu folgen, denn gerade dadurch entfaltet diese Übung ihre volle Wirkung. Ich selbst bin dabei immer wieder überrascht, wie sich An- und Aussprache der anderen Personen auf mein Gefühl auswirken.

Quellen

Ich habe diese Übung in einem Theater-Workshop kennengelernt. Dem Workshop-Leiter ist die ursprüngliche Quelle leider unbekannt.

Wohnungsführung

von Sabine Heß

Kurzbeschreibung — Indem jeder Teilnehmer eine Partnerin durch einen imaginierten Raum führt, wird die Vorstellungskraft gefördert und die Spiellust gestärkt.

Ablauf — Die Teilnehmer kommen zu Paaren zusammen. Eine Person übernimmt in der ersten Runde die Führung, es wird eine zweite Runde geben, in der die Rollen getauscht werden.

Die führende Person bewegt sich mit ihrem Partner durch den Raum. Dabei stellt sie sich vor, sich in ihrer eigenen Wohnung zu befinden und den Partner dort herumzuführen. Die Beschreibungen sollten möglichst detailliert sein, sodass in der Vorstellung des Partners Bilder entstehen können. Beide Akteure bewegen sich im Raum, fassen Dinge an, bücken sich zu niedrigen Schränken, recken sich, um auf Hutablagen zu schauen – damit sie auch körperlich ins Spiel kommen. Der Partner darf Wünsche äußern, was er sich näher anschauen möchte oder wo er langgehen will.

Ein Beispiel: „Wir stehen im dritten Stock vor meiner Wohnungstür. Dort lebe ich mit meinen Kindern, es befindet sich hier aber auch mein Heimarbeitsplatz. Die Tür ist dunkelbraun, gestrichenes Holz. Der Türknauf und das Schlüsselloch befinden sich links. Ich schließe auf, die Tür öffnet sich nach innen. Wir schauen in den Flur. Komm, wir gehen hinein (die Schritte werden gemacht). Vom Flur geht links eine doppelflüglige Glastür ins Wohnzimmer, rechts geht der Flur weiter, uns gegenüber ist ein Wandschrank mit drei Türen, sie sind gelb gestrichen. Rechts davon, etwas zurückgesetzt, ist eine ebenfalls doppelflüglige Glastür zum Büro. Was möchtest Du tun?" – „Ich möchte die Tür zum Wandschrank aufmachen." – „Okay, dann mach das mal. Der Griff befindet sich hier (imaginäre Tür öffnen). Du siehst Jacken und Mäntel, von Kindern und Erwachsenen. Auf einem Brett über Augenhöhe liegen Taschen in verschiedenen Farben. Unten stehen Schuhe auf einer schwarzen Plastikunterlage. Was möchtest Du machen?" ...

Nach ungefähr fünf Minuten erfolgt der Wechsel.

Die Führung kann auch durch den imaginierten Arbeitsplatz stattfinden.	*Variante*

Fragen an die Geführten *Auswertung*
„Wie gut konnte ich mir die Räume vorstellen?", „Was hat mir geholfen, ein genaueres Bild zu bekommen?", „Was hat mein Interesse geweckt?", „Was habe ich Neues über meinen Partner erfahren?"

Fragen an die Führenden
„Was fiel mir leicht, was eher schwer?", „An welchen Stellen habe ich Nein zu einem Wunsch meines Partners gesagt?", „Wie ging es mir dabei, diesen Partner durch meine Wohnung zu führen?"

Als Warm-up oder als Vorstellungsrunde bei einem Training, bei dem intensiv mit Rollenspielen gearbeitet wird.	*Einsatz*
Aktivierung, Ausdrucksfähigkeit, Vertrauen aufbauen.	*Lernziele*
15 Minuten.	*Dauer*

Future-Talk – Experten zu Gast bei Sandr(o)a Maischberger

von Isabel Bommer

Überblick

Kurzbeschreibung Moderierte Expertendiskussion vor Publikum (drei Podiumsgäste, ein Moderator), bei der es darauf ankommt, bestimmte Kernbotschaften zu platzieren, Standpunkte zu vertreten und kritischen Fragen zu begegnen.

Zielgruppe
- Fortgeschrittene.
- Fachexperten, Führungskräfte.

Lernziele
- Den eigenen Standpunkt vertreten.
- Die Position der Organisation vertreten.
- Kernbotschaften vermitteln.
- Mit Angriffen und unerwarteten Fragen umgehen und sie in Plattformen für eigene Botschaften verwandeln.
- Frage-, Argumentations- und Gesprächstechniken üben.

Einsatz
- Dieses Rollenspiel eignet sich für den Einsatz in Argumentations-, Moderations- oder Medientrainings.
- Verschiedene Gesprächstechniken können fokussiert werden: Standpunkt beziehen, diskutieren, argumentieren; Diskussion leiten; Fragen stellen, auf kritische Fragen antworten, Fragen als Plattform für Kernbotschaften nutzen.

- Zu Beginn des Seminars hilft es, die vorliegenden Kommunikationskompetenzen zu diagnostizieren und individuell-typische Reaktionsmuster in Diskussionen herauszuarbeiten.
- Beim Einsatz „auf halber Strecke" eines Seminars entstehen Möglichkeiten, die erarbeiteten Gesprächstechniken zu üben, bevor sie z.B. auf eigene Inhalte und Themen übertragen werden.
- Ein mögliches Schlüsselerlebnis ist es, zu merken, welche Argumentationskraft die Konzentration auf wenige Kernaussagen oder einen Schlagwortsatz entwickelt.
- Ein anderes Schlüsselerlebnis könnte sein, welche Rolle die Informationen über die Diskussionspartner und Voreingenommenheit in der Debatte spielen.

Spielen und auswerten

Sandr(o)a Maischberger hat drei Gäste in ihre/seine Talk-Show eingeladen. Das Thema: „Was kostet der soziale Frieden?"

Situation

Alle wissen: Globalisierung, Klimawandel und Rohstoffverknappung nehmen bedrohliche Ausmaße an. Wie will die Menschheit das 21. Jahrhundert überleben? Bekannt wurde kürzlich, dass die UN erhebliche Mittel bereitstellen will, um den sozialen Frieden in der Welt zu sichern.

Der Moderator diskutiert mit den Experten, wie viel und wofür Mittel eingesetzt werden sollten.

Jan Freiwind, Umweltaktivist, Architekt und Gründer von Greenplace

Rollen

Jan Freiwind (39) hat mit allen gütlichen Lösungen zur Rettung der Biosphäre so gut wie abgeschlossen. So, wie die Menschheit sich heute gebärdet, hat sie keine Chance. Wachstum hat in einem limitierten Lebensraum schlicht natürliche Grenzen. Der Konsum-Nachholbedarf in den weniger entwickelten Ländern überfordert schon heute die Ressourcen des Planeten. Die Versuche der UN und die Ansätze der Future-Talk-Kollegen können nur Tropfen auf einen überheißen Stein sein. Der sofortige, totale Konsumverzicht aller wäre die einzige Lösung. Und weil sich das nicht realisieren lässt, baut Freiwind seit Kurzem an seinem Arche-Noah-Projekt „Greenplace". Greenplace errichtet mit Großraum-Biosphären-Bauwerken sicheren und lebenswerten Überlebensraum für eine sehr begrenzte Zahl von Menschen. Die Kuppeln haben bis zu 10 Kilometer Durchmesser und sind bis zu 800 Meter hoch. Private Investoren können sich ihren Wohnplatz im Projekt kaufen. Auch öffentliche Investoren können sich beteiligen, um einen beliebigen Teil der Gesellschaft und Kultur zu retten. Für Freiwind ist die Talk-Show eine ideale Werbeplattform.

Knock-out-Argument (einzusetzen immer dann, wenn einem nichts anderes einfällt): „Das 21. Jahrhundert überlebt sowieso nur eine Handvoll Menschen."

Martina Tüftler, Agrar-Wissenschaftlerin beim New Energy Research Lab

Martina Tüftler (32) ist eine hochintelligente, wenig emotionalisierende, sachorientierte Forscherin. Sie ist Inhaberin verschiedener Patente in der alternativen Kraftstoffentwicklung. Kürzlich hat sie eine genmanipulierte Rapssorte entwickelt, die gegenüber bisherigen für die Biokraftstoff-Produktion angebauten Sorten die zehnfache Energiewirkung entfaltet und während des Wachstums fünfmal soviel CO_2 bindet. Noch ist ihre Entwicklung als Saatgut nicht zugelassen, da der Raps das Genmaterial verschiedener Feld- und Wiesentiere bisher unvorhersehbar beeinträchtigt. Schon jetzt zeichnet sich aber ab, dass die Energie-Effizienz dieser Sorte noch um ein Vielfaches hochgezüchtet werden könnte. Die Entwicklung einer alternativen Kraftstoffquelle, die den Druck auf den Energiemärkten deutlich senken würde, wäre damit zum Greifen nahe. Martina Tüftler ist überzeugt: Forschung ist die einzige Alternative – denn es geht ja nicht nur um Energie, sondern auch um Wasser und Nahrungsmittel. Dafür braucht es einfach viel mehr Geld.

Knock-out-Argument (einzusetzen immer dann, wenn einem nichts anderes einfällt): „Zum Jammern habe ich keine Zeit. Das ist die größte Ressourcen-Verschwendung."

Gerd Corporale, General und CSR-Verantwortlicher bei der Bundeswehr

Gerd Corporale (52) weiß, dass er ein imposanter Mann ist. Seit zwei Monaten besetzt der kampferprobte Soldat eine neue, „weiche" Position bei der Bundeswehr: Er koordiniert den erst kürzlich eingerichteten Bereich Corporate Social Responsability bei der Verteidigungsorganisation. Diese neue Einheit wurde ins Leben gerufen, weil man befürchtet, dass mit zunehmender Rohstoffverknappung Kriege und rohe Gewalt beim Kampf um Ressourcen zunehmen werden. Nur der frühe, systematische Ausgleich von Ungerechtigkeit und die Entwicklung von Alternativen zu kriegerischen Auseinandersetzungen können die zivilisierten Gesellschaften vor einer Rückkehr in die soziale Steinzeit bewahren. Gerade Verteidigungsorganisationen müssen da umdenken und zukünftig einen viel größeren humanitären Beitrag leisten, ist Corporale überzeugt. Er will das neue Image der Bundeswehr profilieren, um mehr Nachwuchs zu begeistern. Greenplace hat er sich angesehen. Ohne militärische Anlagen gibt er dem Projekt keine Chance.

Knock-out-Argument (einzusetzen immer dann, wenn einem nichts anderes einfällt): „Es muss doch noch Werte geben auf dieser Welt."

Kündigen Sie das Rollenspiel plakativ an: Erklären Sie, dass nun vier Teilnehmer die einmalige Chance erhalten, (mit ihren neu erworbenen Kompetenzen) die Welt zu retten.

Durchführung

Dann kündigen Sie die Talk-Show (Thema, Hintergrund, Gäste) wie ein Fernsehmoderator an und besetzen die Rollen.

Geben Sie den drei Experten jeweils ihre vollständige Rollenbeschreibung einschließlich eines Knock-out-Arguments (einzusetzen immer dann, wenn es gerade richtig gut passt oder ihnen nichts anderes mehr einfällt). Sie bekommen 17 Minuten Zeit, drei Kernbotschaften zu formulieren und ihr Statement zu entwickeln. Sie sollten sich auch Antworten auf mögliche kritische Fragen zurechtlegen.

Geben Sie dem Moderator alle Rollenbeschreibungen (ohne Knock-out-Argumente) und ebenfalls 17 Minuten Zeit, um sich einzulesen, eine Begrüßung und einige Fragen an die Experten vorzubereiten.

Erklären Sie dem Publikum seine Rolle als „echtes" Publikum: interessiert und betroffen zuhören und Fragen stellen. Bitten Sie das Publikum, jeder für sich, einige Publikumsfragen zu überlegen. Erklären Sie dem Publikum außerdem seine Rolle als Beobachter und verteilen Sie den Beobachtungsbogen.

Vor Spielbeginn erklären Sie den Ablauf: Wie bei einer Talk-Show üblich, bekommen die Experten vom Moderator in einer Eingangsrunde die Möglichkeit, sich und ihre Tätigkeit kurz vorzustellen und vor allem ihr Statement zum Diskussionsthema zu äußern. Dann darf sich die Diskussion entwickeln. Wichtig ist, dass die Experten ihre Kernbotschaften durchbringen. Publikumsfragen werden in diesem Talk-Show-Format begrenzt berücksichtigt. Gewähren Sie ca. 30 Minuten Rollenspielzeit.

Beobachtung
- Gesprächsanteile.
- Fragetechnik.
- Argumentationsformen.
- Umgang mit Angriffen.
- Bildung von Allianzen.
- Moderierendes Verhalten.
- Körpersprache.
- Wortwahl.
- Stimme.
- Wie oft wird das Knock-out-Argument benutzt?
- Vermittlung und Klarheit der Kernbotschaften.
- Stärkung/Schwächung der Kernbotschaften.

▶ Entwicklung von Sympathien/Antipathien für Experten/ihre Argumente.

Ein bis zwei Teilnehmer beobachten den Moderator. Alle anderen beobachten die drei Experten.

Experten-Beobachtungsbogen für das Publikum

Beobachten Sie jeden der drei Experten (Wortwahl, Stimme und Sprechweise, Körpersprache):

1. Wie aktiv nimmt die Person an der Diskussion teil? Wie nimmt sie Bezug auf die einzelnen Beiträge?
2. Was möchte diese Person vor allem vermitteln? Wie deutlich vertritt sie ihren Standpunkt?
3. Was stärkt bzw. schwächt ihre Argumentation? Sammelt oder verliert die Person Sympathien?
4. Gab es Angriffe? Wie reagierte die Person?

Moderatoren-Beobachtungsbogen für das Publikum

Beobachten Sie den Moderator (Wortwahl, Stimme und Sprechweise, Körpersprache):

1. Wie entwickelt sich die Diskussion? Steuert der Moderator die Diskussion? Wie?
2. Wie verteilen sich die Redeanteile? Was tut der Moderator dazu?
3. Bezieht der Moderator Position?
4. Gab es Angriffe? Wie reagierte die Person?

Moderation der Auswertung

1. Blitzlicht der Mitspieler/-innen und der Beobachtenden zum Talk-Ergebnis

- „Wie haben Sie sich selbst erlebt? Wie geht es Ihnen jetzt?"
- „Was ist das sachliche Ergebnis der Diskussion?"
- „Wie schätzen das die Beobachtenden ein?"

2. Feedback-Runde vorbereiten

Geben Sie den Reflexionsbogen an die Mitspielenden aus und erläutern Sie ihn:

- „Folgende Fragen verhelfen uns zu einer strukturierten Auswertung der Übung und sichern Ihnen ein konkretes Feedback. – Nehmen Sie sich bitte zehn Minuten Zeit, die Fragen zu beantworten."

Die Beobachter bitten Sie, in den kommenden zehn Minuten ihr Feedback vorzubereiten:

- „Wie haben Sie die einzelnen Spielenden erlebt? Welche Beobachtungen zur Rolle der Spielenden wollen Sie mitteilen? Trennen Sie zwischen der Rolle und der Person! 'In dieser Rolle habe ich Dich so erlebt …'"

Reflexionsbogen für die Teammitglieder nach der Diskussion

Jeder der fünf Mitspieler beantwortet für sich folgende Fragen:
1. Durch welches Verhalten haben Sie versucht, Einfluss auf den Diskussionsverlauf zu nehmen und Ihren Standpunkt zu vertreten?
2. Waren Sie Ihrer Meinung nach erfolgreich? Was hat zu dem Erfolg geführt?
3. Wenn Sie das Gefühl haben, Sie waren nicht erfolgreich – woran lag das Ihrer Meinung nach?
4. Wurden Sie angegriffen? Wie haben Sie darauf reagiert?

---

3. Feedback geben

- Kündigen Sie die Feedback-Runde an, z.B. „Nun können Sie erfahren, wie Sie von den Beobachtern wahrgenommen wurden."

- „Lieblings-Feedback-Geber-Methode": Jeder Spieler kann sich zwei Haupt-Feedback-Geber auswählen. Diese dürfen ihre Beobachtungen umfassend mitteilen und dabei gezielte Fragen des Spielers beantworten. Ergänzende Kurz-Feedbacks durch weitere Beobachter sind auf Wunsch möglich.
- Weisen Sie auf die Feedback-Regeln hin! Die Spieler können sich zu ihren Rückmeldungen Notizen machen.

4. Plenum – Aussprache
- „Welches Verhalten ist Ihrer Meinung nach erfolgreich in einer Diskussion bzw. beim Vertreten eigener Standpunkte?"

5. Video ansehen und besprechen

Varianten

Regie-Anweisungen und Aufgabenstellungen für die Rollen können je nach Seminarschwerpunkt spezifiziert werden, sodass z.B. alle – oder einzelne – Darsteller eine bestimmte Gesprächstechnik stärker fokussieren, z.B.:
- Gerd Corporale kommt gerade aus einem Seminar „Gewaltfreie Kommunikation".
- Der Moderator darf nur Suggestiv-Fragen stellen.
- Jeder Diskussionsteilnehmer muss mindestens eine offene, eine geschlossene und eine Gegenfrage (Provokations-/Entscheidungsfrage etc.) stellen.
- Das Publikum soll vermehrt Provokations- und Störfragen einwerfen.
- Publikum und Podiumsgäste verbinden sich gegen den Moderator.
- Die Experten sollen unangenehme Fragen ausweichend oder gar nicht beantworten.
- Der Moderator/ein Publikumsteilnehmer erhält die Aufgabe, gezielt zu provozieren und die Podiumsgäste anzugreifen, um ihnen Gelegenheit zu geben, den Umgang mit Angriffen zu üben.

Quellen

Talk-Show-Spiele gibt es sicher häufiger. Thema, Rollen und Variationen sind hier aber vollständig neu erdacht.

Isabel Bommer

Es fällt in meinen Medientrainings immer wieder auf, wie wenig Übung viele Menschen darin haben, in kurzen Sequenzen, in denen sie die volle „öffentliche" Aufmerksamkeit haben, die zentralen Argumente zu vermitteln – auch und insbesondere dann, wenn „Störfeuer" dazwischenkommen. Dabei bietet jede – auch und gerade die kritische – Frage eine willkommene Chance, zu sagen, was gesagt werden soll.

Download   Rollenbeschreibung als Download.
Download-Link: http://www.managerseminare.de/tmdl/b,187486

Gespräch mit Herrn Lahm

von Thomas Schmidt

Überblick

Der Mitarbeiter Herr Lahm, ein einstiger Leistungsträger des Teams, zeigt seit einer Weile deutlich schlechtere Arbeitsergebnisse. Zudem scheint er immer wieder mit privaten Angelegenheiten beschäftigt zu sein und zeigt sich im Umgang mit Kunden zuweilen wenig hilfsbereit und serviceorientiert. Die Führungskraft sucht nun das Gespräch mit Herrn Lahm und möchte erreichen, dass sich sowohl sein Arbeitsverhalten als auch sein Kundenservice verbessert.

Kurzbeschreibung

▶ Führungskräfte.
▶ Nachwuchsführungskräfte.

Zielgruppe

▶ Training der Gesprächführungskompetenzen.
▶ Reflexion des eigenen Gesprächsverhaltens.
▶ Einüben von Gesprächsführungstechniken wie etwa Ich-Botschaften, Aktives Zuhören, konstruktive Konfliktlösung etc.

Lernziele

Das Spiel kann sowohl vorbereitend zum Seminarthema Mitarbeitergespräche genutzt werden als auch zum Training der theoretisch erarbeiteten Vorgehensweisen in solchen Gesprächssituationen. Das Rollenspiel kann entweder im Plenum oder auch in Kleingruppen durchgeführt werden. Es eignet sich inbesondere, um zuvor thematisierte Gesprächsführungskompetenzen umzusetzen. Hilfreich ist es, den Teilnehmern vorab einen Leitfaden zum Führen von Mitar-

Einsatz

beitergesprächen mit an die Hand zu geben, um diesen hier umsetzen zu können.

Spielen und auswerten

Situation   Die Führungskraft hat einen Termin für ein Mitarbeitergespräch mit Herrn Lahm vereinbart.

Rollen   **Führungskraft**
Seit gut einem halben Jahr sind Sie als Teamleiter für eine Gruppe von Sachbearbeitern im Firmenkundengeschäft eines Großunternehmens tätig. Zuvor waren Sie bereits drei Jahre lang in verschiedenen anderen Funktionen des gleichen Unternehmens beschäftigt. Bei Ihrer aktuellen Stelle handelt es sich um Ihre erste Führungsposition. Insgesamt sind Sie recht zufrieden damit, wie Sie von der Gruppe aufgenommen worden sind. Sie besteht aus sieben Mitarbeitern, die unterschiedlich lange für die Firma tätig sind. Alle Mitarbeiter scheinen sich auf ihre Arbeit zu konzentrieren, größere Konflikte konnten Sie bislang erfreulicherweise nicht feststellen.

Heute haben Sie ein Mitarbeitergespräch mit Herrn Lahm vereinbart. Herr Lahm gehört zu den erfahrenen Mitarbeitern in Ihrer Gruppe. Er arbeitet bereits seit 15 Jahren für die Firma und wechselte kurz nach Ihnen ins Team, weil seine alte Gruppe aufgelöst und auf verschiedene Teams verteilt wurde. Anfangs waren Sie wirklich zufrieden mit der Leistung von Herrn Lahm, doch momentan scheint es bei ihm nicht gut zu laufen. Vor allem hat er in den letzten Wochen erstmals deutliche Arbeitsrückstände aufgebaut; er ist mittlerweile zehn Tage zurück, während der Gruppendurchschnitt bei drei Tagen liegt. Sie können sich dies nicht erklären, da Sie von seiner fachlichen Kompetenz überzeugt sind. Dieses „Formtief" muss an etwas anderem liegen; möglicherweise ist sein Zeitmanagement einfach nicht gut genug.

Gespräch mit Herrn Lahm

Sie haben sich kürzlich seine Arbeitsorganisation genauer betrachtet und gesehen, dass er seine Arbeit nicht nur genau macht, sondern vielmehr penibel. Und das kostet viel Zeit. So kontrolliert er jeden Vorgang noch einmal genau, bevor er ihn abschließt. Das führt natürlich dazu, dass ihm keine Fehler unterlaufen, aber das Arbeitstempo darunter leidet.

Sie haben den Eindruck, dass Herr Lahm auch deshalb so langsam ist, weil er zwischendurch immer wieder mit privaten Angelegenheiten beschäftigt zu sein scheint. Sie haben mehrfach miterlebt, wie er längere Telefongespräche führte, die offenkundig privater Natur waren, auch wenn Sie den genauen Inhalt nicht erfassen konnten. Gestern sahen Sie, wie er während der Arbeitszeit im Internet surfte und die Seiten von StayFriends und Amazon geöffnet hatte, wozu es keinerlei betrieblichen Hintergrund geben kann. Dies können Sie natürlich nicht akzeptieren.

Ein weiteres Problem ist Herrn Lahms Auftreten den Kunden gegenüber. Er erscheint mitunter wenig hilfsbereit und serviceorientiert. So wirkt er am Telefon oft kurz angebunden und verwendet nicht selten Reizformulierungen wie „Da hätten Sie sich früher melden sollen" oder „Das habe ich Ihnen doch vorhin schon erklärt", die nicht dem hohen Standard des Kundenservice entsprechen, den Ihr Unternehmen verspricht. Außerdem wickelt er Kundenanfragen häufig lieber schriftlich ab, statt Kunden anzurufen, was nachgewiesenermaßen die Kundenbindung stärkt und deshalb das bevorzugte Medium im Umgang mit Kunden sein sollte. Dies wurde in den neuen Service-Richtlinien „Service Pro" festgehalten, die Sie unlängst verteilt und im Team besprochen haben. Dort wird auch festgelegt, dass jeder Kunde stets sofort einen Zwischenbescheid erhält, wenn sein Anliegen nicht sofort geklärt werden kann. Auch das hat Herr Lahm nicht immer eingehalten.

In dem Gespräch mit Herrn Lahm möchten Sie nun herausfinden, wie es zu seinen Arbeitsrückständen gekommen ist und weshalb er privat im Internet surft. Sie wollen klarstellen, dass dies nicht akzeptabel ist. Auch sein Serviceverhalten möchten Sie thematisieren und Vereinbarungen treffen, die eine höhere Kundenorientierung gewährleisten.

Herr Lahm

Sie sind als Sachbearbeiter für das Firmenkundengeschäft eines Großunternehmens tätig. Sie arbeiten seit 15 Jahren für diese Firma und sind damit ein sehr erfahrener und fachlich kompetenter Mitarbeiter. Sie haben lange Zeit in dem Team gearbeitet, das von Herrn Brand geleitet wurde und in dem Sie sich außerordentlich wohl gefühlt hatten. Dort hatte ein sehr angenehmes und freundschaftliches Klima geherrscht, nicht zuletzt aufgrund des kollegialen und wertschätzenden Führungsstils von Herrn Brand. Nachdem Herr Brand vor fünf Monaten in den Ruhestand gegangen war, wurde Ihr Team aufgelöst und auf andere Gruppen verteilt, was Sie alle sehr bedauert haben.

In der neuen Gruppe fühlen Sie sich noch nicht so richtig zu Hause. Nicht, dass irgendjemand unfreundlich wäre, aber letztlich arbeitet doch jeder vor sich hin und hat wenig Bezug zum anderen. Die Gruppe besteht aus sieben Mitarbeitern, die sich alle voll auf ihre Arbeit zu konzentrieren scheinen und offenbar wenig Interesse aneinander haben. Daher fühlen Sie sich nicht besonders wohl. Sie würden sich zumindest wünschen, dass man mal gemeinsame Kaffeepausen macht, zusammen Mittagessen geht und jeder auch mal etwas von sich erzählt. Die Kolleginnen und Kollegen hingegen scheinen zu den Kunden einen herzlicheren Bezug zu haben als untereinander. Einige säuseln den Kunden in einem Tonfall ins Ohr, als wollten sie ihnen im nächsten Moment einen Heiratsantrag stellen. Dabei mögen die Kunden dieses aufgesetzte, unterwürfige Getue gar nicht.

Sie sind mit Ihren Kunden immer gut klargekommen, gerade weil Sie auch mal Tacheles reden und es Kunden sagen, wenn diese sich beispielsweise zu spät wegen einer Anfrage melden oder wenn sie nicht richtig zugehört haben. Mit Ihrer klaren, offenen Art haben Sie rundum positive Erfahrungen gemacht. Dieses künstliche „Lächeln am Telefon" finden Sie lächerlich. Sie finden es auch falsch, auf Kundenfragen stets telefonisch zu reagieren, wie es diese selt-

Gespräch mit Herrn Lahm

same neue „Service Pro"-Initiative vorschreibt. Schließlich haben die Kunden dann nichts Verbindliches in der Hand. Auch die Anweisung, immer sofort Zwischenbescheide zu versenden, halten Sie für verfehlt, da die Kunden nichtssagende, überflüssige Korrespondenz überhaupt nicht schätzen.

Privat ist Ihre Situation momentan alles andere als rosig. Abends müssen Sie sich momentan oft um Ihre Eltern kümmern, die bereits etwas älter und leider nicht ganz gesund sind. Bei Ihrem Vater wurde schon vor einigen Jahren eine ernsthafte Demenz festgestellt. Bislang hat sich stets Ihre Mutter um ihn gekümmert, doch seit diese vor vier Monaten einen leichten Schlaganfall erlitten hat, müssen Sie sich verstärkt selbst um Ihren Vater kümmern. Zwar ist Ihre Mutter mittlerweile wieder relativ gesund und kommt gut klar, aber mit der Betreuung des Vaters ist sie überfordert. Deshalb müssen Sie einiges organisieren, um die Pflege des Vaters zu gewährleisten. Sie müssen sich mit Krankenkassen und Pflegediensten herumschlagen und abends für Ihre Eltern da sein. Das wird kein Dauerzustand sein, aber Sie müssen eben die Betreuung des Vaters organisieren und es können noch einige Monate ins Land ziehen, bis dies alles geklärt ist. Da Ihre Schwester in Kalifornien lebt, stehen Sie mit dieser Aufgabe alleine da.

Unter der privaten Belastung leidet auch Ihre Arbeitsleistung etwas. So sind in den letzten Wochen Arbeitsrückstände von fast zehn Tagen entstanden, während der Gruppendurchschnitt bei drei Tagen liegt. Das kommt sicherlich auch daher, dass Sie momentan aufgrund Ihrer privaten Situation stark belastet sind und den Kopf nicht richtig frei haben. Die privaten Themen beschäftigen Sie manchmal auch auf der Arbeit, zumal Ihre Internet-Verbindung momentan gestört ist und Sie deshalb neulich mal schnell nach Literatur zum Thema „Pflege von Angehörigen" bei amazon recherchiert und bei StayFriends nach alten Schulkollegen gesucht haben, von denen Sie wissen, dass diese auch ältere und kranke Eltern haben.

Auf der Arbeit haben Sie davon niemandem erzählt. Schließlich ist das Verhältnis nicht so vertrauensvoll, dass Sie so ohne Weiteres ein so persönliches Thema preisgeben wollen.

Nun hat Ihr Teamleiter (Ihre Teamleiterin) Sie zu einem Gespräch gebeten. Sie wissen nicht, worum es geht. Möglicherweise möchte er einfach mal hören, wie es Ihnen geht. Falls Ihr Vorgesetzter sich wirklich interessiert, aufgeschlossen und wertschätzend zeigt, können Sie sich vorstellen, zu erzählen, was Ihnen auf dem Herzen liegt – aber nur dann! Allerdings sind Sie eher skeptisch, schließlich erleben Sie Ihr Verhältnis zum Teamleiter bislang eher als neutral-distanziert.

Sie hoffen, dass Ihr Chef nicht gleich darauf herumreitet, dass Sie momentan ein paar Arbeitsrückstände haben. Schließlich kann dies auch den Besten mal passieren. Sollte er Sie darauf ansprechen, werden Sie zunächst einmal vorbringen, dass Sie eben gewissenhaft arbeiten und Wert darauf legen, Ihre Arbeit zuverlässig und genau zu erledigen. Darin wurden Sie durch Ihren alten Teamleiter, Herrn Brand, geprägt. Schließlich geht es häufig um viel Geld. Deshalb schauen Sie stets gewissenhaft, ob auch alle Angaben vollständig sind. Ihre Kollegen arbeiten immer „schnell-schnell" drüber hinweg. Zwar sind die Kollegen deshalb eventuell etwas flotter als Sie, machen dafür aber sicherlich mehr Fehler.

Durchführung

Zeitempfehlung:
- Vorbereitung: 20 Min.
  Die Rollenspieler arbeiten sich in die Rollen ein. Inzwischen werden die Beobachter instruiert, es können evtl. Aufgaben an Teilgruppen vergeben werden, indem die unten aufgeführten Beobachtungspunkte verteilt werden.
- Durchführung: 20 Min.
- Auswertung: 20 Min.

Das Feedback an die Führungskraft anhand vorher festgelegter Feedback-Regeln erfolgt durch die Beobachter und aus der Rolle von Herrn Lahm heraus. Interessant wird es sein, ob die Führungskraft herausgefunden hat, wodurch Herrn Lahms Verhalten begründet ist. Und ob es Lösungsvorschläge gab, die Herr Lahm als motivierend empfindet.

Gespräch mit Herrn Lahm

Beobachten Sie das Gespräch in Bezug auf die folgenden Kriterien: *Beobachtung*
1. Wie gestaltet die Führungskraft das Gesprächsklima?
2. Wie stark geht die Führungskraft auf den Mitarbeiter ein? Wie gut hört sie zu?
3. Wie wirkt die nonverbale Kommunikation der Führungskraft (Körperhaltung, Gestik, Mimik, Blickkontakt)?
4. Wie formuliert die Führungskraft ihre Kritik und wie wirkt dies?
5. Wie strukturiert und leitet sie das Gespräch (z.B. durch Fragetechniken)?
6. Wie verständlich und nachvollziehbar argumentiert die Führungskraft?
7. Inwiefern erreicht die Führungskraft ihre Gesprächsziele?

1. Wie hat die „Führungskraft" das Gespräch erlebt? *Moderation*
2. Wie hat der „Mitarbeiter" das Gespräch erlebt? *der Auswertung*
3. Was haben die anderen Teilnehmer und der Trainer beobachtet?

Und außerdem ...

Achten Sie bei der Auswertung auf die Feedback-Regeln: *Anmerkungen*
- Beschreiben Sie, was Sie wahrgenommen haben, statt das Verhalten der Gesprächspartner zu bewerten.
- Bleiben Sie bei Ihrer Rückmeldung konkret. Treffen Sie keine verallgemeinernden Aussagen (z.B. „Sie sind unsicher").
- Sagen Sie immer auch, was Ihnen gefallen hat.
- Sprechen Sie die Person, auf die Sie sich beziehen, direkt an.
- Achten Sie darauf, dass die Feedback-Nehmer zuhören und sich nicht erklären oder rechtfertigen.

Eigenentwicklung. *Quellen*

Rollenbeschreibung als Download. *Download*
Download-Link: http://www.managerseminare.de/tmdl/b,187486

Gleichberechtigte Projektleitung

von Bernd Höcker

Überblick

Kurzbeschreibung   Kompetenzgerangel im Projekt zwischen Mann und Frau.

Zielgruppe
- Anfänger/Fortgeschrittene.
- Führungskräfte/Mitarbeiter in Projektteams und Abteilungen. Branchenneutral.

Lernziele
- Interne Konfliktlösung ohne Moderator/Mediator.
- Gemeinsame Zielerreichung.

Einsatz   Anwenden und Ausprobieren vorher besprochener und erarbeiteter Gesprächstechniken.

Spielen und auswerten

Situation   Britta und Reinhard sind wissenschaftliche Mitarbeiter einer Forschungsorganisation. Das Projekt hat ursprünglich der Direktor selbst geleitet, nach einer gewissen Zeit hat Britta darin mitgearbeitet. Dann zog der Direktor Reinhard als Mitarbeiter hinzu. Britta war strikt dagegen, weil sie Reinhard nicht als kompetent genug für dieses Projekt ansah. Er war aus ihrer Sicht noch nicht lange genug im Unternehmen, um die Zusammenhänge nachvollziehen zu können.

Als der Direktor nach einiger Zeit entlastet werden wollte, schlug er vor, dass Reinhard und Britta das Projekt gemeinsam leiten sollten. Britta stimmte nur widerstrebend zu, unter dem Vorbehalt, dass sie Reinhard nicht unterstellt werde. Der Direktor war mit dieser Lösung einverstanden.

Im Laufe der nächsten Wochen musste Britta feststellen, dass sich Reinhard offensichtlich nicht an die Abmachungen hielt. Nach außen hin benahm er sich so, als ob er der alleinige Leiter des Projekts wäre. Britta wollte das nicht hinnehmen. Beide vereinbarten ein Gespräch, um diesen Konflikt zu lösen.

Reinhard *Rollen*
Sie denken, dass Britta viel zu viel Wert auf Status und Formalitäten legt. Wenn Sie Protokolle unterschreiben oder ein Meilenstein-Meeting einberufen, müssen Sie Britta doch nicht jedes Mal damit behelligen. Und das heißt doch noch lange nicht, dass Sie sich als der eigentliche Projektleiter ausgeben wollen ...

Britta arbeitet noch an weiteren Projekten mit, weshalb sie wenig daran interessiert ist, wie Ihr gemeinsames Projekt vorankommt. Wenn Sie dann aber die Initiative übernehmen, reagiert Britta sofort gereizt. Angeblich weil sie darin einen Versuch sieht, dass Sie die Projektleitung ganz an sich ziehen wollen.

Britta
Sie glauben, dass Reinhard sie nicht wirklich als gleichberechtigte Projektleiterin anerkennt. Dies zeigte sich sehr deutlich, als Reinhard ein Meilensteinmeeting der Projektgruppe einberief, ohne Sie zu Rate zu ziehen. Kurz vorher teilte er Ihnen mit, dass ein Meeting angesetzt sei und Sie unbedingt daran teilnehmen müssen. In dem Meeting ließ dann Reinhard jeden einzelnen Mitarbeiter über den Stand der Arbeit berichten. Er bat auch Sie um Ihren Beitrag,

als seien Sie einfach ein Mitglied der Gruppe und nicht selbst Projektleiterin. Dies hat Sie sehr verletzt.

Außerdem haben Sie erfahren, dass er Briefe mit „Projektleiter" unterschreibt. Aus all dem ist für Sie offenkundig, dass Richard die Projektleitung für sich beansprucht.

Durchführung

Die Situationsbeschreibung wird an alle Teilnehmer ausgegeben, die beiden Rollenbeschreibungen an die jeweiligen Probanden. Hier gibt es die Möglichkeit, jede Rolle zweimal zu vergeben, sodass es anschließend zwei Spieldurchläufe gibt, die sich miteinander vergleichen lassen.

Der Trainer gibt das Setting vor: z.B. in welchem Büro, in der Kantine, außerhalb des Unternehmens usw.

Der Trainer gibt den Probanden Zeit, um sich vorzubereiten, die eigenen Gesprächsziele zu formulieren und eine Strategie festzulegen. Hierbei kann der Trainer unterstützen, indem er die formulierten Ziele auf ihre „Qualität" hin abprüft (z.B. anhand der Systematik S.M.A.R.T) und bei einer evtl. Umformulierung hilft. Bei Doppelbesetzung können sich die Brittas und Reinhards auf Wunsch beraten.

Das erste Paar beginnt, das zweite Paar bleibt außerhalb des Raumes, sollte aber nicht miteinander sprechen bzw. nichts zum Vorgehen im Rollenspiel absprechen.

Beobachtung

Die Beobachter (restliche Teilnehmer) werden aufgeteilt und beobachten je eine Person nach den Kriterien
- ▶ Körpersprache, Kontaktaufnahme, Stimme, Sprechweise, Wortwahl, Beziehungsaufbau, evtl. „Vier Seiten einer Nachricht", Ich-Botschaften, Moderation der Auswertung

Es ist zu empfehlen, den Spielverlauf auf Video aufzuzeichnen. (Voraussetzung ist, dass die entsprechende Zeit zur Verfügung steht).

Vor der Videoanalyse bittet der Trainer die Rollenspieler um ein Eigen-Feedback.
- Wie haben Sie sich gefühlt?
- Was ist Ihnen gut gelungen?
- Was möchten Sie verändern beim nächsten Mal?
- Welches Ziel hatten Sie formuliert? Und, haben Sie Ihr Ziel erreicht?

Anschließend bittet der Trainer die Teilnehmer für die von ihnen beobachteten Personen ein Feedback zu geben (unter Beachtung der vorher vereinbarten Feedback-Regeln).

Bei der anschließenden Videoanalyse geht der Trainer auf die Punkte ein, die noch nicht genannt wurden und die er darüber hinaus beobachtet hat.

Und außerdem ...

Als Beobachtungshilfe macht es Sinn, einen vorbereiteten Feedback-Bogen mit den zu beobachtenden Punkten an die restlichen Teilnehmer auszugeben, damit wird ein strukturierteres Feedback erreicht.

Anmerkungen

Das Rollenspiel hat sich in der Praxis bewährt und ist dadurch in den Fundus von flextrain eingegangen. Die ursprüngliche Vorlage findet sich in der Reihe Arbeitshefte Führungspsychologie Bd. 15, „Konflikttraining" von Karl Berkel (1997), welche wiederum auf einer englischen Vorlage beruht.

Quellen

Rollenbeschreibung als Download.
Download-Link: http://www.managerseminare.de/tmdl/b,187486

Download

Großraumbüro

von Bernd Höcker

Überblick

Kurzbeschreibung Sollen im neuen Gebäude Großraumbüros eingerichtet werden?

Zielgruppe
- Fortgeschrittene Teilnehmer, die schon Kommunikations- und Verhandlungstrainings besucht haben.

Lernziele
- Verhandlungstechniken überzeugend einsetzen.
- Kooperatives Kommunikationsverhalten zeigen, Win-win-Situationen erzeugen.
- Den eigenen Verhandlungs- und Kommunikationsstil reflektieren.

Einsatz Das Rollenspiel bietet sich zum Ausprobieren bestimmter Gesprächstechniken an, die vorher vermittelt wurden.

Spielen und auswerten

Situation Ihr Unternehmen (hier kann die jeweilige Branche der Teilnehmer eingefügt werden) steht vor der Frage: „Großraumbüros – ja oder nein?" Sie führen eine Besprechung durch und gehören einer Gruppe von Entscheidern an, die der Geschäftsführung einen gemeinsamen Vorschlag zu dieser Frage vorlegen soll. Wie verhandeln

Großraumbüro

Sie, damit dieser Vorschlag soweit wie möglich Ihren persönlichen Vorstellungen entspricht?

Der Bereich, in dem Sie tätig sind, bezieht ein neues Gebäude. Bisher wurde in kleineren Büros (d.h. Maximalbelegung mit drei Mitarbeitern) gearbeitet. Jetzt wird darüber nachgedacht, im neunen Gebäude Großraumbüros einzurichten.

Folgende Personen sind in der Besprechung anwesend: (je nach Teilnehmerzusammensetzung sollten weibliche und männliche Rollen vergeben werden). *Rollen*

- Der Organisationsleiter, Herr Otto.
- Die Leiterin Finanz- und Rechnungswesen, Frau Fritz.
- Die Verkaufsleiterin, Frau Vogel.
- Der Einkaufsleiter, Herr Ernst.
- Die Personalleiterin, Frau Peters.

Bitte halten Sie sich an Ihre Rolle (Anlage). Benutzen Sie die Verhandlungs- und Kommunikationstechniken, die Ihnen nützlich erscheinen, um Ihre Kollegen von Ihren Ideen zu überzeugen.

Planen Sie bitte keine überzogenen Verhaltensweisen, sondern verhandeln Sie „sachbezogen" Ihre Vorstellungen und gehen Sie emotional mit dem Prozess mit.

Benutzen Sie nur solche Argumente, die „haltbar" und „glaubhaft" sind.

Organisationsleiter – Herr Otto
Sie sind für das Großraumbüro. Der sachliche Grund:
- Durch Rationalisierung können Kosten gespart werden.
- Mitarbeiter sind besser zu kontrollieren, weil „man" sie sieht. Leistungsreserven können so mobilisiert werden.

Der persönliche Grund: Aus Vorbesprechungen wissen Sie, dass die Geschäftsleitung Großraumbüros den Vorzug geben würde, wenn es gelingt, die Mitarbeiter vom Nutzen zu überzeugen. Sie versprechen sich, wenn deutlich wird, dass Sie dieses Projekt entscheidend mitforcieren, positive Wirkungen auf die Karriere.

Bitte entwickeln Sie Argumente, um die Entscheidung Ihrer Kollegen in Ihrem Sinne zu beeinflussen.

Entstehen in der Verhandlung Situationen, die Ihren Vorstellungen entsprechen, so kann Sie das zum Umdenken veranlassen.

Leiterin Finanz- und Rechnungswesen – Frau Fritz

Sie sind grundsätzlich gegen „Großraumbüros". Ihre Hauptbegründung:
- Verlust eines „eigenen" Büros, damit Imageverlust bei Kollegen und Freunden.
- Verlust eines „Freiheitsraumes", Einordnung in die Masse. Verlust der „Gestaltungsmöglichkeiten" des Arbeitsplatzes und damit Aufgabe von „Arbeitsplatzatmosphäre".

So „persönlichkeitsbezogen" kann man natürlich nicht argumentieren. Bitte entwickeln Sie Argumente, die Ihre Motive zwar „verschleiern", aber nichtsdestotrotz für deren Befriedigung sorgen.

Überzeugen Sie Ihre Kollegen von Ihrer Meinung.

Entstehen in der Verhandlung Situationen, die Ihren Vorstellungen entsprechen, so kann Sie das zum Umdenken veranlassen, nicht aber zur Aufgabe Ihrer Idee, dass der Arbeitsplatz ein Stück „persönliches Ambiente" ist und bleiben muss.

Verkaufsleiterin – Frau Vogel

Wenngleich Ihnen die durch viele Leute entstehende Unruhe auch nicht passen würde, sind Sie aus sachlichen Erwägungen für Großraumbüros. Ihre Sachbearbeiter sitzen augenblicklich in mehreren

Büros verteilt und es gibt starke Reibungsverluste und Kommunikationsprobleme, weil einige Sachbearbeiter gemeinsame Gebiete betreuen, aber räumlich getrennt sitzen. Vom Außendienst kommen laufend Beschwerden, dass viele Informationen nicht fließen. Sogar Kundenverluste werden damit begründet, was teilweise stimmt.
Sie versprechen sich von Großraumbüros eine Verbesserung Ihrer Mitarbeiter-Situation. Allerdings muss man die Sache den Mitarbeitern gut „verkaufen", da sie mit ihren Büros auch einen gewissen „Status" verlieren.

Bitte entwickeln Sie Argumente, um Ihre Kollegen von Ihrer Ansicht zu überzeugen.

Von der Geschäftsleitung wissen Sie, dass diese zurzeit noch Großraumbüros forciert. Sie wollen aber, so weit wie möglich, die Wünsche der Mitarbeiter nach attraktiven Arbeitsplätzen berücksichtigen.

Kommen Sie nicht weiter, so streben Sie einen Kompromiss an.

Einkaufsleiter – Herr Ernst
Sie sind gegen Großraumbüros. Ihre Hauptbegründung liegt vor allem darin, dass Sie Großraumbüros für wenig human halten. Großraumbüros verhindern bessere Leistungen, weil sie nervös und gereizt machen, so Ihre „Denkweise".

Störfälle wie Kollegen und die Geräuschkulisse von Faxgeräten und Druckern sowie pausenloses Telefongeklingel schaffen einen hohen Grad an „Unproduktiv-Zeiten".

Bitte entwickeln Sie Argumente, damit Sie Ihre Kollegen überzeugen können.

Kommen Sie nicht weiter, so streben Sie einen vertretbaren Kompromiss an.

Personalleiterin – Frau Peters

Ihre Meinung, ob Großraumbüros eingerichtet werden sollen oder nicht, ist zwiespältig.

Sie kennen Gründe dafür und Gründe dagegen. Wichtig und entscheidend für Sie ist die Frage: „Können die betroffenen 180 Mitarbeiter überzeugt werden oder nicht?"

Überzeugen Sie Ihre Kollegen davon, dass alle Mitarbeiter in die Entscheidung einbezogen werden. Sie sind für Demokratie, auch am Arbeitsplatz, jedenfalls bei solchen Fragen.

Wenn in der Verhandlung Situationen entstehen, die Ihren Vorstellungen entsprechen, so beziehen Sie Partei für Pro oder Kontra. Von Ihrer grundsätzlichen Meinung aber, dass der Arbeitsplatz ein wichtiges Motivationsmittel ist und entsprechend gestaltet werden muss, rücken Sie nicht ab. Als „Personalfrau" werden Sie dafür notfalls kämpfen.

Durchführung   Die Teilnehmer können die Rollen noch besser ausfüllen, wenn sie mit der Meinung der Rolle übereinstimmen. Daher können Sie zunächst die Teilnehmer bitten, sich auf eine der drei Positionen zu stellen:
- „Ich bin grundsätzlich für Großraumbüros."
- „Ich bin grundsätzlich gegen Großraumbüros."
- „Ich bin zwiespältig."

Wenn Sie nun Moderationskarten mit den Namen der Rollen beschriftet haben, verteilen Sie in der Pro-Gruppe die Rollen Vogel und Otto, in der Contra-Guppe die Rollen Ernst und Fritz und in der zwiespältigen Gruppe die Rolle Peters. Entscheidend ist, ob alle Teilnehmer aktiv teilnehmen sollen, dann können Sie Rollen doppelt vergeben, oder ob der Rest der Teilnehmer die Beobachterrolle übernehmen soll.

Die Situationsbeschreibung wird an alle Teilnehmer ausgeben. Die Rollenbeschreibungen an die jeweiligen Probanden.

Großraumbüro

Der Trainer gibt das Setting vor: z.B. in welchem Raum des Unternehmens das Meeting stattfindet, wer eingeladen hat usw. Der Trainer gibt den Probanden Zeit, um sich vorzubereiten und die Strategie festzulegen. Bei Doppelbesetzung können sich die Teilnehmer beraten.

Beobachtung

Die Beobachter (restliche Teilnehmer) werden aufgeteilt und beobachten je eine Person nach den Kriterien
▶ Körpersprache, Kontaktaufnahme, Stimme, Sprechweise, Wortwahl, Beziehungsaufbau, evtl. Vier Seiten einer Nachricht, Ich-Botschaften.
▶ Spielen alle Teilnehmer mit, empfiehlt sich eine Videoaufnahme zur anschließenden Analyse.

Moderation der Auswertung

Vor der Videoanalyse bittet der Trainer die Rollenspieler um ein Eigen-Feedback.
▶ „Wie haben Sie sich gefühlt?"
▶ „Was ist Ihnen gut gelungen?"
▶ „Was möchten Sie verändern beim nächsten Mal?"
▶ „Welches war Ihr Ziel? Und, haben Sie Ihr Ziel erreicht?"

Anschließend bittet der Trainer die Teilnehmer den von ihnen beobachteten Personen ein Feedback zu geben (unter Beachtung der vorher vereinbarten Feedback-Regeln). Bei der anschließenden Videoanalyse geht der Trainer auf die Punkte ein, die noch nicht genannt wurden und die er darüber hinaus beobachtet hat.

Außerdem ...

Als Beobachtungshilfe macht es Sinn, einen vorbereiteten Feedback-Bogen mit den zu beobachtenden Punkten an die restlichen Teilnehmer auszugeben, (sofern nicht alle Teilnehmer mitspielen) damit das Feedback strukturierter wird. Der Trainer ist gefordert, die Verhandlungsführung genau zu beobachten, da es keine „Musterlösung" gibt.

Es ist durchaus möglich, dass keine Einigung erzielt wird und die Verhandlung „vertagt" werden muss.

Quellen Das Rollenspiel stammt aus dem Fundus von flextrain und ist aktuell überarbeitet worden.

Dowload Rollenbeschreibung als Download.
Download-Link: http://www.managerseminare.de/tmdl/b,187486

Sprechende Körper

von Hans Heß

Durch körperliche Darstellung wird die Ausdrucksfähigkeit erweitert und die Spiellust gefördert. — *Kurzbeschreibung*

Die Teilnehmenden bilden einen Kreis. Es werden zwei Runden gespielt. — *Ablauf*

Der erste Teilnehmer betritt den Kreis, sagt seinen Namen und führt dazu eine für ihn typische Bewegung aus. Die Gruppe ist das Echo, sie wiederholt den Namen und die Bewegung. Dann tritt die zweite Person in den Kreis, der Ablauf wiederholt sich. Die erste Runde steht im Zeichen der eigenen Ausdrucksfähigkeit (sobald jemand sich in der Mitte befindet) und des Einfühlens in den anderen (durch Nachahmen).

Im zweiten Teil geht es um das Umsetzen einer verbalen Äußerung in einen Körperausdruck. Eine Teilnehmerin geht einen Schritt in den Kreis und sagt in einem Satz wie sie sich im Moment fühlt. Ihr Partner, der im Kreis genau gegenüber steht, geht ebenfalls einen Schritt in den Kreis und stellt diesen Satz als Körperausdruck mit Mimik und Gestik dar, also „pantomimisch".

Ausdrucksfähigkeit, Einfühlungsvermögen. — *Lernziele*

Ca. 20 Minuten. — *Dauer*

Hallo Drama – ich komme

von Sabine Heß

Überblick

Kurzbeschreibung Die Teilnehmer üben sich im Umgang mit den drei Rollenbildern „Verfolger", „Opfer", Retter" aus dem Karpman- oder Drama-Dreieck der Transaktionsanalyse.

Zielgruppe
- Führungskräfte.
- Ausbilder.
- Trainer.
- „Kommunikatoren".

Lernziele Den Ausstieg aus dem Drama-Dreieck erfolgreich forcieren.

Einsatz
- Nach der Erläuterung des Drama-Dreiecks aus der Transaktionsanalyse.
- Der Einsatz ist denkbar in Konflikttrainings, Führungstrainings, Kommunikationstrainings.

Spielen und auswerten

Situation Ausgangslage am Beispiel einer Situation zwischen Ausbilderin und Auszubildendem: Der Auszubildende (Azubi) hat selbstständig eine Aufgabe ausgeführt (am besten nennt die Ausbilderin eine in seinem Bereich tatsächlich vorkommende Aufgabe, ansonsten beispielsweise eine Reisebuchung für den Chef der Abteilung anlässlich einer Weiterbildungsveranstaltung).

Der Azubi hat soweit an alles gedacht (Anfahrt zum Flughafen, Flug, Anfahrt zum Hotel, Anfahrt zum Tagungsort, Rückweg zum Flughafen, Rückflug, Rückfahrt nach Hause). Er hat sogar berücksichtigt, dass der Vorgesetzte immer seine Kinder in die Schule bringt, und dies zeitlich eingeplant. Leider hat er die Hotelbuchung vergessen …

Die Ausbilderin teilt ihm diesen Fehler mit und der Azubi reagiert „im Drama-Dreieck".

Variante 1 (leichter): Der Azubi bekommt eine Rollenvorgabe und bewegt sich in dem Gespräch vorwiegend in einer der drei Haltungen. Die Ausbilderin hat die Aufgabe, 1. die Rolle zu identifizieren und 2. darauf zu reagieren mit dem Ziel, das psychologische Spiel aufzulösen (ggf. auch mithilfe der Gruppe).

Variante 2 (mittel): Hinter den beiden Agierenden steht eine Person und hält, jeweils nur für den gegenüber sitzenden Gesprächspartner sichtbar, abwechselnd Schilder mit den jeweiligen Rollen hoch. Aufgabe der Rollenspieler ist es, die Rollen bewusst einzunehmen. Im Verlauf kann dann irgendwann die „Ansage" für die Ausbilderin sein (ebenfalls per Schild), dass sie nun das psychologische Spiel bitte auflösen solle.

Variante 3 (schwer): Hinter der Ausbilderin steht eine dritte Person, die im Wechsel, nur für den Azubi sichtbar, Schilder mit der jetzt jeweils einzunehmenden Rolle hochhält. Die Ausbilderin hat die Aufgabe, das Drama-Dreieck aufzulösen.

Die Ausbilderin

Rollen

Sie haben ihrem Azubi vor vier Wochen u.a. den Auftrag gegeben, eine Reise für den Abteilungsleiter zu organisieren. Da der Azubi sich in einem Gespräch kürzlich wünschte, selbstständiger arbeiten zu dürfen, haben Sie ihn „machen lassen". Heute, drei Tage vor der Reise, findet der vereinbarte „Kontrolltermin" statt, bei dem Sie sich das Ergebnis anschauen. Sie stellen fest, dass der Azubi vergessen hat, das Hotelzimmer zu buchen. Da zu diesem Zeitpunkt an diesem Ort auch eine Messe stattfindet, wird es sehr schwer sein, jetzt noch ein Zimmer zu bekommen. Im Gesprächsverlauf versuchen Sie, das psychologische Spiel des Drama-Dreiecks aufzulösen.

Der Auszubildende
Sie haben sehr engagiert neben vielen anderen Aufgaben die Buchung der Reise für den Abteilungsleiter bearbeitet. Ein bisschen stolz sind Sie schon darauf, dass Sie sogar daran gedacht haben, dass er vor Reiseantritt seine Kinder in die Schule bringen wird – das haben Sie bei der Flugbuchung berücksichtigt. Heute, drei Tage vor der Reise des Abteilungsleiters, haben Sie wie vereinbart ihrer Ausbilderin alle Buchungsunterlagen für einen letzten Check hingelegt.

Durchführung   Es meldet sich eine Teilnehmende, die den Ausstieg aus dem Drama-Dreieck üben möchte, für die Rolle der Ausbilderin. Sie wählt sich einen Darsteller für die Rolle des Auszubildenden. Zudem melden sich, je nach Variante, eine oder zwei Personen, die als „Souffleur(e)" agieren.

Die Souffleure bekommen Karten. Auf jeder Karte ist eine Rolle des Drama-Dreiecks vermerkt: Retter, Verfolger oder Opfer. Die Schrift ist so groß gewählt, dass die Begriffe auf eine Entfernung von ca. zwei Metern leicht lesbar sind.

Die Ausbilderin und der Azubi nehmen ihre Plätze ein (stehend oder sitzend, je nachdem, wie es in der realen Situation wäre). Hinter jeden der Akteure stellt sich ein Souffleur. Während das Gespräch zwischen Ausbilderin und Azubi beginnt, halten die Souffleure je eine Rollenkarte hoch (diese kann immer nur vom Gegenüber gesehen werden, d.h., der Azubi sieht die Karte, die der Souffleur hinter der Ausbilderin hochhält, die Ausbilderin sieht diese Karte nicht). Die Agierenden nehmen die Rollen ein, die ihnen souffliert werden. Nach einem Zeitraum von ca. drei Minuten wechseln die Souffleure die Karten.

Das „Timing", der Wechsel beim Hochhalten der Rollenkarten sollte so gewählt werden, dass der jeweilige Akteur ausreichend Zeit hat, die Rolle zu leben. Fällt dies jemandem schwer, kann die Trainerin einen kurzen Stopp veranlassen und den Akteur mit Beispielen und eigenem Vormachen unterstützen.

Für die Zuschauenden ist es bei zwei Souffleuren (Variante 2) hilfreich, wenn diese die Karten nicht gleichzeitig, sondern mit einem Zeitabstand von ca. einer Minute wechseln.

Das Spiel ist beendet, wenn das Drama-Dreieck „aufgelöst" wurde oder wenn der Verlauf ca. zehn Minuten angedauert hat. Die anderen Teilnehmer können in Kleingruppen mit je vier Personen die Übung selbst durchführen. Dabei sollte es wie beim ABC-Training (siehe Mit Rollen spielen Bd. 1) einen Wechsel der Aufgabenverteilung geben, sodass jede Person einmal Azubi oder Ausbilderin war.

Beobachtung

Die zuschauenden Teilnehmer sollten sensibilisiert sein für folgende Fragen:
▶ Welches Verhalten der Ausbilderin hat dazu geführt, dass der Azubi aus seiner Rolle (für einen kurzen Moment) herausgeholt wurde?
▶ Welches Verhalten hat das Rollenverhalten des Azubis eher noch verstärkt?
▶ Was hat das Einnehmen einer Drama-Dreiecks-Rolle durch die Ausbilderin beim Azubi für ein Verhalten ausgelöst?

Moderation der Auswertung

Die Rückmeldungen sollten sich sehr auf die Thematik „Drama-Dreieck und dessen Folgen" fokussieren. Wenn auch andere Beobachtungspunkte einbezogen werden (Inhalte, Feedback-Regeln, Körperhaltungen …) kann die Komplexität leicht zu groß werden.

Außerdem ...

Anmerkungen Je nach Ziel des Seminarabschnitts kann es interessant sein, wenn die zuschauenden Teilnehmer die Karten nicht sehen und selbst herausfinden, welche Rollenkarte gerade gezeigt worden ist. Sie machen sich eine Notiz und erfahren hinterher die Auflösung, denn die Trainerin schreibt in diesem Fall die Reihenfolge mit.
Während des Spiels können Sie weitere Rollenspieltechniken einflechten, z.B. kann der Rollenspielablauf durch „Stoppen", „Zurückspulen", „Rollentausch" etc. aufgelockert und das Lernen intensiviert werden (siehe Mit Rollen spielen Bd. 1). Zwischen-Feedbacks und die Beratung aus dem Publikum helfen den Rollenspielern, ihr Verhalten bereits im laufenden Rollenspiel zu verändern: Sie wählen diejenigen Ideen aus, die sie selbst für zielführend halten und setzen sie im weiteren Rollenspielverlauf ein. Sie erleben die Veränderung beim Gesprächspartner und „überprüfen" somit das neue Verhalten auf seine Wirksamkeit. Der Transfer in die Alltagspraxis ist dadurch eher gesichert.

Quellen Eigenentwicklung, das Modell „Drama-Dreieck" ist zum Beispiel zu finden in „Werde, der du werden kannst: Persönlichkeitsentfaltung durch Transaktionsanalyse" von Werner Rautenberg und Rüdiger Rogoll. Herder Verlag, 17. Auflage 2009.

Download Rollenbeschreibung als Download.
Download-Link: http://www.managerseminare.de/tmdl/b,187486

Kolleginnen im Betrieb

von Siegfried Rapp

Überblick

Heißer Konflikt zwischen zwei Kolleginnen in einer High-Tech-Produktionsstätte. — *Kurzbeschreibung*

▶ Führungskräfte mit Personalverantwortung.
▶ Mediatoren und Konfliktvermittler in Ausbildung. — *Zielgruppe*

▶ Vermittlung in einer akuten betrieblichen Konfliktsituation.
▶ Suche nach Übergangslösungen.
▶ Erkennen von interkulturellen Aspekten eines Konfliktes.
▶ In kollegialen Konflikten strukturelle Komponenten erkennen.
▶ Betriebliches Konfliktmanagement mit knappen zeitlichen Vorgaben durchführen. — *Lernziele*

Im Rahmen eines Seminars „Konfliktmanagement für Führungskräfte". Übung von mediationsnahen Kommunikationstechniken. — *Einsatz*

Spielen und auswerten

Ein mittelgroßes Familienunternehmen produziert hochreine Komponenten im IT-Bereich. In einer spezialisierten Produktionslinie ist die türkische Mitarbeiterin Fatma Özen, 43, zuständig für die — *Situation*

Feinsäuberung von empfindlichen Bauteilen. In 10er-Packen werden die Teile auf einem Handwagen von einer Hilfskraft in den gegenüberliegenden staubfreien Verpackungsraum gebracht.

Dort übernimmt Sonja Löffler, 41, Leiterin der Endkontrolle, diese Bauteile zur Prüfung und anschließenden Verpackung. Die reinen Komponenten werden staubfrei vakuumverpackt. Komponenten mit kleinster Schmutzanhaftung werden an Fatma Özen zur Neu-Reinigung zurückgegeben.

Seit etwa einem Jahr kommen immer mehr Teile zur Wiederbearbeitung zurück. Fatma Özen ärgert sich und beschwert sich überall. Sonja Löffler gab anfangs noch Anweisungen an Fatma Özen, wie die Teile zu behandeln seien. Es hat aber nichts genützt.
Die Kolleginnen Fatma Özen und Sonja Löffler sprechen seit Monaten nicht mehr direkt miteinander. Teile der Belegschaft ergreifen inzwischen schon Partei für die eine oder andere der beiden Kontrahentinnen.

Volker Seher, 36, hat als Abteilungsleiter immer wieder versucht, besänftigend einzuwirken. Er hat wiederholt an beide Kolleginnen appelliert und auch schon mit möglichen Konsequenzen gedroht. Seine Interventionen blieben bisher ohne Erfolg, die Spannungen und das Pausengerede nehmen ständig zu. Volker Seher ist mit seinem Latein am Ende.

Es ist Freitagvormittag und heute muss noch der Großauftrag eines wichtigen Kunden fertiggestellt werden. Die Hilfskraft kommt bei Fatma zur Tür herein und übergibt ihr, heute schon zum dritten Mal, ein Bauteil zur Neu-Reinigung zurück. Fatma Özen platzt der Kragen. Sie nimmt das Teil und stürmt zu Sonja Löffler in den Verpackungsraum. Von draußen hört man Geschrei und Türen knallen.

Rollen **Fatma Özen, 43**
„Ich arbeite in dem Betrieb seit zwölf Jahren und kenne die Abläufe und die Qualitätsanforderungen ganz genau. Ich gebe bei meiner Arbeit das Beste, da ich genau weiß, dass unsere Kunden von uns

eine 100%ige Arbeit verlangen. Seit die Kollegin Sonja Löffler vor drei Jahren die Endkontrolle übernommen hat, ist es immer schlimmer geworden. Sie übertreibt maßlos. Manchmal ist sie nett, aber bei schlechter Laune gibt sie willkürlich Teile zurück. Frau Löffler gibt ihre Anweisungen auch immer im Befehlston. Sie sagt: „Das musst Du so machen." Bei ihr fehlt das „Bitte". Überhaupt hat sie etwas gegen Ausländer. Das sagen auch meine Kolleginnen. Vor zwei Jahren wurde einer türkischen Kollegin gekündigt. Wir glauben, dass Frau Löffler eine deutsche Kollegin aus einer Zeitarbeitsfirma bei uns unterbringen will. Am Freitag hatten wir totalen Stress. Ein riesiger Auftrag musste noch fertiggestellt werden. Ich habe sogar in der Pause durchgearbeitet, um fertig zu werden. Da bekomme ich zum dritten Mal ein Teil zum Reinigen zurück. An dem Teil war nicht der Hauch eines Stäubchens. Ich bin mit dem Teil rüber zu Frau Löffler, um ihr zu zeigen, dass das Teil in Ordnung ist. Okay, mein Temperament ist vielleicht etwas mit mir durchgegangen. Ich war laut. Aber als ich wieder gehen wollte, hat mich Frau Löffler am Arm festgehalten und da habe ich mich losgerissen."

Sonja Löffler, 41
„Ich bin bei unserer Firma dafür zuständig, dass kein Teil den Betrieb verlässt, das auch nur die allergeringste Schmutzanhaftung aufweist. Ich habe die Anweisung, eine strenge Endkontrolle vorzunehmen und kein fehlerhaftes Teil durchzulassen. Natürlich ist es nicht schön, wenn ich Teile zurückgeben muss, aber die Kollegin Özen schafft es nicht, über längere Zeit konzentriert an einem Teil zu arbeiten. Wenn sich ihr die Gelegenheit bietet, steht sie immer mit Kolleginnen zusammen, da gehen die Türen auf und zu und natürlich gibt es immer einen Staubeintrag. Ich weiß auch, dass die Türkinnen hinter meinem Rücken reden. Da ist sicherlich Neid dabei, weil ich nach so kurzer Zeit schon eine führende Position in dieser Produktionslinie bekommen habe. Als Schichtleiterin ist es einfach auch meine Aufgabe, gewisse Direktiven auszugeben. Ich habe die volle Rückendeckung meiner Vorgesetzten, sie wissen genau, dass bei mir nichts Schlechtes durchgeht. Am Freitag ist die Frau Özen mit einem Teil zu mir in den Verpackungsraum gestürmt und ich hab' schon gedacht, dass sie auf mich losgeht.

Sie schrie mich an, fuchtelte mit dem Teil vor mir herum. Nachdem sie geschrien hatte, drehte sie sich um und wollte gehen. Natürlich kann ich sie nicht gehen lassen, ohne ihr unsere hiesigen Qualitätsstandards zu erklären. Aber handgreiflich bin ich dabei nicht geworden."

Mediator
Es ist Freitagnachmittag. Sie erhalten einen Anruf aus dem Betrieb XY vom Abteilungsleiter Volker Seher. Er erläutet ihnen, dass in seinem Betrieb einen akute Auseinandersetzung zwischen zwei Kolleginnen stattgefunden hat. Es gab Schreiereien und Türenknallen. Die Kolleginnen arbeiten eng zusammen und sind auch aufeinander angewiesen. Er bittet Sie nach Möglichkeit ganz kurzfristig schon am Montag ein erstes Mediationsgespräch mit den beiden Kolleginnen zu führen. Er selbst habe beide Seiten schon ermahnt, aber all das habe nichts gefruchtet. Sie erfahren noch, dass es sich um eine türkische und um eine deutsche Mitarbeiterin handelt. Es geht um den Reinheitsgrad von Produkten. Die deutsche Kollegin ist für die Verpackung von absolut staubfreien Komponenten zuständig. Die türkische Mitarbeiterin säubert diese Teile im Raum davor. Der vereinbarte Termin ist am Montag um 09:30 Uhr. Da im Moment eine starke Auftragslage besteht, geht es darum, die Mitarbeiterinnen möglichst nur für maximal eine Stunde aus dem Produktionsablauf herauszunehmen, um ein erstes Gespräch zu führen. Schnelle Zwischenergebnisse werden ausdrücklich gewünscht.

Durchführung   Es werden Gruppen von jeweils vier oder fünf Personen gebildet. Drei Teilnehmende übernehmen die Rollen von Sonja Löffler, Fatma Özen und dem Mediator. Die vierte Person bekommt die Beobachterrolle. Fatma Özen und Sonja Löffler erfahren am Montagvormittag bei Arbeitsbeginn, dass heute ein externer Mediator um 09:30 Uhr kommt, um ein erstes Gespräch zu führen. Es steht eine Stunde für das Gespräch zur Verfügung. Beide Kolleginnen bekommen ihren Rollentext sowie die Beschreibung der Situation.

Der Mediator bekommt nur seine Rollenbeschreibung und die darin enthaltenen Informationen. Die Beobachtenden erhalten einen Bogen mit Aufgaben. Sie sollten sich auch schriftliche Notizen machen.

Alle Beteiligten haben zehn Minuten Zeit, um sich auf das Rollenspiel vorzubereiten. Falls möglich, sollte das Rollenspiel mit Video aufgezeichnet werden.

Aufgaben für die Beobachtung *Beobachtung*
- Welche Körperhaltung nehmen die Beteiligten ein?
- Welche Atmosphäre strahlt die Anfangssituation aus?
- Wie beginnt der Mediator das Gespräch?
- Wie steuert der Mediator den Gesprächsprozess?
- Welche Gefühle und Bedürfnisse werden artikuliert?
- Welche interkulturellen Reibungspunkte werden erwähnt?
- Welches sind die hauptsächlichen Konfliktpunkte?
- Welche Lösungsansätze sind, möglicherweise versteckt, vorhanden?
- Wo liegen strukturelle, von den Personen unabhängige, Konfliktursachen?

Zuerst äußern sich die „Konfliktbeteiligten" Fatma Özen und Sonja Löffler. *Moderation der Auswertung*
- Wie haben sie den Mediator empfunden?
- Hat sich eine Konfliktpartei bevorzugt bzw. benachteiligt gefühlt?
- Hatten sie ausreichend Gelegenheit, ihre Sicht der Dinge darzustellen?
- Was hat ihnen noch gefehlt?

Der Mediator nimmt Stellung:
- Wie hat sich der Zeitdruck ausgewirkt?
- Wie ist er mit der Situation zurechtgekommen?

- Wie ist er mit dem Thema Sympathie und Antipathie umgegangen?
- Welche Lösungsideen sind ihm in den Kopf gekommen?

Die Beobachtenden tragen ihre Notizen bei.

Alle Beteiligten streifen jetzt ihre Rolle ab und sind wieder sie selbst.

Quellen   In Anlehnung an einen authentischen Mediationsfall des Autors.

Download   Rollenbeschreibung als Download.
Download-Link: http://www.managerseminare.de/tmdl/b,187486

Konflikt im Bauamt

von Carolin Fey

Überblick

Im Bauamt einer kleinen Stadtverwaltung erschwert ein bereits lang andauernder Beziehungskonflikt zwischen zwei Sachbearbeiterinnen die Zusammenarbeit und Aufgabenbewältigung im Amt. Die Amtsleiter führen ein Gespräch mit den beiden.

Kurzbeschreibung

- Führungskräfte.
- Vermittler/-innen.

Zielgruppe

- Konfliktgespräche in der Rolle als Führungskraft führen.
- Das Moderieren und Vermitteln üben.
- Allparteiliche Haltung einnehmen.

Lernziele

In Konfliktmanagement und Teamarbeits-Seminaren.

Einsatz

Spielen und auswerten

Im Bauamt einer kleinen Stadtverwaltung besteht das zuständige Team aus zwei Sachbearbeiterinnen, Sonja Flandert und Karla Vogel, dem Amtsleiter und Stadtbaumeister Anton Wöllner und dem stellvertretenden Amtsleiter Dieter Mack.

Situation

Die beiden Sachbearbeiterinnen sind zwar je einem Amtsleiter zugeordnet – Frau Vogel dem Amtsleiter Wöllner, Frau Flandert dem stellvertretenden Amtsleiter Mack – müssen sich jedoch gegenseitig vertreten. Die beiden Sachbearbeiterinnen sitzen sich im gemeinsamen Büro gegenüber, sie reden kaum miteinander, Informationen werden nicht zuverlässig weitergegeben, die Stimmung im ganzen Amt ist längere Zeit beeinträchtigt.

Nachdem nun der Bürgermeister den Amtsleiter auf die Querelen im Bauamt angesprochen hat, lädt der Amtsleiter Wöllner Sonja Flandert, Karla Vogel und seinen Stellvertreter Dieter Mack zu einem gemeinsamen Klärungsgespräch ein.

Rollen **Amtsleiter Anton Wöllner**
Sie haben ihre Mitarbeiterinnen und ihren Stellvertreter zu einem Gespräch eingeladen. Sie haben genügend Zeit eingeplant und hoffen, ungestört zu bleiben. Sie übernehmen die Gesprächsführung. Der Bürgermeister ist mit den Worten auf Sie zugekommen „Sie sollten in Ihrem Amt mal für Ordnung sorgen". Dies gab nun den Ausschlag für Sie, das seit geraumer Zeit geplante und wegen dringender Aufgaben immer wieder verschobene Gespräch anzugehen.

Seit längerer Zeit schon ist die Stimmung in Ihrem Amt angespannt. Ihre beiden Mitarbeiterinnen meiden sich gegenseitig, und das, obwohl sie zusammen ein Büro teilen. Beide waren schon bei Ihnen, Frau Flandert mit dem Wunsch nach einem eigenen Büro, was Sie wegen Platzmangel ablehnen mussten, und Frau Vogel mit dem Wunsch auf eine Versetzung. Frau Flandert meinte, Frau Vogel rede nicht mit ihr, würde ihr Informationen vorenthalten, Frau Vogel war der Ansicht, Frau Flandert würde ihr vorgezogen, obwohl die sich doch gar nicht im Amt auskenne und schlampig arbeite.

Ihre Sympathie gehört Frau Flandert. Sie ist immer freundlich und entgegenkommend. Doch Frau Vogel ist die Ihnen zugeordnete Mitarbeiterin. Fachlich hat sie sich nie was zuschulden kommen lassen, war immer zuverlässig. Sie wollen in diesem Gespräch die verfeindeten Kolleginnen an einen Tisch bringen und die gegenseitigen Kritikpunkte klären. Ihren Stellvertreter haben Sie gebeten, seine Perspektive mit einzubringen, an einer Lösung mitzuwirken und einzugreifen, wenn die Mitarbeiterinnen unsachlich und vorwurfsvoll werden sollten.

Sie bemühen sich um eine allparteiliche Haltung.

Stellvertretender Amtsleiter Dieter Mack
Ihr Vorgesetzter hat Sie und Ihre beiden Mitarbeiterinnen zu einem klärenden Gespräch gebeten. Sie sollen die Aufgabe übernehmen, zu neutralisieren, wenn sich Frau Vogel und Frau Flandert persönlich angreifen sollten. Außerdem sollen Sie Ideen einbringen, wie man den Konflikt zwischen den beiden beilegen könnte.

Sie wissen, dass die beiden ganz unterschiedlich sind und auch unterschiedliche Arbeitsstile haben, was aus Ihrer Sicht nur dann von Belang ist, wenn sie sich gegenseitig vertreten müssen. Ihnen tut Frau Flandert leid. Sie finden, dass sie sehr unter Frau Vogels pampiger Art leiden muss. Neulich hat ein Schuldirektor bei Ihnen angerufen und sich beklagt, dass er von Frau Flandert nicht zurückgerufen worden sei. Frau Flandert meinte dazu, dieser Wunsch sei ihr nicht weitergeleitet worden.

Mitarbeiterin Sonja Flandert
Sie halten die schwierige Situation im gemeinsamen Büro fast nicht mehr aus. Sie sind nun bereits zwei Jahre in diesem Amt. Von Beginn an versuchten Sie, sich mit ihrer Kollegin, die bereits seit 25 Jahren auf diesem Posten ist, zu arrangieren.

Ihre Kollegin spricht nur mit Ihnen, wenn Sie sie direkt ansprechen, selten erwidert sie Ihr „Guten Morgen". Dabei wurde Ihnen an Ihrem vorherigen Arbeitsplatz im Sozialamt immer wieder Kollegialität, Einfühlungsvermögen und gutes Teamwork von ihren Kolleg/-innen und Vorgesetzten bestätigt. Ihnen ist die Situation sehr peinlich. Es kommt Ihnen immer noch absurd vor, dass Sie bei Ihrer

Kollegin Vogel so auf Ablehnung stoßen und es so schwierig ist, einigermaßen vernünftig zusammenzuarbeiten.

In letzter Zeit hat sich einiges ereignet, das auch den Amtsleitern aufgefallen ist. Die häufige Unfreundlichkeit von Frau Vogel, ständig schlechte Stimmung im Büro, nicht weitergeleitete Informationen. Ausschlag war dann ein mehrmals nicht weitergeleiteter Anruf eines Schuldirektors, den Frau Flandert hätte betreuen sollen, aber nicht betreuen konnte, weil sie von den Anrufen nichts wusste. Dieser hat sich dann schlussendlich erbost an den stellvertretenden Amtsleiter gewandt. Sie haben den Amtsleiter vor einiger Zeit um ein anderes Büro gebeten. Das hat er aber abgelehnt, unter anderem weil er Sie in der Nähe behalten wollte. Vielleicht ist es ja möglich, in dem bald stattfindenden Gespräch zu viert für alle Beteiligten gute Lösungen zu finden.

Karla Vogel
Seit zwei Jahren geht es Ihnen in Ihrem Büro nicht mehr gut. Ihre Vorgesetzten ziehen die neue Kollegin Sonja Flandert Ihnen eindeutig vor. Dabei sind Sie doch diejenige, die teilweise über Monate hinweg sogar beiden Amtsleitern zugearbeitet hat und die weiß, wie der Laden funktioniert. Ihre Kollegin bringt hin und wieder Brezeln für alle vier mit – Sie rühren die Brezel nicht an – doch die Amtsleiter beeindruckt das offensichtlich. Ihre Kollegin ist übertrieben freundlich zu allen. Doch das scheinen die meisten zu mögen. Aber Frau Flandert hat ja auch keinen kranken Mann zu Hause, den sie pflegen muss.

Frau Flandert arbeitet ganz anders als Sie, sie ist zwar schneller fertig, doch bearbeitet sie die Vorgänge zu oberflächlich und ungenau. Das stört Sie sehr. Trotzdem hat Ihre Kollegin noch ein Aufgabengebiet dazubekommen. Bestimmt wird ihre Stelle deshalb bald besser bewertet werden als Ihre. Nun sollen Sie an einem Gespräch teilnehmen, zu dem Sie am liebsten nicht kommen würden. Doch das würde einen zu schlechten Eindruck hinterlassen. Also machen Sie das Beste daraus.

Konflikt im Bauamt

Vier Teilnehmer/-innen spielen exemplarisch vor dem Plenum. *Durchführung*

Zur Vorbereitung bilden Sie als Trainerin oder Trainer vier Gruppen aus allen Teilnehmer/-innen des Seminars (ideal bei 12-16 Teilnehmer/-innen). Jede Gruppe erhält die Situationsbeschreibung und eine der Rollenbeschreibungen. Gemeinsam bereitet sich die Gruppe etwa 15 Minuten auf die jeweils zu spielende Rolle vor. Am Schluss der 15 Minuten wird entschieden, wer die Rolle spielen soll.

Ideal ist, wenn das Rollenspiel auf Video aufgezeichnet und im Anschluss an die Rückmeldungen zur Überprüfung angeschaut wird.

Szenario
Die vier Rollenspieler/-innen sitzen an einem Tisch. Überlegen Sie sich, wie die Spieler zueinander sitzen sollen. Oft sitzen automatisch Kolleg/-innen nebeneinander, hier jeweils die Sachbearbeiterinnen und die Amtsleiter. Besser ist, Frau Vogel und Frau Flandert sitzen nebeneinander über Eck, auf keinen Fall sich gegenüber (zu konfrontativ). Das Gespräch dauert in der Regel 15-20 Minuten.

Als Trainerin oder Trainer achten Sie hier besonders auf die Führungskräfte. Wie gelingt es ihnen, eine allparteiliche Haltung einzunehmen? Wie werfen sie sich gegenseitig die Bälle zu? Was tragen sie zur Deeskalation des Konfliktes bei?

Die den jeweiligen Rollen zugeordneten Gruppenmitglieder sind *Beobachtung*
nach dem Rollenspiel zuständig für die Rückmeldung an „ihren"
Rollenspieler.

Dazu orientieren sich die Beobachter/-innen an folgenden Fragen:

1. zu den Amtsleitern:
▶ Wie war die Gesprächsführung?
▶ Wie war die Zusammenarbeit der beiden Amtsleiter in dem Gespräch?
▶ Haben sie aktiv zugehört und Fragen gestellt?
▶ Wie war das körpersprachliche Verhalten?

- Wie war das Sprachverhalten? War es z.B. eher positiv formuliert?
- Inwieweit ist es gelungen, zwischen den Mitarbeiterinnen zu vermitteln?
- Inwieweit ließen sich die Kritikpunkte klären?
- Konnten sie Lösungen gemeinsam entwickeln oder mussten die Führungskräfte Lösungen anordnen?
- Was ist Ihnen sonst noch aufgefallen?

2. zu den Sachbearbeiterinnen:
- Wie haben die Sachbearbeiterinnen argumentiert? Inwieweit haben sie sich zielgerichtet verhalten?
- Wie war das körpersprachliche Verhalten?
- Wie war das Sprachverhalten? War es z.B. eher positiv formuliert?
- Inwieweit ließen sich die Kritikpunkte klären?
- Inwieweit war ein offener Austausch möglich?
- Haben sie an einer konstruktiven Lösung mitgewirkt?
- Was ist Ihnen sonst noch aufgefallen?

Moderation der Auswertung
- Wie war der Gesamteindruck?
- Wie sind die verschiedenen Rollen zu beschreiben?
- Rückmeldung anhand der Beobachtungskriterien.
- Bitte zuerst das Positive und Gelungene benennen.

Nach Analyse des Rollenspiels in der Videoaufzeichnung erhalten alle Spieler-/innen Gelegenheit, sich zu äußern: wie es ihnen erging, was sie aus den Rückmeldungen für Erkenntnisse ziehen usw.

Außerdem ...

Anmerkungen

Ich halte es für sinnvoll, vor diesem Gespräch und anderen, vor allem Ad-hoc-Gesprächen, die Eskalationsstufen nach Friedrich Glasl zu besprechen, um die Konfliktsituation einzuordnen. Damit können die Rollenspieler in der Rolle der Führungskräfte besser bestimmen, mit welcher Ausprägung – z.B. mehr moderierend? mehr vermittelnd? – sie das Gespräch leiten wollen.

Dies ist ein authentischer Fall eines Amtsleiters aus einem „meiner" Führungstrainings.

Quellen

Rollenbeschreibung als Download.
Download-Link: http://www.managerseminare.de/tmdl/b,187486

Download

Let's fetz – Die legendäre Pro- und Contra-Debatte

von Eva Neumann und Klaus Steinke

Überblick

Kurzbeschreibung   Redner aus zwei Gruppen treten abwechselnd in argumentativen Wettstreit, vor beiden Gruppen als Publikum oder vor einem größeren Zuhörerkreis: Wer setzt sich am besten durch und hat das überzeugendere Auftreten? Wer gewinnt die Abstimmung? Wer macht den wirkungsvollsten Zwischenruf?

Zielgruppe
- Teilnehmer eines Rhetorik-Seminars, Fortgeschrittene.
- Politisch aktive Bürger.
- Führungskräfte und Mitarbeiter.
- Personen, die die Meinung ihrer Gruppe vertreten.

Lernziele
- Die eigene Meinung engagiert und wirkungsvoll vertreten, gerade wenn's „heiß" hergeht.
- Zwei Zielgruppen für die Argumentation gleichzeitig im Blick behalten.
- Unter Zeitdruck das Wesentliche auf den Punkt bringen.
- Schlagfertig reagieren.
- „Überleben" bei Störungen und „Gegenwind".
- Die eigene Argumentation aus dem Stegreif anpassen.
- Die Bedeutung der anwesenden „Peergroup" für den eigenen und gemeinsamen rednerischen Erfolg erfahren.

Let's fetz

▶ Die „Debatte" ist ein Event, z.B. als motivierender Höhepunkt gegen Ende eines 3- bis 4-tägigen (Rhetorik-)Seminars.
▶ Sie gibt Gelegenheit, alle rhetorischen Techniken, Fähigkeiten und Fertigkeiten einzusetzen, die dem Teilnehmer zur Verfügung stehen.

Einsatz

Spielen und auswerten

Im Seminar gibt es ein aktuelles (tages- oder firmenpolitisches) Thema, das von den Teilnehmenden spontan in den Seminarpausen und darüber hinaus kontrovers diskutiert wird. Der Trainer greift dieses Thema auf und nutzt es für diese Übung. Alternativ moderiert der Trainer mit der Gesamtgruppe ein aktuelles geeignetes Thema für die Debatte heraus.

Situation

Variante 1: Alle Teilnehmenden beteiligen sich an der Debatte. Je die Hälfte der Teilnehmenden schlüpft in die Rolle „Pro" bzw. „Contra" und vertritt diese Position für die Gesamtzeit der Übung. Geredet wird abwechselnd, „eins links, eins rechts", so lange, bis alle Teilnehmer dran waren. Während der Debatte agiert ein/e Hauptredner/in jeder Gruppe, die anderen bleiben ihrer Position zugehörig und bilden das interaktive „Publikum", so lange, bis sie selbst an der Reihe sind, zu reden. Ziel der Übung ist es, die Position der anderen Gruppe zu entkräften und bestenfalls Mitglieder der anderen Gruppe zur eigenen Meinungsposition hin zu überzeugen.

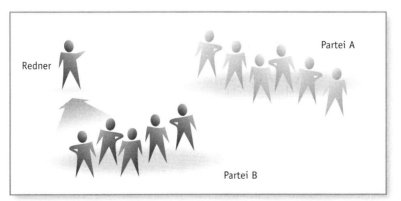

Abb.: Variante 1. Alle Teilnehmenden beteiligen sich an der Debatte

Variante 2 (für Gruppen mit mindestens zwölf Personen): ca. zwei Drittel der Gesamtzahl der Teilnehmenden nehmen an der Debatte aktiv teil, das übrige Drittel hat beratende Funktion für die Rednerinnen und Redner während der Vorbereitung. Die Berater sitzen später „parteiisch" im Publikum.

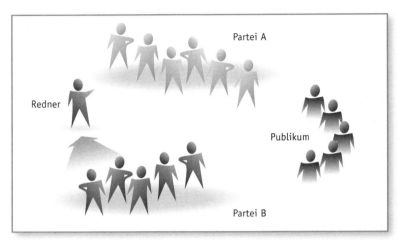

Abb.: Variante 2. Zwei Drittel der Teilnehmenden beteiligen sich an der Debatte

Durchführung Kündigen Sie die Debatte als Chance an, neu erworbene Fähigkeiten und Kenntnisse nun in einer herausfordernden Situation auszuprobieren – es folgt eine „Reality-Show"!

Schritt 1: Themensammlung
Wenn in einer vorangegangenen Situation im Seminar ein Thema kontrovers diskutiert wurde, kann die Gruppe dieses für die Debatte nutzen. Ansonsten sammeln Sie mit der Gruppe mindestens fünf, maximal zehn Themen, die von tagesaktuellem oder zielgruppenspezifischem Interesse oder von zeitloser Brisanz sind (z.B.: Sollten wir zurzeit Geld in Aktien anlegen oder besser nicht? Feste Arbeitszeiten in der Firma, also „Stempeln", oder eigenverantwortete Arbeitszeit? Soll man als junges mittelloses Paar ins Haus der Schwiegereltern einziehen oder nicht? Soll die „schwäbische Kehrwoche" bundesweit als Standard in Mietverträge übernommen werden oder nicht?). Eine lockere Anmoderation wird den Teilnehmenden Lust machen, sich auch ungewöhnliche Themen einfallen zu lassen (Z.B.: Sollen Männer im Stehen oder im Sitzen pinkeln? Soll in Deutschland die Monarchie wieder eingeführt werden?

Sollen Fußballclubs in Aktiengesellschaften umgewandelt werden? Sollen Kinder gezwungen werden, ein Musikinstrument zu lernen?) Bei der Sammlung die Regeln fürs Brainstorming anwenden!

Schritt 2: Themenauswahl

Moderieren Sie durch Probeabstimmungen die für eine Debatte geeigneten Themen heraus: Geeignet sind diejenigen Themen, welche die Gruppe in zwei Parteien spalten. Notieren Sie zu jedem Thema die Stimmenzahl der eher Pro- und eher Contra-Eingestellten unter den Teilnehmenden (Probeabstimmung, Enthaltung ist nicht erlaubt). Themen, bei denen zu großes Einverständnis herrscht, fliegen raus. Die anderen kommen in die engere Wahl, aus ihnen wird das Thema der Debatte bestimmt (z.B. durch eine Mehr-Punkt-Abfrage). Ergibt sich selbst danach noch keine klare Entscheidung zugunsten eines Themas, können die Teilnehmenden auch Punkte „gegen" ein Thema vergeben. Entscheidend für den Spielerfolg ist, ein Thema zu finden, das die Gruppe tatsächlich in zwei etwa gleich große Gruppen unterschiedlicher Meinung teilt.

Schritt 3: Getrennte Vorbereitung der Parteien

Die Redner/-innen der „Pro"- und der „Contra"-Rolle bereiten sich räumlich getrennt auf ihre Argumentation und ihren Auftritt vor. Sie erhalten eine Aufgabenbeschreibung und Rollenanweisung wie die folgende:

Rollenanweisung für Redner/-innen in der Vorbereitungsphase

Sie vertreten in der Debatte die Meinung Ihrer Partei. Ihr Ziel ist es, vor den Zuhörern auch bei „Gegenwind" rhetorisch zu überleben, gegnerische Argumente zu widerlegen und Ihr Publikum von Ihrer Meinung zu überzeugen.

Bereiten Sie sich darauf vor, in Gruppen- und Einzelarbeit.
Gruppenarbeit (30 Minuten): Sammeln Sie gemeinsam Argumente für Ihre Position.

- Sammeln Sie alle Argumente, die Ihnen einfallen. Die Gewichtung kommt später („Brainstorming").
- Denken Sie sich auch in die Position der Gegner ein: Was spricht für die andere Meinung? Welche Argumente werden sie voraussichtlich bringen? Wie könnten Sie diese Argumente entkräften oder widerlegen?
- Gute und oft differenziertere Ansätze für Argumente finden Sie auch, wenn Sie das Thema kurz „pro und contra" andiskutieren. Dadurch erfahren Sie spielerisch, welche Argumente aus der gegnerischen Position kommen könnten. Nutzen Sie diese Erkenntnis für Ihre eigene Argumentation.

Überlegen Sie nach der Sammlung gemeinsam: Welches sind Ihre stärksten Argumente? Verteilen Sie die Hauptargumente untereinander, sodass jede/r Redner/in aus Ihrer Gruppe in der Debatte mindestens ein gewichtiges Argument vertreten wird.

Stimmen Sie die Reihenfolge Ihres Auftretens – und damit auch die Argumentationskette – mit den Gruppenmitgliedern ab.

Kommen Sie nun zu einem Probesprechen wieder im Plenum zusammen. Im Anschluss haben Sie nochmals Zeit für Ihre Einzelvorbereitung (15 Minuten).

Schritt 4: Probesprechen

Die Teilnehmenden beider Gruppen treten nun in der Reihenfolge, in der sie auch später in der Debatte gegeneinander antreten, nach vorne (Rednerin 1 aus Gruppe A – danach Redner 1 aus Gruppe B – dann Redner 2 aus Gruppe A usw.), jeder sagt die Meinung/Position und nur ein (!) Argument. Achtung: Die Teilnehmenden sollen noch nicht das ganze „Pulver verschießen", und nicht alle Argumente nennen, damit die Hauptdebatte spannend bleibt. Durch das

Hören der gegnerischen Argumente erhalten die Redner/-innen beider Gruppen zu ihrer jeweiligen Redeposition noch mehr „Stoff" für die Einzelvorbereitung.

Schritt 5: Einzelvorbereitung (15 Minuten)
Nun bereiten sich die Redner/innen einzeln auf ihren zweiminütigen Auftritt vor und bauen ihre Argumentation, abgestimmt auf die Aussagen ihrer Vorredner, auf. Sie nutzen zur Strukturierung ihres Redebeitrags eines der im Seminar gelernten Argumentationsformate (z.B. Standpunktformel, Problemlöseformel, 5-Schritt-Argumentation) und wenden auch sonstige rhetorische Mittel an, die sie für sinnvoll halten (kurze Sätze, „knackiger" Schluss-Satz für den Abgang, ein anschauliches Beispiel etc.). Die Trainerin erinnert ggf. noch einmal an diese Möglichkeiten und weist darauf hin, dass Beifall und Zwischenrufe erwünscht und erlaubt sind.

Schritt 6: Die Debatte
Die Teilnehmenden treten in der Reihenfolge des Probesprechens nacheinander vors Publikum und geben ihre Statements ab. Beginnen Sie als Trainerin als Erste, das Publikum durch „Hört-hört"-Rufe, Beifall, „Buh"-Rufe und Zwischenbemerkungen zum Mitmachen anzuheizen. Achten Sie als Einzeltrainerin darauf, abwechselnd bei beiden „Parteien" künstlichen Gegenwind zu erzeugen. Stärken Sie mit Beifall und anerkennenden Rufen die „Schwachen" („Sehr richtig", „Bravo!", „XY for President!" und reizen Sie mit provozierenden oder kritischen Zwischenrufen die „Starken" („Thema verfehlt!"; „Sie haben doch keine Ahnung!" „Haben Sie heute überhaupt schon die Zeitung gelesen?"). Oder Sie leiten die Übung mit zwei Trainern an und verteilen sich auf beide Gruppen zum verteilten „Anheizen".

Die Debatte wird auf Video aufgezeichnet.

Jeder Redner soll sich dabei an die vorgegebene Zeit halten. Die Trainerin hat die Zeit im Blick und steuert ggf. durch vorher verabredete Schlusssignale den Ablauf. Haben Sie dabei die jeweilige persönliche Rededynamik im Blick. Gewechselt wird möglichst nicht mitten in rhetorisch starken Phasen. Notfalls wird „abgeklatscht", um dem nächsten Redner das Feld freizumachen.

> **Rollenanweisung für Redner/-innen vor dem Auftritt**
>
> Sie vertreten in der Debatte die Meinung Ihrer Partei. Ihr Ziel ist es, zu überleben, gegnerische Argumente zu widerlegen und Ihr Publikum von Ihrer Meinung zu überzeugen.
>
> Sie haben für Ihr Statement zwei bis drei Minuten Zeit. Stellen Sie sich auf Zwischenrufe und andere Störungen ein – konzentrieren Sie sich auf Ihre Hauptaussage! Achten Sie darauf, eher kurze Sätze zu sprechen. Überlegen Sie sich einen guten markigen Schlusssatz, mit dem Sie einen guten „Abgang" haben.
>
> Halten Sie Blickkontakt zu Ihrem Publikum, und erinnern Sie sich an Martin Luthers Spruch: „Tritt fest auf, machs Maul auf, hör bald auf!"

Beobachtung   Die Debatte verläuft ohne vorgegebene Beobachtungskriterien, damit die Teilnehmer/-innen ganz ins Geschehen eintauchen können.

Eine Videoaufzeichnung empfiehlt sich, damit die Teilnehmenden sich nach dem ersten Austausch noch einmal „von außen" beobachten können. Durch das Video ist ein distanzierteres Betrachten und Bewerten der oft in besonderer Dynamik verlaufenden Debatte möglich.

Die Trainerin macht sich während der Debatte natürlich Notizen für ihre Rückmeldungen an einzelne Teilnehmerinnen, z.B. zu
- Körpersprache, Stimme und Sprechweise, Wortwahl und Satzbau (prägnant oder weitschweifig, diplomatisch oder eskalierend, Lust- oder Frustwörter) rhetorische Mittel, Argumentation, ...
- Wie interagieren die Redenden mit den verschiedenen Publikumsgruppen (gegnerische Partei – eigene Anhänger)? Wie

gestalten sie den Kontakt, wohin schauen sie und mit welcher Gruppierung reden sie vorwiegend? Wie ist die Reaktion auf Zwischenrufe?

- Zielte die Vorgehensweise eher darauf, die eigene Anhängerschaft in ihrer Meinung zu stabilisieren oder darauf, Menschen anderer Meinung zu überzeugen?
- Wie unterstützt die „Peergroup" ihren Redner – oder stört sie eher und nimmt ihren Vertretern die Redezeit durch zu viele an die Gegen-Partei gerichtete Zwischenrufe?
- Wie geht man um mit Zwischenrufen und Unsachlichkeit?
- Wie entsteht Meinungsbildung von Gruppen in der Wirklichkeit? Wenn eine Debatte angesetzt wird, ist der Meinungsbildungsprozess meist schon abgeschlossen und es wird vor allem für die eigene Anhängerschaft gesprochen. Welche Rolle hat „Lobbyarbeit" im Vorfeld von Meinungsbil-dungsprozessen? Was bedeutet dies für die Platzierung eigener Überzeugungsanliegen?

Zunächst gibt die Trainerin Zeit, um in die Seminarsituation zurückzufinden – erste Reaktionen: „Wie war's?", „Welche Erfahrungen haben Sie da vorne gemacht?"

Moderation der Auswertung

Dann wird die Aufnahme abgespielt und den Teilnehmenden Gelegenheit zum Stoppen, Zurückspulen, Fragen und Kommentieren gegeben.

Anschließend findet eine Diskussion zum Verlauf und den Erfahrungen in der Debatte statt:
- Wann schlagen die Wellen der Emotionen besonders hoch?
- Wann wirkte ein Redner der gegnerischen Mannschaft einnehmend, glaubwürdig, überzeugend?
- Welche „Ablenkungsmanöver" und „Hebel" wurden (erfolgreich?) eingesetzt, um Redner-/innen aus dem Konzept zu bringen?
- Welche Fallen sollte man vermeiden?
- Wie geht man professionell mit Zwischenrufen und anderen Störungen um?

Wenn das Thema der Debatte aktuelle Brisanz über ein „Rollenspiel" hinaus besitzt, kann es nach beiden Durchgängen offen weiter diskutiert werden. Der Trainer/die Trainerin gibt dafür den Zeitrahmen vor.

Außerdem ...

Anmerkungen

Planen Sie für dieses Gruppenrollenspiel ca. einen halben Seminartag ein (Themenfindung 20 Minuten; Vorbereitung mit Probedurchgängen 1,5 Stunden; Debatte 45 Minuten; Auswertung).

Es sollten möglichst keine Themen debattiert werden, die moralisch oder emotional „schwierig" werden bzw. belastend wirken könnten oder besondere Betroffenheit bei den Beteiligten auslösen könnten, wie bspw. „Pro/Contra Sterbehilfe" oder „Pro/Contra Abtreibung", „Pro/Contra Todesstrafe", existenzielle Themen. Die Übung ist eher konfrontativ angelegt, kann erhebliche Eigendynamiken entwickeln und polarisiert durch die Zwischenrufe. Sie weckt bei gutem Verlauf Schlagfertigkeit, oft ungeahnte Ausstrahlung und Wirkungsstärke und macht Spaß. Das gelingt umso leichter, je weniger schwergewichtig das Thema ist. Je mehr persönliche Betroffenheit vorherrscht, desto sachlicher sollte der Umgang mit dem Thema sein, und desto weniger ist das Thema geeignet für eine emotional geführte Debatte.

Visualisieren Sie zur Orientierung den Ablauf der Übung mit einer Zeitleiste.

Idealerweise begleiten zwei Trainer diese Übung und teilen sich zum „Einheizen" auf die beiden Parteien auf. Außerdem: „Vier Augen sehen mehr als zwei."

Variante

Variante für Fortgeschrittene: Die Redner jeder Gruppe können auch bereits in der ersten Runde alle (drei) Argumente vortragen. In der zweiten Runde wird es dann spannend, inwieweit die Redner auf die bereits bekannten Argumente der gegnerischen Partei eingehen. Können sie mit rhetorischem Geschick oder besonderem Stil überraschen?

Durch eine Meinungsabfrage im Publikum vor und nach der Debatte wird deutlich, welche Wirkung die Redner im Verlauf der Debatte auf die Publikumsmeinung hatten.

Quellen

Die Dramaturgie für die „Debatte" haben wir in den 1990er-Jahren gemeinsam in Seminaren erprobt. Die Übung selbst hat eine lange Tradition in Rhetoriktrainings und ist z.B. als „amerikanische Debatte" kürzer beschrieben in Heinrich und Gudrun Feys „Redetraining als Persönlichkeitsbildung". Astrid Göschel hat eine Variante davon in „Rhetoriktrainings erfolgreich leiten" unter der Überschrift „Argumentation und Video-Feedback" dokumentiert. Zahlreiche Anleitungen, Regeln und Vorgehensweisen für mehr sachorientierte Debatten finden sich im Handbuch der Offenen Parlamentarischen Debatte – Streitkultur e.V. von Tim-C. Bartsch, Michael Hoppmann, Bernd Rex (Hrsg.): Cuvillier Verlag, Göttingen, 4. Aufl. 2006. Siehe auch unter: www.streitkultur.net

Download

Rollenanweisungen als Download.
Download-Link: http://www.managerseminare.de/tmdl/b,187486

Party der Persönlichkeiten

von Sabine Heß

Kurzbeschreibung Die Teilnehmer treten als berühmte Persönlichkeiten auf und erraten diese gegenseitig.

Ablauf Die Teilnehmer werden gebeten, sich eine berühmte Persönlichkeit vorzustellen: Wie steht oder geht diese Persönlichkeit? Welche Gesten sind typisch für sie? Welche Ausstrahlung hat diese Person und welche Sätze spricht sie? Es gilt alles zu nutzen, was die eigene Fantasie dazu liefert. Die Teilnehmer erhalten genügend Zeit, sich diese Persönlichkeit mit Unterstützung des Trainers vorzustellen, und in ihrer Fantasie lebendig werden zu lassen. Dann werden die Teilnehmer aufgefordert, sich in die Rolle dieser Persönlichkeit zu begeben und ganz zu dieser Persönlichkeit zu werden.

Während sie sich im Raum bewegen, begegnen sie den anderen Persönlichkeiten.

Als Rahmen kann zum Beispiel eine Benefiz-Gala genannt werden, auf der sich die Berühmtheiten begegnen. Alle laufen so, agieren so, sprechen so, wie es die jeweilige berühmte Persönlichkeit ihrer Meinung nach tut. Die anderen Persönlichkeiten können Fragen stellen und Dialoge einleiten. Jeder rät, wem er da wohl begegnet ist. Nach einigen Minuten des Austauschs schlüpfen die Teilnehmer wieder heraus aus ihrer Rolle, indem sie ganz bewusst einen großen Schritt machen und die gespielte Identität abschütteln. Danach wird in der großen Runde gemeinsam erraten und aufgelöst, welche Persönlichkeiten sich im Raum befanden.

Vorstellungsvermögen, Spielfreude, in Rollen ein- und wieder austreten. *Lernziele*

Ca. 15 Minuten; Musik im Hintergrund ist angenehm. *Dauer*

Lügendetektor

von Renate Weiß

Überblick

Kurzbeschreibung   Während der Selbstvorstellung eines Teilnehmenden bildet sich der Rest der Gruppe einen ersten Eindruck und findet innerhalb begrenzter Zeit heraus, welche der Informationen der persönlichen Vorstellung wahr oder falsch sind.

Zielgruppe   Dieses Rollenspiel eignet sich für jede Zielgruppe, sowohl für Anfänger als auch für Fortgeschrittene, für Führungskräfte und Mitarbeiter, für Teilnehmende unterschiedlichster Branchen.

Lernziele
- ▶ Überprüfung der eigenen Fähigkeit, andere rasch einzuschätzen.
- ▶ Umgang damit, selbst im Mittelpunkt zu stehen und in jedem Detail (Rhetorik, Körpersprache, Stimme, Kleidung etc.) beobachtet zu werden.
- ▶ Motivation, zukünftig beim ersten Eindruck genauer hinzuschauen als bisher.
- ▶ Durch das Feedback der Gruppe lernen, den eigenen Standpunkt glaubhafter zu vertreten.
- ▶ Den „blinden Fleck" verkleinern, also das, was man an sich selbst nicht wahrnimmt, was aber von anderen gesehen wird.

Einsatz
- ▶ Dieses Rollenspiel eignet sich hervorragend als Seminareinstieg anstelle der üblichen Vorstellungsrunde als „Warming-up".
- ▶ Das Rollenspiel soll durch das Feedback zum ersten Eindruck

ein „Schlüsselerlebnis" ermöglichen, auf dem die Themenblöcke Körpersprache/Stimme/Kleidung/Kommunikation aufbauen können.

Spielen und auswerten

Situation

Die Teilnehmenden stehen einzeln vor der Gruppe. Sie stellen sich zu vier Aspekten persönlich vor (z.B. Name – berufliche Tätigkeit – Hobbys – Wunsch ans Seminar). Die Zeit zur Selbstvorstellung wird begrenzt.

Die Gruppe versucht herauszufinden, welche der vier Aspekte zur Person der Wahrheit entsprechen bzw. gelogen sind. Sie bildet sich einen ersten Eindruck, den sie nachher als Feedback gibt.

Rollen

Die Person im Mittelpunkt versucht, von allen vier Punkten zu überzeugen und die Gruppe versucht an Details wie Körpersprache, Stimme und Ausdrucksweise festzustellen, was stimmig ist bzw. was nicht.

Durchführung

1. Kündigen Sie das Rollenspiel als mögliches Schlüsselerlebnis motivierend an.
2. Erklären Sie den genauen Rollenspielablauf.
3. Klären Sie mit der Gruppe, dass die Videokamera mitläuft, damit intensiver aufs Feedback eingegangen werden kann.
4. Teilen Sie an die Redner die vorbereiteten Kärtchen aus, auf denen sowohl die vier Aspekte der Selbstvorstellung stehen (z.B. zur Person, zum Hobby, zum Beruf, zum Wunsch ans Seminar) als auch jeweils die Überschrift „Wahrheit" oder „Lüge". Geben Sie zehn Minuten Zeit, sich einzeln vorzubereiten.
   Wichtig: Beim Lügenkärtchen darf in maximal zwei der vier Punkte gelogen werden!
5. Geben Sie der Gruppe für die jeweilige Selbstvorstellung eine Zeitangabe vor (5-7 Minuten).

6. Nennen Sie der Gruppe einige mögliche Beobachtungsaspekte (wie z.B. Wortwahl, Körpersprache, Sprechweise etc.), teilen Sie aber keinen schriftlichen Beobachtungsbogen aus, damit der erste Eindruck möglichst unverfälscht im Feedback vermittelt werden kann.
7. Ermutigen Sie die Gruppe, ihr Feedback beim Beobachten frei mitzuschreiben, damit keine Impulse verloren gehen.

Beobachtung
- Wortwahl.
- Körpersprache.
- Stimme und Sprechweise.
- Argumentationsform.
- Kleidung und Accessoires.
- Vier Seiten einer Nachricht.

Moderation der Auswertung
- Kündigen Sie die Feedback-Runde an: „Nun erfahren Sie, was Sie für einen ersten Eindruck hinterlassen haben, wie Sie von der Gruppe wahrgenommen wurden und warum Ihnen bestimmte Aussagen abgenommen wurden oder nicht."
- Das Feedback kann entweder im Plenum stattfinden oder mithilfe der „Zahnrad-Methode": Jeder Person im Innenkreis steht oder sitzt ein Beobachter im Außenkreis gegenüber, beide geben sich nacheinander Feedback, bis der Trainer nach maximal zehn Minuten den Wechsel signalisiert. Der Innenkreis bleibt stehen bzw. sitzen und der Außenkreis wechselt im Uhrzeigersinn um eine Station weiter. Die Feedback-Nehmer können sich Notizen machen.
- Aussprache im Plenum: „Wie haben Sie sich bei Ihrer Vorstellung selbst erlebt? Auf welche Details haben Sie vor allem beim Beobachten der anderen geachtet?"
- Schauen Sie zusammen die Videoaufzeichnung an und besprechen Sie das Gesehene.
- Leiten Sie nun zu dem Seminarthema Ihrer Wahl über, das nun im Detail behandelt wird: z.B. Körpersprache, Stimme und Sprechweise, Vier Seiten einer Nachricht (Schulz von Thun) etc.

Außerdem ...

Anmerkungen

Bei diesem Rollenspiel ist es wichtig, dass die ausgeteilten Kärtchen von den Teilnehmenden als „streng geheim" behandelt werden, damit die Gruppe nicht aus Versehen erkennen kann, ob die Vorgabe „Wahrheit" oder „Lüge" darauf steht.

Es sollen vom Trainer bei dieser Übung extra keine Feedback-Stationen vorgegeben werden, damit die Rückmeldungen möglichst ungefiltert mitgeteilt werden können.

Quellen

Das Spiel hat die Autorin selbst entwickelt.

Magenprobleme

von *Ulrike Voggel*

Überblick

Kurzbeschreibung   Es geht darum, mit einem häufig kranken Mitarbeiter ein Gespräch zur Situationsanalyse zu führen und dessen Lösungsideen zu besprechen.

Zielgruppe
- Führungskräfte, auch Fortgeschrittene.
- Branchen: Dienstleistung, Banken.
- Funktion: Führungskräfte oder Personalreferenten.

Lernziele
- Aus dem Bereich Grundlagenschulung: offene Fragen stellen, zuhören und verstehen.
- Aus dem Bereich spezielle Kommunikationssituationen: kritische Situation ansprechen, Fürsorge aussprechen, auf Auswirkungen des eigenen Verhaltens aufs Team hinweisen.

Einsatz
- Einstieg in den Themenbereich Motivationsgespräch (im Sinne von Demotivatoren finden, ersten Hinweis geben auf kritisches Verhalten).
- Übung der Gesprächtechniken Zuhören und Fragen.
- Ermöglicht das „Schlüsselerlebnis": Diagnose ist wichtiger als vorschnelle Vereinbarung und Schein-Lösung.
- Verdeutlichen des Themas „sich selbst erfüllende Prophezeiung" oder „Teufelskreis" mit „Innerungen" und „Äußerungen" nach Schulz von Thun.

Spielen und auswerten

- Beteiligte:
  - Führungskraft Geschäftsstellenleiter (oder Personalreferent).
  - Mitarbeiter im Vertrieb.
- Ausgangssituation: Das Büro des Geschäftsstellenleiters in der Sparkasse Oberhausen.
- Anlass für das Gespräch: Der Mitarbeiter hat um ein Gespräch gebeten.

Situation

Mitarbeiter

Rollen

Sie sind 47 Jahre alt und als Kundenberater/-in angestellt. Sie sind gesundheitlich angeschlagen und haben Magenprobleme. Ihr Chef weiß nichts davon.

Die Arbeit auf der Geschäftsstelle macht Ihnen nicht mehr wirklich Spaß. Ihre Kollegen und Kolleginnen sind viel jünger und anscheinend belastbarer. Außerdem glauben Sie, dass die Sie gerne aus dem Team raus hätten. Wenn die jungen Kollegen privat zusammen was unternehmen, werden Sie zwar jedes Mal eingeladen mitzukommen, aber Sie haben das Gefühl, dass die das immer mit wenig Überzeugung tun. Sie sind noch nie mitgegangen. Sie arbeiten in der Kundenberatung nun schon lange und kennen sich aus. Ihre Vertriebsergebnisse sind okay.

Heute haben Sie einen Termin bei Ihrem Chef oder Ihrer Chefin. Sie möchten ihn bzw. sie bitten, Sie für eine interne Abteilung zu empfehlen.

Verhalten: Sie sind zunächst etwas zurückhaltend. Dass Sie Probleme mit dem Magen haben, teilen Sie erst mit, wenn die Führungskraft die Atmosphäre dafür schafft. Ihre „Lösung": nicht mehr im Vertrieb tätig sein sondern in einer Stabsstelle wie der Revision.

Führungskraft

Ihr Mitarbeiter hat Sie um ein Gespräch gebeten. Sie wissen nicht, worum es geht, sind aber froh, mal mit ihm ins Gespräch zu kommen.

Er ist Kundenberater und mit 47 Jahren mit Abstand der Älteste in Ihrer Gruppe.

Er macht Ihnen schon seit Längerem Sorgen. Vor allem macht Ihnen der hohe Krankenstand zu schaffen. Im vergangenen Jahr waren es 31 Tage. Dieses Jahr sind es nun auch schon 17 Tage. Sie fürchten, dass sich das häufige Fehlen auf das Klima im Team auswirkt.

Aufgrund seiner langen Tätigkeit als Kundenberater kennt Ihr Mitarbeiter die Kunden sehr gut, was natürlich positive Auswirkungen hat. Wenn es um die Entlass-Schüler-Aktion geht (Gewinnung von jungen Neukunden), hat er die besten Abschlüsse. Er geht hier besonders geschickt vor, indem er die Eltern der Schulabgänger einbezieht.

Durchführung

Das Spiel wird parallel in mehreren Kleingruppen durchgeführt, um im Anschluss die Ergebnisse vergleichen zu können. Bilden Sie zunächst Kleingruppen (3-5 Teilnehmer) und verteilen Sie die Rollen. Dabei geben Sie die Rollenspielanweisungen aus.

Anleitung des Trainers: „Führen Sie ein erstes Gespräch mit dem Mitarbeiter. Die Informationen der Anweisungen können individuell ergänzt werden. Planen Sie für das Gespräch maximal 15 Minuten ein."

Beobachtung

Was kann/sollte in dem Rollenspiel beobachtet werden?
- ▶ Verhalten der Führungskraft: Das Vorgehen insgesamt, Einstieg ins kritische Thema Krankheit, welches Verhalten hilft, den Mitarbeiter zu öffnen?
- ▶ Verhalten des Mitarbeiters: Wie möchte er das Problem lösen? Welche Vereinbarung steht am Schluss des Gesprächs?

Magenprobleme

▶ Kurze Auswertung in den Kleingruppen, Feedback an die Führungskräfte (fünf Min.). *Moderation der Auswertung*
▶ Nachdem die Kleingruppen wieder zusammengekommen sind:
  - Ergebnisse sammeln („Was wurde vereinbart mit dem Mitarbeiter?"). Ziel dabei ist zu zeigen, wie unterschiedlich der Verlauf des Gesprächs sein kann. Ziel ist nicht, den Gewinner mit der „richtigen" Lösung zu präsentieren.
  - Konnte sich der Mitarbeiter öffnen? Welche Verhaltensweisen der Führungskraft sind hierfür förderlich?
  - Aufzeichnen des Systems am Flip. Gemeinsame Diagnose der Ausgangssituation. Lösungsvarianten wie Patenschaft älterer und jüngerer Mitarbeiter oder Versetzung in andere Abteilung aufzeichnen. Was würde welche Alternative für den betroffenen Mitarbeiter bedeuten? Was wäre dann anders? Was könnte/müsste er dabei lernen?
▶ Hinweis: Versetzung in eine andere Abteilung ändert das Verhalten und Erleben des Mitarbeiters nicht zwangsläufig. Seine Kompetenz im Vertrieb könnte er nicht mehr nutzen. Ein Neuanfang bedeutet in der Regel auch Stress.
▶ Weiterführende Fragen: An wen können sich Mitarbeiter/Führungskräfte in unserem Unternehmen wenden bei Themen wie Krankheit und Sucht?

Außerdem ...

Nach der eigenen Erfahrung mit dem Rollenspiel wird häufig vorschnell eine Zusage gemacht zur Versetzung des Mitarbeiters. Auch für erfahrene Führungskräfte ist es eine Herausforderung, die Situation zunächst in Ruhe zu analysieren und den Mitarbeiter auf mögliche eigene Anteile an der Situation hinzuweisen. *Anmerkungen*

Aufgrund einer Idee aus der Fallbesprechung der Situation eines Teilnehmers im Seminar selbst entwickelt. *Quellen*

Rollen: http://www.managerseminare.de/tmdl/b,187486 *Download*

Mal ganz ehrlich …!

von Angelika Höcker

Überblick

Kurzbeschreibung Ein Feedback nach den Regeln der „Gewaltfreien Kommunikation" von Marshall B. Rosenberg hat zur Folge, dass der Gesprächspartner die Rückmeldung nehmen kann und sich nicht verteidigt.

Die vier Schritte, auf denen die GfK beruht, lassen sich unter den Stichworten „Beobachtung, Gefühl, Bedürfnis, Bitte" zusammenfassen. Beispiel: „Wenn Du in den nächsten 14 Tagen keinen Termin in Deinem Kalender hast, (Beobachtung) dann macht mich das sauer und ärgerlich, (Gefühl) weil mir Zuverlässigkeit im Projekt wichtig ist (Bedürfnis). Deshalb bitte ich Dich darum, dass Du mir sagst, wann Du Dir in der nächsten Woche einen Termin freischaufeln kannst …" (Bitte)

Zielgruppe
▶ Fortgeschrittene Seminarteilnehmer/-innen, die außer Ich-Botschaften und Feedback-Regeln eine weitere, verfeinerte Form von Feedback beherrschen möchten und lernen wollen, wertschätzend zu kritisieren.
▶ Führungskräfte und Mitarbeiter unabhängig von Branche und Funktion.

Lernziele
▶ Wertschätzende Kritik üben.
▶ Die vier Schritte der „Gewaltfreien Kommunikation" (GfK) in Sprache übersetzen.

Mal ganz ehrlich ...!

- Bewusstmachen der vier Gesprächsdimensionen.
- Verstehen der Emotionen und Bedürfnisse des Feedback-Gebers.

Einsatz in fortgeschrittenen Kommunikations-, Konflikt-, Führungs- und Teamtrainings, immer dann, wenn es um Feedback geht oder wenn eine Konfliktsituation anzusprechen ist, ein Kritikgespräch mit einem Mitarbeiter zu führen ist oder ein konkreter Wunsch zur Veränderung geäußert werden will.

Einsatz

Auf jeden Fall sollte das Modell vorher erklärt und auch in Einzelschritten geübt werden. Dabei ist unbedingt der Unterschied zwischen Pseudogefühlen und echten Gefühlen zu verdeutlichen. Es kann hilfreich sein, mit den Teilnehmern vorher eine Liste mit den Gefühlsworten und mit Bedürfnissen zu erarbeiten, die dann im Rollenspiel als „Spickzettel" dienen können.

Eine weitere Vorbereitungsübung, die das Heraushören von Emotionen und Bedürfnissen trainiert, kann die 3x-Zuhören-Übung sein aus „Das Methodenset" der Arbeitsgemeinschaft für Gruppen-Beratung. Münster, Ökotopia Verlag, 12. Aufl., 2004.

Spielen und auswerten

Das Rollenspiel kann auf realen Alltagssituationen der Beteiligten oder auf Situationen aus dem Seminar aufbauen. Es gibt keine vorgeschriebene Situation.

Situation

Jeder Teilnehmer/-in überlegt sich eine Situation aus seinem Arbeitsalltag, dem privaten Umfeld oder aus dem Seminar in der er/sie einer anderen Person Feedback geben möchte.

Rollen

Nachdem jeder Teilnehmer sich seine Situation erarbeitet hat, werden „A-B-C-Gruppen" gebildet.

Durchführung

A schildert seine Situation, beschreibt, was ihn stört und welche Veränderung er sich wünscht.

B reflektiert die inhaltliche Ebene, die wahrgenommenen Emotionen und Bedürfnisse. A bestätigt oder ergänzt.

Wenn B die Elemente korrekt wiedergegeben hat, führt C das Gespräch mit A nach den Regeln der Gewaltfreien Kommunikation.

B achtet auf das Einhalten der vier Schritte in der gewaltfreien Kommunikation.

A reflektiert, wie er die Rückmeldung erlebt hat und was er für sich daraus mitnimmt.

Beobachtung   Beobachtung der vier Stufen der GfK (Beobachtung, Gefühl, Bedürfnis, Bitte)
- Wurden die vier Schritte eingehalten?
- Hat der Feedback-Geber auch von wirklichen Gefühlen gesprochen?
- Wie hat der Feedback-Nehmer reagiert?

Achtung: Falls der Trainer Feedback geben will, sollte er es unbedingt auch in den vier Schritten der gewaltfreien Kommunikation tun.

Moderation der Auswertung   Je nach Zeit und Situation kann auch mit Videoaufzeichnung gearbeitet werden.

Nachdem jeder Teilnehmer der ABC-Gruppe einmal die GfK geübt hat, geben die Teilnehmer im Plenum Rückmeldung, wie es ihnen mit dieser Übung gegangen ist, was gut geklappt hat und wo es noch Stolpersteine gegeben hat. Sie ziehen ein Fazit und übertragen in Lerntrios das Gelernte in ihren Arbeitsalltag (Transfer).

Mal ganz ehrlich ...!

Außerdem ...

Der Trainer beherrscht die vier Schritte der Gewaltfreien Kommunikation, er sollte selbst einen Workshop dazu besucht haben und die Vorgehensweise sicher praktizieren.

Voraussetzung

Basierend auf Büchern und Seminaren von Marshall B. Rosenberg.

Quellen

Märchenschule

von Christa Mesnaric

Überblick

Kurzbeschreibung   Darstellendes Spiel, um Lösungen für Probleme in Teams und Abteilungen aus dem (kollektiven) Unbewussten ohne Zensur durch den Intellekt zu finden.

Zielgruppe   Alle.

Lernziele   Die Teilnehmer
- ▶ lösen ein reales Problem bzw. haben Ansätze für konkrete Veränderungs-Schritte,
- ▶ erkennen, wie hilfreich das Einnehmen von verschiedenen Sichtweisen für die Lösungsfindung ist,
- ▶ erkennen, dass die unterschiedlichen Charaktere im Team genutzt werden sollten, um Herausforderungen zu bewältigen und dass veränderte Kommunikationswege (Märchensprache) neue Aspekte hervorbringen,
- ▶ spüren die Kraft der Lösungsfindung durch Fragen (Coaching-Technik),
- ▶ erkennen, dass Lösungen durch gemeinsames Spiel kreativ und leicht aus unserem Unbewussten kommen können.

Einsatz   Die „Märchenschule" ist gut geeignet für Problemsituationen in Gruppen und Teams, die durch herkömmliche Kommunikationssituationen nicht gelöst werden konnten. Das Rollenspiel sollte von

Märchenschule

erfahrenen Trainern oder Coachs durchgeführt werden, die schon häufiger Gruppenprozesse geleitet haben. Die große Stärke der Märchenschule liegt in der Freiheit der Durchführung. Jeder Spieler kleidet seine Rolle selbst aus. Dadurch können tiefe Erkenntnisse über die Kommunikationssituationen innerhalb der Gruppe und die Schnittstellenkommunikation entstehen.

Eingesetzt wird es, nachdem die Teilnehmer großes Vertrauen in den Trainer/Coach aufgebaut haben und die Problemstellung klar ist. Die Ergebnisse sollten anschließend in der realen Welt geprüft und zu operationalisierten Handlungszielen weiterverarbeitet werden. Das kann gut in arbeitsteiliger Kleingruppenarbeit geschehen. Eine sinnvolle Unterstützung für die Märchenschule ist der Einsatz einer Klamottenkiste, in der sich verschiedene Utensilien zum Verkleiden und große Tücher befinden.

Spielen und auswerten

Das Rollenspiel wird auf der realen Situation des zu trainierenden oder zu coachenden Teams aufgesetzt. Hier eine Beispiel-Situation: Im Teamcoaching oder Teamtraining für die oberste Führungsebene eines mittelständischen Unternehmens oder eines Profit-Centers aus einem Konzern wird die Problemstellung laut: „Wenn wir etwas beschlossen haben, kommt es oft nicht zur Umsetzung der Neuerungen, weil irgendwo in der nächsten Management-Ebene anscheinend nicht alles an die Mitarbeiter weitergegeben wird. Wir wissen nicht warum, aber in dem mittleren Bereich bleiben viele Dinge hängen und kommen nicht in der operativen Ebene an." Diese Situation dient uns hier als Beschreibungs-Grundlage. Sie werden die Beschreibung auf Ihre konkrete Situation zuschneiden.

Situation

Das Spiel: Der arme Prinz geht durch den Wald und denkt über sein Problem nach. Er setzt sich in den Schatten eines Baumes und ist verzweifelt. Da kommt eine kleine Fee zu ihm und fragt, was los ist. Er schildert alles genau und wird anschließend von der Fee zu einer Lichtung geführt, auf der eine weise alte Frau lebt. Die weise Frau soll befragt werden, welche Lösung dem Prinzen helfen kann. Auf der Lichtung kommt ein unsichtbarer Kobold dazu und mischt sich ins Geschehen ein. Außerdem erscheint ein Bauerssohn, der zunächst dem Treiben zusieht und dann seine Ideen mit einbringt.

Rollen **Der arme Prinz**

Du gehst gebeugt von Gram und Schmerz durch den Wald. So viele Tage und Nächte schon bist Du unterwegs, auf der Suche nach der Lösung, nach der Befreiung aus Deiner Situation. Du setzt Dich unter einen schattenspendenden Baum auf ein Moospolster und beginnst erneut zu grübeln und zu lamentieren: „Warum nur, warum bleiben meine Worte ungehört? Was ist der Grund und wie kann ich bewirken, was meiner Aufgabe entspricht? Wer kann mir helfen die Lösung zu finden?" Und während Du so dasitzt, zupft ein kleines Wesen am Ärmel Deiner Jacke.

Deine Aufgabe: Wenn das Spiel beginnt, fängst Du an zu reden und erzählst Deine Situation (eure Teamsituation) einfach so vor Dich hin. Lass Dich richtig reinfallen und rede, bis Du von jemandem unterbrochen wirst. Schildere die Situation in allen Facetten.

Die kleine Fee

Du bist ein fröhliches, leichtes Wesen, frei von Angst und voller Wohlwollen allen anderen gegenüber. Du tanzt glücklich auf den Sonnenstrahlen, die über die Blätter der Bäume in den Wald scheinen. Da siehst Du plötzlich einen armen Prinzen zusammengesunken an einen Baum gelehnt. Dein natürlicher Wunsch andere glücklich zu machen, leitet Dich zu ihm und Du machst Dich bemerkbar, zupfst an seinem Ärmel und fragst, was ihn so traurig macht.

Deine Aufgabe: Du bringst immer die richtigen zusammen. Du führst den Prinzen zur weisen alten Frau und schickst den Kobold ins Spiel, wenn er sich selbst nicht einmischt.

Die weise alte Frau

Du bist die Meisterin und trägst das ganze Wissen der Welt in Dir. Du bist weise, weil das Wissen sich in Dir verbunden hat mit der Liebe zu den Menschen. Und Du weißt, dass alle diese Weisheit in sich tragen. Oft kommen Menschen zu Dir und fragen verzweifelt um Rat. Dann nimmst Du Dich ihrer an und führst sie zu ihrer eigenen Weisheit. Und wenn der Fragende sich dann zum Gehen wendet, ist er froh und bedankt sich für den guten Rat – und doch hat er ihn sich selbst gegeben. Du hast nur gefragt und gefragt – und geschwiegen und bist sein Spiegel gewesen.

Deine Aufgabe: Als Coach den armen Prinzen in seine eigene Problemlösungskompetenz bringen. Fragetechniken anwenden, keine Tipps geben, sondern immer tiefer fragen. Frage z.B.: „Was denkst Du dazu?", „Wie fühlt sich das an?", „Was fällt Dir noch dazu ein?", „Was würdest Du in zehn Jahren berichten, wie Du das Problem gelöst hast?"

Der ängstliche Kobold

Du bist für die anderen unsichtbar, das Tuch, das Dich verhüllt, ist nur für Dich real. Die anderen sehen es nicht. Aber Du siehst, was alles Schreckliches passieren kann. Oje, wenn das noch schlimmer wird!

Deine Aufgabe: Misch Dich ungefragt ein, bleibe unter Deiner Verhüllung und werfe immer wieder ängstlich Gedanken ein, dass es ja doch nicht besser werden wird, dass alles nicht klappen kann. Du bist nicht aggressiv, sondern ängstlich, glaubst, dass es womöglich noch schlimmer wird und fühlst Dich eher resigniert.

Der freie Bauernsohn

Du bist ein froher, ehrlicher Bauernsohn, aufrichtig und friedlich. Du kommst pfeifend des Weges und siehst plötzlich eine Gruppe Menschen und auch eine kleine Fee, die auf einer Waldlichtung lamentieren und diskutieren. Du hast Dir die Fähigkeit behalten, auch den Kobold zu sehen und sein Treiben wahrzunehmen. Neugierig, wie Du bist, gesellst Du Dich zu ihnen und hörst erst mal eine Weile zu.
Deine Aufgabe: Sag alles, was Du denkst, frei heraus. Lass Dich von Deinem guten Charakter leiten, sei sanft und klar zugleich.

Der Baum

Du bist ein Baum, der große Freude daran hat, ein Teil des Ganzen zu sein. Seit Hunderten von Jahren stehst Du an der Lichtung und breitest Deine Arme in die Welt hinaus. Du hast alles schon kommen und gehen sehen. Nun wirst Du Teilnehmer eines Treibens, das Du auch schon mehrfach erlebt hast. Auch die weise alte Frau ist Dir gut bekannt.

Deine Aufgabe: Sage hin und wieder, was doch jeder nun erkennen muss. Spricht es aus als kurze, klare Erkenntnis.

Durchführung Fassen Sie die momentane Situation im Team/Unternehmen zusammen, wie z.B. weiter oben in der Situationsbeschreibung getan. Alle erkennen: Das ist unsere Herausforderung/unser Problem.

Erklären Sie den Sinn des folgenden Rollenspiels Märchenschule in etwa so: *„Wenn Nachdenken/der Intellekt eine Lösung für das Problem hervorbringen könnte, dann hätten Sie die Lösung bereits. Im folgenden Rollenspiel werden wir andere Lösungswege gehen. Lassen Sie sich ein auf ein spielerisches Darstellen ihrer Thematik in Form eines Märchens. Vertrauen Sie auf diese alte Technik und denken Sie daran: Es darf auch gelacht werden!"*

Verteilen oder verlosen Sie die Rollenbeschreibungen und weisen Sie die Spieler an, sich sieben Minuten lang außerhalb des Raumes und alleine tief in das Märchen-Szenario einzufühlen. Erklären Sie die übrigen Teilnehmer zu Beobachtern, die permanent ihre Erkenntnisse notieren, um die Auswertung zu gestalten. Übergeben Sie der weisen alten Frau eventuell einen Fragezettel mit Coaching-Fragen.

Bitten Sie die Beobachtergruppe, das Setting aufzubauen: ein Wald, eine Lichtung mit Baum. Die vorhandenen Möbel und die Utensilienkiste können dazu verwendet werden. Alternativ kann das Spiel auch outdoor in einem realen Waldstück stattfinden.

Märchenschule

Wenn alle vor dem Start versammelt sind, geben Sie die Einstiegsinformationen: „Der arme Prinz geht durch den Wald ..." siehe Punkt Situationsbeschreibung – das Spiel.

Die Beobachter erhalten keinen Beobachtungsbogen, sondern lediglich die Anweisungen:
▶ Notieren Sie genau, wie der Prinz die Problemsituation schildert.
▶ Notieren Sie die Lösungsvorschläge der Spieler und beobachten Sie dabei Körpersprache, Stimme und Mimik des Prinzen.
▶ Notieren Sie die Lösungen, die der Prinz selbst ausspricht.

Beobachtung

Die Beobachter können arbeitsteilig Aufgaben übernehmen, z.B. beobachtet einer, was der Kobold einwirft und wie sich dadurch die Situation verändert usw.

▶ Welche Bedürfnisse sind in den Rollen vorhanden?
▶ Zusammenhang zwischen den Rollen und dem Innerem Team?
▶ Welche Lösungsideen sind wie entstanden?
▶ Welche Lösungen werden wie weiterverarbeitet?
▶ Evtl. eine Ideenmoderation mit Gewichtung und „Wer macht was bis wann?"-Chart anschließen.

Moderation der Auswertung

Außerdem ...

Das Rollenspiel Märchenschule bringt eine ganz neue Energie in die Gruppe und das Training. Manche Gruppen nutzen es, um wirklich loszulassen und loszuspielen und haben sehr viel Spaß dabei. Ganz nebenbei und leicht entstehen Ideen zur Problemlösung.

Anmerkungen

Eigenentwicklung.

Quellen

Rollenbeschreibung als Download.

Download

Fliegender Wechsel

von Hans Heß

Kurzbeschreibung   Durch das Einnehmen von Körperhaltungen, Bewegungsformen und Mimiken einer anderen Person wird die Gruppe ermutigt, zu experimentieren und zu spielen.

Ablauf   Die Teilnehmenden bewegen sich im Raum. Auf das Kommando des Leiters/Trainers werden sie aufgefordert sich zu bewegen wie ...

- Napoleon
- ein Roboter aus einem Science-Fiction-Film, wie z.B. R2-D2 aus Star Wars
- Friedrich der Große
- Charlie Chaplin
- ein Rockstar auf der Bühne, wie z.B. Mick Jagger, Madonna, Elvis Presley
- ein Boxer im Ring, z.B. Muhammad Ali/Cassius Clay, Henry Maske, Vitali oder Wladimir Klitschko
- Boris Becker oder Steffi Graf auf einem Tennisplatz
- Angela Merkel oder Frank-Walter Steinmeier bei einer Bundestagsrede
- ein Revolverheld, Westernheld bei einem Duell, z.B. John Wayne
- ein Kung-Fu-Kämpfer in einem Eastern, wie z.B. Jackie Chan, Bruce Lee
- ...

Variante   Der Raum wird in zwei Hälften eingeteilt, die Mittellinie kann mit Gegenständen, z.B. Stühlen, markiert werden. Der Einstieg ist „allgemein": Die eine Hälfte ist die Schnelligkeit, das Energiegeladene, die Kraft. Die andere Hälfte bedeutet das Gegenteil, die Ruhe, die Gelassenheit, das Entschleunigte. Die Seiten werden nach dem benannt, was im Seminar ausgedrückt werden soll, was zu den Teilnehmenden und zum Thema passt.

Die Gesamtgruppe wird halbiert, auf jeder Fläche bewegt sich eine Gruppe. Die Bewegungen werden der Beschreibung der jeweiligen Hälfte angepasst. Nach einer kurzen Eingewöhnungszeit werden die Teilnehmenden gebeten, auf die andere Seite zu wechseln. Wenn sie die imaginäre Linie überschreiten, wechseln sie abrupt auch die Bewegungsart. Zwei bis dreimaliges Hin- und Herwechseln ist empfehlenswert.

Dann legt die Trainerin vorbereitete Karten mit je einer der oben beschriebenen Persönlichkeiten auf jede Seite der „Bühne". Die Teilnehmenden nehmen die Bewegung der Persönlichkeit an. Bei einem Wechsel in die andere Raumhälfte wechselt jeder auch die Rolle. Dies kann mit beliebig vielen Persönlichkeiten wiederholt werden.

10 Minuten, musikalische Untermalung möglich. *Dauer*

Miss-Universe-Wahl, einmal anders herum

von Peter Kensok

Überblick

Kurzbeschreibung In diesem Rollenspiel übernehmen Männer in einer Miss-Universe-Wahl die Rollen der Frauen und Frauen die Rollen der „einflussreichen" Männer.

Zielgruppe
- ▶ Anfänger und Fortgeschrittene.
- ▶ Führungskräfte und Mitarbeiter.
- ▶ Teilnehmende aus Unternehmen und Kursen, in denen das Thema Benachteiligung von Frauen thematisiert wird.
- ▶ Das Spiel lässt sich gut in Gruppen ab 40 Personen spielen, wenn etwa die Hälfte der Teilnehmenden Frauen sind.

Lernziele Teambildung in gemischten Teams mit Männern und Frauen; Abbau von Spannungen in als diskriminierend empfundenen Situationen; in Konflikten zwischen Männern und Frauen vermitteln.

Einsatz Das Rollenspiel ist als Unterbrecher oder Abschluss eines Seminartags geeignet und macht gerade dann Spaß, wenn bereits ein guter Kontakt zwischen den Teilnehmerinnen und Teilnehmern besteht. Ideal ist es auch in der wärmeren Jahreszeit, wenn leichtere Kleidung getragen wird.

Die Teilnehmenden lernen, die Folgen klassischer Modelle von männlichem und weiblichem „Markt" zu verstehen, sich geschlechtlich diskriminierender Konventionen bewusst zu werden und sich davon zu verabschieden.

Spielen und auswerten

Situation

Die männlichen Teilnehmer (A) sind zunächst alle potenzielle Miss-Universe-Kandidatinnen und verhalten sich dementsprechend: Sie wollen unbedingt in die Endauswahl.

Die Frauen (B) haben die Macht darüber, dem Kandidaten ihrer Wahl eine schnelle Karriere zu verschaffen. Sie suchen sich im ersten Durchgang diejenigen Kandidaten aus, die zu den besten fünf gehören werden.

Im zweiten Durchgang findet die Endauswahl statt: Männer, die nicht selbst zur Endauswahl stehen, werden versuchen, sich in eine geschlossene Veranstaltung hinein zu bewerben. Sie müssen versuchen, Mitglieder der Jury und Gäste mit Karten so zu umwerben, dass sie in den abgesperrten Festsaal kommen. Dieser Zugang wird von strengen Saalordnern (C = Männer und Frauen) bewacht, die den Auftrag haben, niemanden ohne Eintrittskarte in den abgegrenzten inneren Raum zu lassen. Wie kommen die Männer also an den Ordnern vorbei – legal oder illegal? Denn wer „drin" ist – ist „in".

Phase 1

Durchführung

Im ersten Durchgang gehen die Frauen zu zweit durch die Reihen der Männer, die sich sexy, aufreizend, verführerisch geben, um überhaupt zur Miss-Wahl zugelassen zu werden. Im Sommer ist es durchaus möglich, dass die Männer in T-Shirts oder gar mit bloßem Oberkörper ihre „Vorzüge" anpreisen.

Alle mitspielenden Frauen sprechen sich danach ab, wer ihre fünf Favoriten für die Endausscheidung sind. Diese favorisierten Kandidaten werden dann offiziell verkündet und haben somit ihr Ticket für die Endausscheidung sicher.

Phase 2

Vorbereitung des Festsaals: Im Saal wird das Areal für den Festsaal markiert, zum Beispiel in der Mitte des Raumes oder am Kopfende mit rotweißem Absperrband. Dieser Festsaal kann nur durch die offizielle Tür – eine Lücke markiert durch zwei Stühle – betreten werden. So können alle Beteiligten im Folgenden in ihrer jeweiligen Rolle mitspielen und trotzdem das gesamte Geschehen erfassen. Der Festsaal wird danach geräumt und darf erst zum offiziellen Einlass wieder betreten werden.

Der Abend des Finales zur Miss-Universe-Wahl.

Nur auserlesene Besucher dürfen in den Festsaal: etwa die Hälfte der Frauen des Kurses, die jeweils zwei Eintrittskarten haben. Sie haben sehr viel Geld dafür bezahlt und nehmen an einem außergewöhnlichen Ereignis teil – exklusiv, mit viel Öffentlichkeit, wie es sich für die Einflussreichen, „die Guten und die Schönen" der oberen Zehntausend gehört. Die anderen Frauen sind Beobachterinnen. Sie können ab jetzt zum Beispiel die Rolle von Reportern übernehmen, die die Szene außerhalb des Festsaales erfassen. Die auserlesenen Besucher können noch jemanden mit in den Festsaal nehmen und dieser Person ihre zweite Karte geben. Selbstverständlich machen sie es den Männern, die sich ihnen als Begleiterinnen anbieten, besonders schwer, dürfen sich nach allen Regeln der Kunst bezirzen, bitten, überzeugen und bestechen lassen. Auch Heiratsanträge sind erlaubt.

Die Männer, die sich bisher um die Miss-Universe-Wahl beworben haben, aber nicht in die Endausscheidung gekommen sind, versuchen nun, die Karteninhaber vor dem Festsaal zu überreden, sie in die geschlossene Veranstaltung, das Finale mitzunehmen. Denn wer das schafft, ist zwar nicht ganz weit oben dabei, aber zumindest ganz dicht am Geschehen ...

Der Festsaal ist noch leer. Die Ordner lassen als Erstes die fünf Finalistinnen der Miss-Universe-Wahl hinein und den Moderator des Abends. (Applaus!) Danach lassen sie nur noch Karteninhaber und deren Anhang hinein. Wer drinnen nicht dabei ist, ist „out".

Miss-Universe-Wahl, einmal anders herum

Schnelle Karriere machen nur die, die sich rund um die Einflussreichen, Presse, Funk und Fernsehen aufhalten. Es lohnt sich also, einen Karteninhaber zu überreden, ihn mitzunehmen. Und wer weiß, vielleicht lässt sich ja auch ein Ordner bestechen? ...

Wenn alle Karteninhaber im Festsaal sind und die Tür zum Festsaal offiziell geschlossen ist, beginnt das Finale der Miss-Universe-Wahl. Die fünf Finalistinnen werden (am besten vom Trainer) interviewt und beschreiben ihre Vorzüge. Sie werden dann per Abstimmung (Applaus-Lautstärke) im Festsaal und von den Ausgeschlossenen „draußen" nach und nach abgewählt. Die Abgewählten dürfen zwar im Festsaal bleiben, müssen aber die Bühne verlassen. Schließlich steht die „Siegerin" der Miss-Universe-Wahl fest und bekommt einen Preis – die erste Flasche Sekt des Abends, ein Buch oder einen (symbolischen) Blumenstrauß.

Die Aufgabe des Trainers ist, die Teilnehmenden zu motivieren, das Rollenspiel mit Spaß und Freude durchzuführen. Er sorgt dafür, dass jeder in den inneren Kreis will, denn wer dort dazugehört, hat die Chance, vom Einfluss, Ansehen und Wohlstand der Berühmten und Reichen zu profitieren.

Die Männer und Frauen dürfen sich in ihren Rollen so klischeehaft verhalten wie sie wollen: albern, sexistisch, fordernd, flirtend, bestechend, ernsthaft ...

Wichtig ist, dass Trainer und Teilnehmende einen guten Kontakt zueinander haben und gerne in die gegenteilige Rolle schlüpfen. Da alle Teilnehmenden als Miss-Kandidatinnen, Berühmte und Einflussreiche, Saalordner etc. gebraucht werden, können alle gleichzeitig mitmachen.

Die Trainer können die Rollen der Ordner und Frauen mit Karten für die abschließende Miss-Universe-Wahl auch auslosen lassen. Diejenigen, die es nicht in den Festsaal schaffen, unterstützen die Veranstaltung von außen – als Beobachter und Applaudierende.

Beobachtung Alle Teilnehmenden sind gleichzeitig Mitspieler und Beobachter. Sie achten auf Körpersprache, Kontaktaufnahme, Stimme, Sprechweise, Wortwahl, Strategien, Stimmung und ihre eigenen Empfindungen.

Die Männer lernen, wie belastend es sein kann, nicht zu den Favoritinnen zu gehören, was es heißt, nur aufgrund von Äußerlichkeiten dabei zu sein. Sie reflektieren ihr eigenes Verhalten gegenüber dem anderen Geschlecht und ihre eigene „Verführbarkeit".

Die Frauen lernen, dass sie möglicherweise Verhaltensweisen von Männern fordern und fördern, die sie eigentlich ablehnen und nicht wirklich nötig haben. Sie erfahren durch das Verhalten der Männer in der Frauenrolle, wie sie auf eine überzeichnende Weise möglicherweise wahrgenommen werden.

Moderation der Auswertung

- Der Trainer moderiert nach dem Abschluss des Spiels die Auswertung: Wie haben sich die Teilnehmenden in der Rolle des jeweils anderen Geschlechts gefühlt? Wie ging es ihnen, nur aufgrund von Äußerlichkeiten zu den „Guten" und „Auserwählten" zu gehören? Wie ändert sich durch das Spiel die eigene Wahrnehmung?
- Am Ende des Spiels machen sich alle Teilnehmenden Notizen zu ihren Erfahrungen in der anderen Geschlechterrolle. Diese Stichworte helfen ihnen, auf die Fragen des moderierenden Trainers einzugehen.
- Eine Videoaufzeichnung ist möglich, wenn die Kamera oder die Kameras als Teil des Szenarios eingeführt sind. Da die Teilnehmenden sich sehr ungewöhnlich verhalten werden – und das auch sollen! –, entscheidet die Gruppe hinterher gemeinsam, wie mit den Aufnahmen verfahren wird. Löschen ist erlaubt!
- Eine andere Form der Auswertung ist die Besprechung in gemischten Kleingruppen. Wenn das Rollenspiel am Ende eines Trainingstags gespielt wird, wird sich die Auswertung zudem noch in den informellen Teil des Abends fortsetzen.

Miss-Universe-Wahl, einmal anders herum

Außerdem ...

Anmerkungen

- Die verschiedenen Rollen: Saalordner, Miss-Wahl-Kandidaten, Auswahl der Teilnehmerinnen mit den Eintrittskarten für das Finale können auf Kärtchen beschrieben werden – je nach örtlichen Gegebenheiten, Zielgruppe und Fantasie des Trainers.
- Als Material braucht man lediglich ein Absperrband für den Bereich, der im Seminarraum als „Festsaal" für das Finale der Miss-Universe-Wahl dienen soll und einen Preis für die Siegerin. Das Spiel mit festlicher Musik zu begleiten – Händels „Feuerwerksmusik", Queen „We are the Champions" – gibt dem Ganzen noch einen unterhaltsamen Anstrich und kann die Einleitung zu einem „normalen" Abschlussabend mit Tanz sein.
- Selbstverständlich ist der Titel nicht verbindlich: Aus der Miss-Universe-Wahl kann auch eine Miss-„Firmenname"-Wahl oder Miss-„Seminartitel"-Wahl werden.

Quellen

Das Rollenspiel Miss-Universum-Wahl habe ich in einem Seminar in den USA kennengelernt – und bin nicht Erste geworden. In dem Seminar ging es um Karriere, Laufbahn, Initiative in der eigenen Lebensgestaltung und um Beziehungen zwischen Männern und Frauen in beruflichem und privatem Umfeld.

Mitarbeiterbeurteilung

von *Katrin Schuler*

Überblick

Kurzbeschreibung — Im jährlichen Beurteilungsgespräch besprechen Mitarbeiterin und Führungskraft die Beurteilung der Leistung und des Verhaltens der Mitarbeiterin, ihre Stärken und Schwächen und mögliche Maßnahmen zur Personalentwicklung.

Zielgruppe
- Nachwuchskräfte oder neue Führungskräfte, die erstmalig Beurteilungen erstellen und Beurteilungsgespräche durchführen müssen, aber noch keinen eigenen Erfahrungshintergrund haben.
- Erfahrene Führungskräfte, die ihr Beurteilungs- und Gesprächsverhalten optimieren wollen oder sollen.

Lernziele
- Leistungserwartungen transparent machen und die Leistungsbeurteilung verständlich und wertschätzend vermitteln.
- Dialog im Mitarbeitergespräch durch Fragen und aktives Zuhören schaffen.
- Mitarbeitermotivation durch aktivierende Gesprächstechniken steigern.

Einsatz — Das Rollenspiel eignet sich zum Einsatz nach entsprechendem inhaltlichem Input zu den Themen Beurteilung und Beurteilungsgespräche und zur praktischen Umsetzung des Gelernten in entsprechenden Gesprächsübungen.

Es eignet sich besonders dann, wenn die Teilnehmer noch keine eigenen Beispiele einbringen können (mangels Erfahrungen) oder wenn sie es nicht wollen. Beispielsweise bei Inhouse-Seminaren in kleineren Unternehmen könnten Teilnehmer Hemmungen haben, eigene Beispiele einzubringen.

Es eignet sich außerdem dann, wenn nur wenig Zeit zur Übung vorhanden ist, da vorbereitete Rollenspiele weniger Zeit zur Vorbereitung in Kleingruppen benötigen.

Spielen und auswerten

Situation

Beteiligt sind Herr Noll als Führungskraft und Frau Glück als Mitarbeiterin. Herr Noll ist seit einem Jahr im Unternehmen tätig. Jährlich müssen die Führungskräfte ein Beurteilungsgespräch mit den Mitarbeitern führen. Jetzt steht das erste Mal das Beurteilungsgespräch mit Frau Glück an. Das Gespräch zeichnet sich dadurch aus, dass Vorgesetzter und Mitarbeiterin in einigen Punkten eine unterschiedliche Wahrnehmung bezüglich der Leistung und des Arbeitsverhaltens der Mitarbeiterin haben. Es kommt nun darauf an, dass der Vorgesetzte die Sichtweise der Mitarbeiterin aktiv aufnimmt, aber dennoch standhaft in der Bewertung bleibt und sich nur bei überzeugender Argumentation auf eine Änderung der Bewertungen einlässt. Herr Noll hat Frau Glück vor zwei Wochen darüber informiert, dass er das Beurteilungsgespräch mit ihr führen will und ihr vorgeschlagen, dass sie zur Vorbereitung auf das Gespräch eine Selbsteinschätzung in den unternehmensbezogenen Beurteilungskriterien vornehmen könne.

Die ausführliche Rollendarstellung von Führungskraft Noll und Mitarbeiterin Glück finden Sie auf der folgenden Seite dargestellt.

Rollen

Führungskraft Herr Noll – Mitarbeiterbeurteilung

Sie haben vor gut einem Jahr als Personalleiter in das Unternehmen gewechselt. Nun fällt die jährliche Beurteilung für Ihre Mitarbeiterinnen und Mitarbeiter an. Es sind Bewertungen auf einer 5-stufigen Skala anzugeben (**1** entspricht noch nicht den Erwartungen, **3** entspricht in der Regel den Erwartungen, **5** entspricht voll und ganz den Erwartungen)

Folgende Beobachtungen führten in der Bewertung der Leistung und des Verhaltens Ihrer Mitarbeiterin Frau Glück zu folgenden Ergebnissen:

▶ Fachkenntnisse/Aktive Weiterbildung – Bewertung: 3
Mit ihren Fachkenntnissen liegt Frau Glück im Durchschnitt und erfüllt die Erwartungen. Sie hat im vergangenen Jahr ihre Excel-Kenntnisse nach einer Schulung für Fortgeschrittene deutlich verbessert.

▶ Qualität & Quantität der Arbeit – Bewertung: 4
Mit ihren Arbeitsleistungen liegt sie leicht über dem Durchschnitt. Von Kollegen aus anderen Fachabteilungen gibt es immer wieder positive Rückmeldungen.

▶ Kundenorientierung/Teamarbeit – Bewertung: 4
Neue Mitarbeiter wenden sich bei Nachfragen gerne an sie. Sie ist sehr bemüht um die Lösung von Problemen der Kunden. Fragt von sich aus bei Kollegen nach, ob sie helfen kann.

▶ Kommunikation – Bewertung: 2
Die Kommunikation am Telefon ist manchmal noch unsicher, vor allem, wenn es sich um einen englischsprachigen Anrufer handelt, leitet sie ihn schnell an eine Kollegin weiter, ohne zu versuchen, das Anliegen selbst zu bearbeiten.

▶ Initiative & Einsatzbereitschaft – Bewertung: 3
Im ersten Jahr kam Frau Glück häufig mit Rückfragen zu Themen, die in Arbeitsunterlagen nachzulesen gewesen wären. In einem Gespräch vor acht Wochen haben Sie sie darauf aufmerksam gemacht, dass selbstständiges Arbeiten gewünscht ist. Seitdem ist zunehmende Verbesserung erkennbar.

▶ Flexibilität – Bewertung: 2
Hatte große Schwierigkeiten, sich nach dem Umzug in den neuen Büroräumen zurechtzufinden. Ist selten bereit, bei hohem Arbeitsanfall und Termindruck etwas länger zu bleiben.

- Arbeitsorganisation – Bewertung: 2

Der Umzug in die neuen Büroräume wäre eine gute Gelegenheit gewesen, die Arbeitsumgebung zu optimieren (z.B. schnellerer Zugriff zu häufig benötigten Arbeitsmaterialien) und neue Prozesse einzuführen. Leider hat Frau Glück diese Gelegenheit nicht genutzt. Wichtige Unterlagen müssen zuerst gesucht werden, wenn sie benötigt werden.

Zu persönlichen Entwicklungszielen und Maßnahmen haben Sie sich folgende Gedanken gemacht:

- Frau Glück soll ihre englischen Sprachkenntnisse verbessern und sich dadurch in der Kommunikation mit englischsprachigen Kunden und Kollegen deutlich verbessern. Hierzu sollte sie im nächsten Jahr regelmäßig am firmeninternen Englischunterricht teilnehmen.

- Frau Glück soll ihre Arbeitsorganisation verbessern. Über ein Projekt „Schnellere Erreichbarkeit häufig benötigter Arbeitsunterlagen" könnte dies erreicht werden.

- Frau Glück soll in den nächsten vier Monaten ihre Flexibilität steigern, d.h., sie soll mit ihrer Arbeitszeit flexibler umgehen. Sie sollte einen Plan erarbeiten, wie sie mit diesen Anforderungen umgehen kann. Dieser Plan wird danach diskutiert und gemeinsam werden konkrete Schritte zur Umsetzung festgelegt.

Mitarbeiterin Frau Glück – Selbsteinschätzung

Sie arbeiten seit gut zweieinhalb Jahren als Assistentin in der Personalabteilung. Vor gut einem Jahr hat Ihre Führungskraft gewechselt. Nun steht die jährliche Beurteilung nach dem neuen Beurteilungssystem an. Vor zwei Wochen hat Sie Herr Noll, Ihr Vorgesetzter, gebeten, sich anhand des Bogens selbst einzuschätzen. Folgende Beobachtungen haben auf der 5-stufigen Bewertungsskala (**1** entspricht noch nicht den Erwartungen, **3** entspricht in der Regel den Erwartungen, **5** entspricht voll und ganz den Erwartungen) zu folgender Bewertung geführt:

▶ Fachkenntnisse/Aktive Weiterbildung – Bewertung: 4
Ihre Arbeit läuft gut, es gibt keine Besonderheiten. Im vergangenen Jahr konnten Sie Ihre Excel-Kenntnisse nach einem Excel-Kurs deutlich verbessern.

▶ Qualität & Quantität der Arbeit – Bewertung: 4
Immer sehr sorgfältige und vollständige Bearbeitung der Aufgaben.

▶ Kundenorientierung/Teamarbeit – Bewertung: 4
Neue Mitarbeiter wenden sich bei Nachfragen gerne an Sie und Sie helfen auch immer, wenn es Ihnen möglich ist.

▶ Kommunikation – Bewertung: 4
Was Ihnen bei Ihrer Arbeit am meisten Spaß macht, ist der Kontakt mit anderen Menschen. Mit zunehmender Sicherheit fällt Ihnen die Kommunikation mit Kunden und Kollegen auch leichter.

▶ Initiative & Einsatzbereitschaft – Bewertung: 4
Vor einem halben Jahr hat Sie Ihr Chef darauf hingewiesen, weniger Rückfragen zu stellen, selbstständiger zu arbeiten und mehr die Arbeitsunterlagen zu konsultieren. Sie waren überrascht, da Sie ihn doch immer nur in dringenderen Fällen angesprochen haben. Außerdem geht es mündlich doch viel schneller, als wenn Sie alles nachlesen müssen. Dennoch haben Sie sich sofort umgestellt.

▶ Flexibilität – Bewertung: 3
Sie versuchen immer da zu sein, wenn Arbeit zu tun ist. Da sie aber viele private Verpflichtungen haben, können Sie abends nicht immer so lange dableiben. Dafür kommen Sie aber morgens auch mal früher, wenn es viel zu tun gibt.

Mitarbeiterbeurteilung

> Arbeitsorganisation – Bewertung: 4

Sie waren für die Organisation des Umzuges der Abteilung in ein neues Gebäude zuständig und aus Ihrer Sicht ist alles reibungslos gelaufen. Insgesamt haben Sie den Laden gut im Griff.

Sie wollen dieses Gespräch nutzen, um Ihren Chef zu gewinnen, Sie in der Verbesserung Ihrer englischen Sprachkenntnisse zu unterstützen und Sie für einen zweiwöchigen Sprachkurs im Ausland vorzuschlagen. Die unternehmensinternen Sprachkurse bringen ja ohnehin nichts, das hatten Sie schon einmal ein halbes Jahr probiert.

Durchführung

Es werden Dreier-Gruppen gebildet, bei denen zwei Teilnehmer die aktiven Rollenspieler sind und ein Teilnehmer die Rolle des Beobachters übernimmt.

Der Trainer teilt den Akteuren die jeweilige Unterlage (Situations- und Rollenbeschreibung) aus und bittet sie, sich anhand dieser Vorlage innerhalb von zehn Minuten vorzubereiten. Dabei kann der Beobachter den Teilnehmer, der die Führungskraft spielt, bei der Vorbereitung beraten. Sofern es eine Vierergruppe gibt, kann ein weiterer Beobachter den Teilnehmer, der die Mitarbeiterin spielt, bei der Vorbereitung unterstützen.

Zur Durchführung können folgende Varianten angewendet werden:
- Das Rollenspiel wird in den Kleingruppen durchgeführt. In einer Kleingruppe wird das Rollenspiel auf Video aufgenommen und im Gesamtplenum analysiert. Die Auswertung der Rollenspiele erfolgt zunächst in den Kleingruppen anhand vorbereiteter Fragen, das auf Video dokumentierte Beispiel wird später im Plenum detailliert analysiert.
- Natürlich können auch die Rollenspiele der Kleingruppen nacheinander auf Video aufgenommen werden und anschließend im Plenum analysiert werden. Diese Variante ist wesentlich zeitaufwendiger, bietet aber allen Gruppen die Möglichkeit eines umfangreichen und professionellen Feedbacks.

Beobachtung Folgende Kriterien können bei der Beobachtung und dem anschließenden Feedback verwendet werden:

- Körpersprache: Wurde mit Körperhaltung und Blickkontakt eine positive Beziehung zum Gesprächspartner aufgebaut? Waren Gestik und Mimik angemessen bezogen auf den Gesprächsinhalt? Wie beeinflussten Nähe und Distanz die Stimmung im Verlauf des Gesprächs?
- Stimme: Wurde zu laut oder zu leise gesprochen? Wurden wichtige Argumente stimmlich betont? Wurde das Gespräch durch Sprechpausen strukturiert? Wurde mit angemessener Geschwindigkeit gesprochen?
- Gesprächsaufbau: Wurde das Gespräch sinnvoll und klar gegliedert? Sind die Phasen Kontaktaufbau – Information – Vereinbarung erkennbar? Wird der Gesprächsinhalt zusammengefasst?
- Gesprächsverhalten: Werden der Mitarbeiterin Fragen gestellt? Kann sie sich zu der Beurteilung äußern? Hört die Führungskraft aktiv zu? Greift sie Aussagen der Mitarbeiterin im Gespräch auf? Sind die Argumente passend zum jeweiligen Gesprächsinhalt? Wer hat die Führung des Gesprächs?
- Feedback: Stellt die Führungskraft Stärken und Schwächen deutlich dar? Bleibt sie standhaft oder lässt sie sich von der Mitarbeiterin von ihrer Zielsetzung und Bewertung abbringen? Zeigt sie die Leistungserwartungen auf und bietet Lösungsmöglichkeiten, wie die Mitarbeiterin die Leistungserwartungen in Zukunft erfüllen kann? Sind die Argumente überzeugend dargestellt, werden konkrete Beobachtungen/Beispiele zur Erläuterung der Bewertung angeführt?

Moderation der Auswertung Das Feedback konzentriert sich auf das Gesprächsverhalten des Rollenspielers, der die Rolle der Führungskraft übernommen hat.

Zunächst wird der Rollenspieler „Führungskraft Herr Noll", anschließend der Rollenspieler „Mitarbeiterin Frau Glück" von einem Beobachter bzw. dem Moderator befragt: Was haben Sie sich als Ziel vorgenommen? Wie haben Sie sich im Gespräch gefühlt? Wie haben Sie Ihren Gesprächspartner erlebt? Was hat Sie motiviert/demotiviert im Gespräch? Was waren die kritischen Momente für Sie? Wie zufrieden sind Sie mit dem Ergebnis des Gesprächs? Anschließend erhält der Rollenspieler, der die Führungskraft gespielt hat, Feedback durch den/die Beobachter. Hilfreich hierfür kann die Vorgabe der oben aufgeführten Auswertungsfragen sein.

Bei der anschließenden Videoanalyse im Plenum wird zunächst das Video ohne Unterbrechung abgespielt. Zunächst werden die Rollenspieler nach ihrer Wahrnehmung gefragt: Was haben Sie wahrgenommen? Was hat das Gespräch vorangebracht, was eher behindert? Dann fragt der Moderator die Beobachter: Was haben Sie wahrgenommen? Welche motivierenden Verhaltensweisen oder Aussagen sind Ihnen aufgefallen? Welche waren eher demotivierend? Wie hätte die Führungskraft das Gespräch noch positiver voranbringen können?

Der Moderator hält im Verlauf der Auswertung verschiedene Tipps zum Gespräch auf Moderationskarten fest und visualisiert diese für alle sichtbar an einer Moderationswand. Diese Pinnwand kann dann bei der Durchführung weiterer Rollenspiele ergänzt werden.

Außerdem ...

Sinnvoll und wichtig ist es gerade bei diesem Rollenspiel, vor der Durchführung inhaltlichen Input zum Thema Feedback zu geben (Johari-Fenster, Feedback-Regeln) und zu visualisieren. Auf die Einhaltung der Feedback-Regeln bei der Auswertung sollte strengstens geachtet werden, insbesondere darauf, dass das Feedback direkt an den Rollenspieler und nicht an den Trainer gegeben wird und anhand konkreter Beobachtungen untermauert wird. Das Rollenspiel kann auch in ein Beurteilungsgespräch und in ein Fördergespräch (bzgl. Entwicklungsmaßnahmen) aufgeteilt werden.

Anmerkungen

Das Rollenspiel entstand aus vielen verschiedenen Praxis-Beispielen von Führungskräften und Teilnehmern in Führungsseminaren.
Rollen-Link: http://www.managerseminare.de/tmdl/b,187486

Quellen/Download

Piep, piep, piep

von Sabine Heß

Überblick

Kurzbeschreibung   Die Spielenden üben Verhaltensweisen, die ihnen sonst eher fern liegen, damit sie ihre Flexibilität steigern.

Zielgruppe
- Für alle Menschen, die ihr eigenes Verhalten reflektieren und ihre Flexibilität steigern möchten.
- Führungskräfte, Verkäufer, Ausbilder, Servicekräfte, Teammitglieder, ...

Lernziele   Die Flexibilität des eigenen Verhaltensspektrums erhöhen.

Einsatz
- Das Rollenspiel kann ab der Mitte eines Seminars eingesetzt werden, wenn Vertrauen aufgebaut wurde und erste Reflexionsschritte gemeinsam erfolgt sind.
- Es kann als Warm-up für Themen genutzt werden, zum Beispiel als Einstieg zu „Mitarbeitergespräche führen" oder „individuelle Verkaufsargumentation".

Spielen und auswerten

Situation   Es kommen zwei Personen zum Einsatz, hier zum Beispiel die Führungskraft und ihre Mitarbeiterin.

Eine beliebige Situation aus dem Arbeitsalltag wird gewählt, z.B.:
Die Mitarbeiterin ist schon zweimal zu spät zur wöchentlichen
Teamroutine gekommen. Nachdem dies jetzt zum dritten Mal passiert ist, bittet der Vorgesetzte sie am Ende des Meetings zu einem
Vier-Augen-Gespräch.

Führungskraft *Rollen*

Sie möchten erreichen, dass die Mitarbeiterin K künftig wieder
pünktlich zu den Routinen kommt. Sie hatten immer einen guten
Kontakt zu dieser Mitarbeiterin, die sehr engagiert ihre vielen Aufgaben bewältigt. Vor fünf Monaten haben Sie eine neue Kollegin,
M, eingestellt, die sich gut eingearbeitet hat. Sie stellt auch eine
Entlastung für die Mitarbeiterin K dar, weshalb Sie die Verspätungen erst recht nicht verstehen. Es wird in einem halben Jahr eine
Position im Team frei, die Sie K anbieten wollten – aber die Verspätungen stören Sie sehr.

Mitarbeiterin K

Sie haben seit ein paar Monaten das Gefühl, dass Ihre Führungskraft die neue Kollegin M vorzieht. Sie werden weniger gelobt, es
finden kaum noch Gespräche mit Ihnen statt, eine im Team vakant
werdende Stelle wurde Ihnen bisher auch nicht angeboten. Sie arbeiten weiterhin engagiert, versuchen aber, Ihrer Führungskraft aus
dem Weg zu gehen. Bei der monatlichen Teamroutine lässt sich ein
Zusammentreffen nicht vermeiden. Ihre Versuche, zeitlich knapp
zu den Routinen zu kommen, haben jetzt zum dritten Mal zu einer
leichten Verspätung von fünf Minuten geführt.

Zunächst wird mit der Gruppe erarbeitet, welche Verhaltens-Polaritäten in einem solchen Gespräch eine Rolle spielen können. Zum *Durchführung*
Beispiel: Harmonie und Konfrontation („Piep, piep, piep, wir haben
uns alle lieb" – „Nur die Harten kommen in den Garten"). Zu jeder
der beiden Polaritäten wird ein Plakat erstellt. Die Plakate werden
hinter dem Standort der Führungskraft aufgestellt. Die Führungs-

kraft weiß, auf welcher Seite die Harmonie hängt und auf welcher die Konfrontation.

Das Spiel beginnt mit den oben beschriebenen Voraussetzungen. Beide Spieler haben ihre Rolleninformationen bekommen, sie wissen nicht, welche Hinweise der jeweils andere Spieler bekommen hat.

Es wäre ein „ganz normales" Rollenspiel, wenn nicht die Mitarbeiterin eine zusätzliche Aufgabe hätte: Indem sie die linke oder die rechte Hand hebt, gibt sie der Führungskraft „Anweisung", wie sie sich verhalten soll – hart oder lieb. Dabei sollte ein Wechsel immer wieder erfolgen, wenn die Führungskraft sich „eingependelt" hat bei der bisher angezeigten Art und Weise. Mit dem Heben beider Hände in der Mitte kann die Mitarbeiterin einen Stil zwischen den beiden Extremen ansagen. Sollte es der Führungskraft schwer fallen, eine der beiden Seiten im Extrem zu spielen, unterstützt der Trainer durch die Ermutigung, zu überzeichnen. Wenn diese Unterstützung noch nicht gut genug hilft, kann der Trainer durch Vormachen weitere Hilfestellung geben.

Natürlich wird weder das eine noch das andere Extrem im Alltag in Reinform zu empfehlen sein. Es geht vielmehr darum, die entgegen gesetzten Spektren „mal zu leben", um die Möglichkeit im Alltag zu haben, einen Teil des bisher nicht Ausgelebten ins eigene Verhalten einfließen zu lassen, wenn es zielführend erscheint. Denn wer eher zur Harmonie neigt, wird von Menschen, die gern klare Aussagen möchten, evtl. nicht ernst genommen. Und wer eher hart zur Sache geht, kann sensible Menschen ungewollt zum „Rückzug ins Schneckenhaus" animieren.

Beobachtung Die Beobachter können Rückmeldungen darauf geben, wie sie die Darstellung der für den Spieler eher schweren Seite (die, wenn es sie gibt, meist gut zu bemerken ist) erlebt haben. Und in welchen Momenten sie sich vorstellen können, dass diese Person genau davon einen Teil gebrauchen kann.

Ein Sharing nach dem Spiel empfiehlt sich, wenn das Spiel vor der Gruppe erfolgte. Die Teilnehmer beantworten als Blitzlicht (nur ein kurzer Satz von jedem, keine Diskussion, keine Kommentare zu Aussagen anderer) die Frage: „Was habe ich durch Ihr/Euer Spiel an mir selbst entdeckt?" (Mehr dazu siehe auch Mit Rollen spielen Bd. 1)

▶ Eine Videoaufzeichnung, die sich der Spielende hinterher anschauen kann, ist spannend. Meist stellt er fest, dass sich das Verhalten „schlimm angefühlt" hat, aber jetzt „gar nicht so schlimm" wirkt.
▶ Eine Übertragung des Spielers auf seinen Alltag sollte gezielt abgefragt werden „In welchen Situationen können Sie einen Teil dieser Polarität gut gebrauchen?", „Wann wird die nächste Situation sein, in der dies auftritt?", „Wie werden Sie sich dort verhalten, was glauben Sie?"

Moderation der Auswertung

Außerdem ...

Das Spiel kann auch in Kleingruppen/als Partnerarbeit durchgeführt werden.

Anmerkungen

▶ Das Spiel habe ich anlässlich der Petersberger Trainertage 2008 entwickelt – und dort mit mehreren Hundert Personen erprobt. Danach habe ich es wiederholt auch in kleineren Gruppen eingesetzt.
▶ Die Grundidee, wie viel weiter uns die Betrachtung „beider Seiten der Medaille" bringen kann, hat Friedemann Schulz von Thun in der Weiterentwicklung der Wertequadrate von Paul Helwig sehr anschaulich dargestellt: F. Schulz von Thun: Miteinander reden 2. Stile, Werte und Persönlichkeitsentwick-lung. Rowohlt Verlag, 1989. S. 38-55.

Quellen

Rollen-Link: http://www.managerseminare.de/tmdl/b,187486

Download

Radio (Firmenname) live

von Astrid Göschel

Überblick

Kurzbeschreibung   Die Teilnehmer lernen im Rahmen einer gespielten Radiosendung unterschiedliche Perspektiven bezüglich der Kundenorientierung wahrzunehmen und sich flexibler zu verhalten.

Zielgruppe
- Anfänger + Fortgeschrittene.
- Führungskräfte + Mitarbeiter.
- Teilnehmende aus der IT (aber auch allen anderen Branchen) in leitenden und ausführenden Funktionen.

Lernziele
- Zuhören und Verstehen, verschiedene „Brillen" aufsetzen, Trübungen aus der jeweiligen Perspektive wahrnehmen, ganzheitliche Wahrnehmungen, den Zusammenhang von neuer Rolle und Funktion verstehen und beeinflussen lernen.
- Die Aufgaben eines Moderators verstehen und ausprobieren; bereits vorhandene Fähigkeiten ausbauen.
- Imagepflege trainieren: Kommunikation nach innen vs. Kommunikation nach außen.

Einsatz
- Je nach Seminarziel ist das Spiel als erlebnisorientierter Baustein universell einsetzbar: als „Warming-up" und als Einstieg in einen beliebigen Themenbereich, bevorzugt in der Kundenorientierung.

▶ Angebot eines Praxisfeldes zum Ausprobieren beliebiger Gesprächstechniken aus dem weiten Feld der Rhetorik.

Spielen und auswerten

Es geht bei diesem Rollenspiel stets um den aktiven Perspektivenwechsel und den Zusammenhang von Rolle, Verhalten und Zielerreichung.

Die Teilnehmenden erleben sich dabei in unterschiedlichen Rollen, in der des Moderators oder eines Teilnehmenden mit unterschiedlichen Funktionen in einem Gespräch. Als Moderator lernen sie zum Beispiel, dass sie sich weniger auf die Gesprächsinhalte konzentrieren können, wenn sie die Gesprächsführung steuern. Die Kunst besteht also darin, die Gesprächsführung so zu beherrschen, dass sie auch die Inhalte noch ausreichend und gut verfolgen und darauf reagieren können.

Die Teilnehmenden setzen in dem Rollenspiel verschiedene Brillen auf und merken so, wie dies ihre Wahrnehmung ändert und einschränkt. Nur als neutraler (!) Beobachter können sie zwischen allen Perspektiven wechseln und das meiste erkennen.

Die Teilnehmenden geben aus den jeweiligen Perspektiven Feedback. Je nach Rolle erleben sie die Radiosendung durch eine bestimmte Bewertungsbrille. So wird die Kritikerperspektive schnell als eine erkannt, die den Blick auf die Fehleranalyse lenkt. Diese Brille wird durch das Spiel statt als Bedrohung dann als Bereicherung empfunden: Die Teilnehmenden können dem Kritiker sein Verhalten zugestehen, aktiv auf seine Wahrnehmung reagieren und ihn als Hilfe bei der Problemanalyse und Fehlersuche nutzen. Sie lernen auch, ihm diese Brille abzunehmen und ihm eine andere aufzusetzen.

Durch das Einnehmen unterschiedlicher Rollen verstehen die Teilnehmenden ihr Kommunikationsverhalten in Gruppen und lernen, gemeinsame Regeln festzulegen und einzuhalten.

Astrid Göschel

Situation   Die Teilnehmenden werden eingeladen, sich in eine Radiosituation hineinzubegeben. Zum Beispiel „Radio managerSeminare". Die Nennung der Firma, die das Training durchführen lässt, erleichtert die Identifikation mit dem Spiel und hilft, das Gelernte in den Alltag zu übertragen.

Anders als in einer normalen Radiosendung befinden sich alle Beteiligten im gleichen Raum, also im Studio. Auf einem Stuhl in der Mitte sitzt der Moderator, auf einem anderen der Studiogast von „Radio managerSeminare".

Zudem gibt es Teilnehmende mit Beobachterbrillen und neutrale Beobachter ohne Brillen. Alle erhalten entsprechende Brillen und Informationskarten.

Rollen   **Der Moderator**
Der Moderator erhält einen Einstiegstext zur Sendung und Fragen, die er als Impulse nutzen kann und die je nach Thema des Seminars vom Trainer vorbereitet sind.

Der Studiogast
Der Studiogast muss spontan reagieren und kennt die Fragen nicht, die ihm der Moderator stellen wird. Da es jedoch um Kundenorientierung geht, wird er darauf entsprechend antworten können: Er antwortet, wie er es für richtig erachtet.

Der „Kritiker"
Der Beobachter „Kritiker". Auf seinen Instruktionen stehen die Fragen: Was ist an der Argumentation unvollständig? Was ist zu ungenau? Welche Fehler wurden in der Argumentation gemacht?

Der „Interne"
Der Beobachter, der Träger der Brille „Interner" ist, achtet auf Vollständigkeit und darauf, ob er sich in der Argumentation wertgeschätzt fühlt.

Radio (Firmenname) live

Der Zuhörer

Eine weitere Beobachterbrille ist die desjenigen, der zum Beispiel auf der Heimfahrt von der Arbeit die Sendung zufällig im Autoradio hört. Zu Hause wird er gefragt werden, was er unterwegs gehört hat, und er resümiert auf die Schnelle, woran genau er sich erinnert und was er über die Firma des Studiogastes als Gesamteindruck gelernt hat.

Der Kunde

Eine weitere Brille ist die Kundenbrille: Was bedeutet es für den Kunden, der die Sendung gehört hat?

Alle anderen Teilnehmenden tragen keine Brille und erfassen den Gesamteindruck.

Brillenträger und solche ohne Brille werden gebeten, sich Stichworte zu notieren und ihre Eindrücke später zusammenzufassen.

Durchführung

Der Trainer gibt in seiner Installation des Spiels die Radiosendung vor: Sie wird deutschlandweit ausgestrahlt, und was hier live über den Äther geht, hat Einfluss auf das Image des Unternehmens und seine Zukunft. Jeder Zuhörer ist ein Multiplikator und wird mindestens daheim erzählen, was er über die Firma des Studiogastes erfahren hat.

Nachdem der Moderator seine Fragen abgearbeitet hat, schaltet er von außen eine Zuhörerfrage dazu, die der Kritiker stellt. Der darf dabei voll in seiner Rolle aufgehen und durchaus auch „angenervt" sein. Auch dieser Kritiker soll jetzt souverän behandelt werden, schließlich geht es ja um das Image des Unternehmens und seinen Ruf in ganz Deutschland! – Damit endet das Rollenspiel, und es beginnt die Phase der Auswertung.

Zunächst schildern die Teilnehmer auf den Studiostühlen ihre Eindrücke: Als Erstes der Moderator. Was ist ihm aufgefallen? Und wie ging es ihm in seiner Rolle? An die Antworten knüpft der Trainer

Moderation der Auswertung

Hinweise auf die Rolle des Moderators. Zum Beispiel wird häufig gesagt, dass der Moderator sich kaum auf die Inhalte des Gesprächs konzentrieren konnte, weil er sich bereits um den nächsten Schritt in seiner Moderation gekümmert hat.

Dann dürfen der Studiogast und die Teilnehmer mit den unterschiedlichen Brillen ihre Eindrücke schildern. Es hat sich bewährt, dabei zunächst denjenigen zu befragen, der die Sendung auf der Heimfahrt von der Arbeit gehört hat. Dann folgen der Kritiker, weitere Rollenvertreter und schließlich die allgemeinen Beobachter ohne Brille.

Der Trainer fasst abschließend die gesamten Eindrücke zusammen. Oder er lädt ein zur nächsten Radiosendung mit neuen Teilnehmern in den verschiedenen Rollen. Die Teilnehmer erkennen so, dass es je nach Brille unterschiedliche Wahrnehmungen gibt – von sehr eingeschränkten Perspektiven bis hin zu totalem Unverständnis, weil die Brille den Blick möglicherweise komplett verstellt.

Außerdem ...

Quellen   Selbstentwicklung im Rahmen von Maßnahmen zur Kundenorientierung.

Regie führen im Inneren Team

von Angelika Höcker

Überblick

Das Innere Team erleben, erfahren, reflektieren und die Zusammenarbeit der Mitglieder des Inneren Teams verbessern.

Kurzbeschreibung

Fortgeschrittene, die schon mit Rollenspielen Erfahrungen haben und neugierig auf neue Erlebensebenen sind.

Zielgruppe

▶ Schafft Bewusstsein über das „Geschehen" im Inneren Team und über Konflikte innerhalb dieses Teams, verdeutlicht Allianzen und schwächende Dialoge.
▶ Verbessert die Konfliktlösungskompetenz.
▶ Ermöglicht Einflussnahme auf die Innere Teambildung.
▶ Stärkt die Selbststeuerung und die Betrachtungsweise aus der Meta-Position.

Lernziele

▶ Es ist weder zum Einstieg in das Thema noch als Abschluss für ein Seminar geeignet, sondern zur erlebnisorientierten Auseinandersetzung mit dem „Inneren Team" nach Friedemann Schulz von Thun.
▶ Es trainiert auf anschauliche Weise den Umgang mit den vielen Seiten oder Anteilen in uns.
▶ Es eignet sich besonders, wenn Teilnehmer in einem inneren Dilemma oder Konflikt stecken und nach einer Lösung suchen. Zum Beispiel, wenn die Arbeitsbelastung zu hoch ist, ich es aber

Einsatz

nicht anzusprechen wage oder wenn ich mir immer wieder ein Ziel vornehme und es selber boykottiere oder wenn mit einem Mitarbeiter eine Auseinadersetzung ansteht und ich mich davor drücke.
▶ Vorrausetzung: den Teilnehmern ist das Modell bekannt, sie haben ihr Inneres Team reflektiert, es aufgezeichnet, jedem Teil einen Namen gegeben und der Seite einen typischen Satz zugeordnet (siehe auch Friedmann Schulz von Thun: Miteinander reden 3. Rowohlt Verlag, 16. Aufl. 2007).
▶ Es passt in Seminare zur Persönlichkeitsentwicklung, zum Thema Selbstmanagement oder zum Thema Konfliktlösung.

Spielen und auswerten

Situation Im Anschluss an die theoretischen Erläuterungen des Inneren Teams und der individuellen Ist-Analyse (wie sieht mein Inneres Team aus?), inszeniert der Trainer mit den Teilnehmern die jeweiligen Inneren Teams der Teilnehmer. Der Hauptrollenspieler, hier Regisseur genannt, wählt unter Anleitung des Trainers entsprechend der Anzahl seiner Inneren Teammitglieder Mitspieler aus der Gruppe aus. Das heißt, jeder Teilnehmer stellt mithilfe der anderen Teilnehmer sein „Inneres Team" auf.

Ziel ist es, die Zusammenarbeit im Inneren Team zu verbessern. Die „Inneren Teammitglieder" geben Rückmeldung zu ihrem Erleben.

Rollen ▶ Der **Regisseur**, dessen Inneres Team im Rollenspiel angeschaut werden soll.
▶ Weitere Teilnehmer, die die **Teammitglieder des Inneren Teams** des Regisseurs darstellen.
▶ Die übrigen Teilnehmer sind **Beobachter**.

Der Trainer erläutert vor der Durchführung des Rollenspiels die Vorgehensweise und unterstützt den Hauptrollenspieler – den Regisseur – beim Aufstellen seines Inneren Teams.

Durchführung

Die Gruppe sollte miteinander vertraut sein. Im Seminar herrscht ein wertschätzendes Klima, die Gruppe ist in der Anwendung der Feedback-Regeln geübt.

Schritt 1
Ein Teilnehmer meldet sich freiwillig zu diesem Experiment, er ist der Regisseur. Er hat die Mitglieder seines Inneren Teams in einer Vorübung zusammengestellt und visualisiert. Jedem Teammitglied hat er einen Namen gegeben und ihm einen Kernsatz zugeordnet, den dieses Teammitglied typischerweise spricht.

Schritt 2
Er sucht sich für jedes seiner Inneren Teammitglieder eine Mitspielerin oder einen Mitspieler aus der Gruppe heraus. Der Trainer unterstützt mit Fragen, wie „Wer kann Deiner Meinung nach Deinen Kreativen am besten verkörpern?".

Schritt 3
Der Regisseur sucht sich selbst eine Position im Raum und stellt die Teammitglieder seines Inneren Teams auf.

Schritt 4
Die Rollenspieler erhalten vom Regisseur ihre Kernsätze und werden von ihm in Position gebracht. Der Trainer assistiert beim Positionieren.

Schritt 5
Hilfreiche Fragen, mit denen der Trainer die Positionierung unterstützen kann:
- „Welches Innere Teammitglied ist das?"
- „Wie ist sein Name?"
- „Wo steht dieses Teammitglied hier im Raum, eher vor, neben oder hinter Dir?"
- „In welcher Haltung steht dieser Teil?"
- „Was sagt er? Wie lautet sein Satz?"

Schritt 6

Wenn alle Personen aufgestellt sind, gibt der Regisseur Anweisungen, welches Teammitglied sich wie verändern soll:
- In der Position.
- In der Haltung.
- In der Sprache.

Er reflektiert, wie sich diese Veränderungen bei ihm auswirken. Der Trainer assistiert.

Schritt 7

Der Regisseur experimentiert so lange, bis er für sich selbst eine bessere Zusammenarbeit seiner Inneren Teammitglieder erlebt. Falls ein Inneres Teammitglied nicht so gerne seine Position aufgibt, fragt der Regisseur, was das Teammitglied braucht, um auf diese Veränderung einzugehen (Frage nach Bedürfnissen).

Schritt 8

Der Regisseur beschreibt, was er erlebt, erfahren, verstanden hat.
- Was ist mir deutlich geworden?
- Welches Fazit ziehe ich daraus?
- Welchen Titel würde ich diesem Team jetzt geben?
- Welches Symbol fasst das, was ich erlebt habe, zusammen?

Schritt 9

Die Inneren Teammitglieder geben nach Blitzlichtart Feedback: Wie geht es mir gerade jetzt?

Schritt 10

Die restlichen Teilnehmer geben Rückmeldung über ihre Beobachtungen.

Schritt 11

Sharing in der gesamten Gruppe: Was ist mir deutlich geworden? Welche Fragen gehen mir jetzt durch den Kopf? Was hat das ganze bei mir ausgelöst?

Dann kann der nächste Regisseur mit seinem Inneren Team arbeiten. Der Trainer übergibt das Rollenspiel ganz an den Regisseur, er assistiert bei der Positionierung der anderen Teilnehmer und ermuntert den Regisseur, sich Zeit zu nehmen, zu reflektieren und zu experimentieren.

Es kann beobachtet werden, wie sich innere Konflikte darstellen und welche Möglichkeiten zur Lösung es gibt. *Beobachtung*

Für den Regisseur bietet sich durch das aktive „Umgestalten" seines Inneren Teams die Möglichkeit zum Perspektivwechsel.

Die Beobachter können rückmelden, was ihnen bei der „Aufführung" aufgefallen ist. Zum Beispiel, wer mit wem eine Allianz gebildet hat. Und:
▶ Was ist mir von außen bei diesem Inneren Team aufgefallen?
▶ Wie beschreibe ich die Vorher-Nachher-Situation?
▶ Was genau hat sich verändert?

Wenn die Gruppe groß genug ist, macht es Sinn, die Beobachter aufzuteilen auf die Wahrnehmung einzelner Innerer Teammitglieder und den Regisseur.

Dieses Rollenspiel braucht keine Videoanalyse, da die Situation schon während des Rollenspiels verändert wird. Als Anker schlage ich einen Namen für das neue Team vor. Ein Symbol kann den Regisseur an sein erfolgreiches Umschreiben des eigenen Drehbuchs erinnern. *Moderation der Auswertung*

Anregungen, die Sie dem Regisseur zum Transfer in den Alltag mitgeben können:
▶ Regelmäßiges Abhalten von Teamkonferenzen in der Fantasie vor herausfordernden Situationen.
▶ Bewusstes Eingreifen bei Konflikten in der Rolle des Regisseurs.
▶ Erinnerung durch das Symbol.

Angelika Höcker

Außerdem ...

Anmerkungen Der Trainer sollte sich gut in der Thematik des Inneren Teams auskennen, Erfahrungen als Coach sind auf jeden Fall von Vorteil. Das Rollenspiel berührt innere Prozesse und braucht daher einen geschützten Raum. Humor ist unbedingt hilfreich, er bringt die nötige Leichtigkeit. Gleichzeitig darf das Spiel natürlich auf keinen Fall ins Lächerliche abrutschen.

Quellen Angeregt durch das Buch „Das Innere Team in Aktion" von Friedemann Schulz von Thun und Wibke Stegemann habe ich dieses Rollenspiel entwickelt.

Satir war hier

von Peter Kensok

Überblick

Ausgehend von dem DISG®-Modell (Persolog) und den Kategorien nach Virginia Satir lernen die Teilnehmenden, mit schwirigen Persönlichkeiten zurechtzukommen, die ihren eigenen Verhaltens-präferenzen nicht entsprechen.

Kurzbeschreibung

▶ Teams mit Mitgliedern aus unterschiedlichen Hierarchie-Ebenen. Seminare mit gemischten Gruppen. Keine Vorkenntnisse erforderlich.
▶ Ideal für Gruppen ab 10 Personen.

Zielgruppe

Ausgehend von dem DISG®-Modell (Persolog) schätzen die Teilnehmenden ihre eigenen positiven Verhaltenspräferenzen ein: Was entspricht ihnen eher: Dominanz, Inititative, Stetigkeit oder Gewissenhaftigkeit? Danach wird ihnen die „Kehrseite ihrer Medaille" offenbart, das wahrscheinliche Verhalten unter Druck nach Virginia Satir: der Ankläger für den Dominanten, der Ablenker für den Initiativen, der Beschwichtiger für den Stetigen und der Rationalisierer für den Gewissenhaften. In Interviews in der Kleingruppe erkunden die Teilnehmenden dann die Verhaltensweisen derjenigen Verhaltenstypen, die ihnen am wenigsten entsprechen – und vor denen sie sich vielleicht sogar fürchten.

Lernziele

Einsatz
- Das Spiel lässt sich gut einsetzen, wenn Teilnehmer eines Seminars nur langsam miteinander warm werden, genauso aber auch, wenn sie bereits guten Kontakt zueinander haben.
- Es ist ein Spiel, das relativ früh eingesetzt werden kann, da sich die Teilnehmenden dadurch mit ihren voraussichtlichen Stärken kennenlernen und einander auch die Mittel kommunizieren, die sie brauchen, wenn sie im Kurs – wie im richtigen Leben – einmal „nicht gut drauf" sind. Sie werden damit zu Beratern an ihren eigenen Schwachstellen.
- „Satir war hier" hilft Mitgliedern von bestehenden Teams, einander Feedback zu ihrem eigenen Verhalten zu geben.

Spielen und auswerten

Runde 1
Alle Teilnehmer schätzen sich ein, ob sie tendenziell eher dominante, initiative, stetige oder gewissenhafte Persönlichkeiten sind. Da es hier um Verhaltenskategorien geht, die sich auf unterschiedliche Rollen beziehen, kann das Umfeld je nach Seminarkontext vorher bestimmt werden.

Runde 2
Während bis hier die Vorzüge einer Verhaltenstendenz dargestellt wurden, wenn also jemand „gut drauf" ist, werden jetzt die Kehrseiten nach Virginia Satir aufgedeckt.

Runde 3
Es werden Kleingruppen gebildet, in denen möglichst jeweils alle vier Verhaltenstypen vertreten sind. Die Teilnehmer interviewen sich dann gegenseitig und lernen dadurch voneinander: Mit welchen Verhaltenstypen kommt der Einzelne am wenigsten gut zurecht, und was empfiehlt ein Repräsentant dieser Verhaltenstendenz für den Umgang mit ihm selbst, wenn er gereizt ist?

Je nach Tiefe und Gruppengröße dauert das Spiel zwischen einer und zwei Stunden, erweiterbar auf einen halben oder ganzen Seminartag.

Satir war hier

Der Moderator hat auf einen Flipchart-Bogen ein großes Quadrat vorbereitet, das durch ein Kreuz in der Mitte in vier gleich große Teile unterteilt wird. Darin werden wie im Folgenden die Satir-Kategorien eingetragen:

Durchführung

Ankläger	Ablenker
Rationalisierer	Beschwichtiger

Diese Kategorien nach Virginia Satir werden durch Moderationskarten abgedeckt, auf denen die Teilnehmer zunächst nur die DISG-Kategorien sehen:

Jetzt berichtet der Trainer, welche Vorteile dominantes, initiatives, stetiges oder gewissenhaftes Verhalten hat. Er kann diese Phase improvisieren, oder sich aber anregen lassen von „Das 1 x 1 der Persönlichkeit" (Lothar J. Seiwert und Friedbert Gay). Der Trainer sorgt dafür, dass diese Eigenschaften wirklich gut und positiv rüberkommen, damit die Teilnehmer sich gerne zu der einen oder anderen Verhaltenspräferenz bekennen.

Hat jeder seine Entscheidung getroffen, tragen alle ihren Namen eigenhändig in das Kästchen mit ihrer ersten Präferenz (ggf. noch einer zweiten) auf dem Flipchart ein. Der Trainer geht mit gutem Beispiel voran, damit auch die Teilnehmer den Mut zu ihrem öffentlichen Bekenntnis zu Verhaltenstendenzen haben.

Erst danach (!) werden die DISG-Kategorien abgehängt.

Der Trainer erläutert, was sich hinter den Satir-Kategorien als wahrscheinliches Verhalten unter Spannung verbirgt. Eine gute Zusammenfassung dazu: Richard Bandler, John Grinder, Virginia Satir: Mit Familien reden. Pfeiffer, S. 52-65.

In der nächsten, der dritten Phase werden Gruppen gebildet und möglichst so zusammengesetzt, dass alle vier Präferenzen darin vertreten sind. Das ist bei zehn Personen meistens der Fall, erst recht wenn erste und zweite Vorlieben abgebildet waren.

Die Teilnehmer erhalten jeweils einen Interview-Bogen wie den folgenden. Sie erzählen, womit sie in den einzelnen Kategorien am meisten Probleme haben und/oder was sie am meisten fürchten. Und sie lassen sich dann von einem „Meister" dieser Kategorie das Gegenmittel verraten.

Kategorie (K)	Was fürchte ich im Kontakt mit K am meisten und warum?	Was empfiehlt mir ein Vertreter der Kategorie für den Umgang mit ihm, wenn er einmal nicht „gut drauf" ist?
Dominant/ Ankläger		
Initiative/ Ablenker		
Stetigkeit/ Beschwichtiger		
Gewissenhaftigkeit/ Rationalisierer		

▶ Die Teilnehmer kommen in der Regel sehr schnell in ein Gespräch. Der Trainer ist lediglich am Anfang gefordert, wenn er die Kategorien installiert und dafür sorgt, dass wirklich alle mitmachen und das Spiel als Spiel begreifen. Hier geht es darum, Verständnis füreinander zu gewinnen und die eigenen Verhaltensmöglichkeiten zu erweitern.

▶ Jeder Teilnehmer hat hinterher eine persönliche Liste mit Empfehlungen für den Umgang miteinander.

Beobachtung

In den Kleingruppen werden möglicherweise nicht alle Kästchen des Interview-Bogens ausgefüllt sein. Deshalb kommt die gesamte Gruppe wieder zusammen und der Trainer moderiert die Ergebnisse durch Abfragen so, dass die Lücken ergänzt werden können. Je nach Zeit können Beispiele aus jeder Gruppe abgefragt werden, sodass bereits Muster deutlich werden.

Moderation der Auswertung

Außerdem ...

Die Auswertung kann erweitert werden, wenn allen Teilnehmern alle ausgefüllten Interviewbögen zur Verfügung gestellt werden.

Anmerkungen

Die folgenden Varianten erfordern eine gute und offene Seminaratmosphäre und werden der Interview-Phase in den bereits gebildeten Untergruppen vorgeschaltet.

1. Variante

Die eingeteilten Untergruppen spielen ein Streitgespräch zu einem beliebigen Thema: Hundesteuer, Rauchen, Autoführerschein für 17-Jährige, Alkoholverbot in der Öffentlichkeit u.v.m. Die Teilnehmer überzeichnen dabei ihre eigene bevorzugte Satir-Kategorie.

2. Variante

Wie 1., aber die Teilnehmer spielen genau die Satir-Kategorie, die sie am meisten herausfordert.

Danach Interview wie oben.

Erfahrungen
- Es kommt vor, dass die Teilnehmer nach dem ersten (positiven) Durchgang sagen, die Kehrseite träfe nicht auf sie zu. Meistens erkennen sie auf den zweiten Blick dann aber doch, dass da etwas dran ist. Und mindestens profitieren sie von der Interview-Phase, wenn es darum geht herauszufinden, wie Menschen mit unterschiedlichen Verhaltenstendenzen unter Druck behandelt werden wollen.
- Die beiden Varianten unter Sonstiges/Anmerkungen machen dann Spaß, wenn wirklich ein guter Rapport zwischen den Teilnehmern besteht, weil sie in den Kategorien ziemlich deutlich handeln müssen – selbst wenn sie ja eigentlich nur sich selbst spielen.

Quellen Das Rollenspiel habe ich nach meiner Auseinandersetzung mit unterschiedlichen Persönlichkeitsmodellen entwickelt und es seitdem in Ausbildungen und Seminaren zu Zeit- und Selbstmanagement, Persönlichkeit und Kommunikation allgemein sowie in der Teamentwicklung eingesetzt.

Literatur: Lothar J. Seiwert/Friedbert Gay : Das 1 x 1 der Persönlichkeit. Persolog Verlag, 2002. Richard Bandler/John Grinder/Virginia Satir: Mit Familien reden. Klett Cotta Verlag, 2002.

Schweißgeruch

von Carolin Fey

Überblick

Kurzbeschreibung Eine Mitarbeiterin in einem Büro riecht unangenehm nach Schweiß. Eine Kollegin spricht sie darauf an.

Zielgruppe
- Teilnehmer/-innen, die üben möchten, persönliche Dinge im Büro anzusprechen
- Teilnehmer/-innen, die ihre Gesprächskompetenz bei persönlichen Themen hinsichtlich Empathie und Klarheit verfeinern möchten.
- Variante: für Führungskräfte, die aufgrund ihrer Funktion auch persönliche Themen zum Schutz der anderen (der Mitarbeiter/-innen, der Kunden usw.) ansprechen müssen.

Lernziele
- Sich an persönliche Themen und Tabubereiche heranwagen.
- Unangenehmes auf klare und wertschätzende Art und Weise transportieren.
- Die Sach- und gleichzeitig die Beziehungsebene im Blick haben.

Einsatz In allen Kommunikationsseminaren, in denen es darum geht, zu lernen, auch unangenehme und persönliche Dinge angemessen anzusprechen.

Spielen und auswerten

Situation

Heike Adams und Simone Haller sind beide Ende 40 und schon lange Kolleginnen. Sie sitzen zusammen mit zwei weiteren Kolleginnen in einem gemeinsamen Büro. Heike Adams ist seit einigen Tagen aufgefallen, dass Simone Haller unangenehm nach Schweiß riecht. Das stört Heike und sie vermutet, dass es auch weiteren Kolleginnen und Kollegen im Betrieb, allen voran ihren beiden Kolleginnen im gemeinsamen Büro, nicht entgangen ist. Denn in ihrem gemeinsamen Büro ist immer wieder einiges los, Vorgesetzte und Kollegen holen sich bei ihnen Informationen ab. In Ausnahmefällen betreut ihr Büro auch Kunden und Zulieferer. Heike hatte zuerst gehofft, dass Simone ihr eigener Körpergeruch selbst auffallen würde, doch offensichtlich ist dies nicht der Fall. Deshalb beschließt Heike, Simone zeitnah um ein Gespräch zu bitten.

Heike Adams

Rollen

Sie haben beschlossen, Simone unter vier Augen auf ihren Körpergeruch anzusprechen, auch wenn es Ihnen schwerfällt: Sie arbeiten zwar schon lange gut zusammen, haben jedoch zu ihrer Kollegin Simone Haller ein distanziertes Verhältnis. Sie tauschen wenig persönliche Worte aus und haben das Gefühl, dass ihre Kollegin nicht möchte, dass ihr jemand zu nahe kommt. Sie halten es für richtig, dass Sie selbst Simone ansprechen, weil sie beide etwa im gleichen Alter sind und Sie daher hoffen, dass Simone sich nicht allzu sehr unangenehm berührt fühlt. Als weitere Brücke zueinander werten Sie, dass Sie sich mit ihr wie mit den anderen Kolleginnen duzen. Sie glauben nicht, dass Simone sich bewusst vernachlässigt, sondern vermuten als Grund für den Körpergeruch eine hormonelle Veränderung, möglicherweise den Beginn der Wechseljahre. Und Sie wissen, dass manche Menschen es tatsächlich nicht merken, wenn sie schlecht riechen. Sie möchten auf keinen Fall, dass Simone deswegen zum Vorgesetzten geladen wird oder es irgendwann beiläufig „hintenrum" erfährt. Sie würden sich feige fühlen, wenn das passieren würde. Ihnen ist wichtig, die bisher verlässliche und gute Zusammenarbeit zu erhalten.

Sie haben Simone nun um einen Gesprächstermin gebeten und dafür gesorgt, dass Sie eine halbe Stunde ungestört miteinander sprechen können.

Simone Haller
Sie sind von Heike zu einem persönlichen Gespräch gebeten worden. Sie wissen nicht, was Heike mit Ihnen besprechen will. Doch Sie fühlen sich seit einiger Zeit nicht mehr wohl im Kreis Ihrer Kolleginnen im gemeinsamen Büro. Eine davon macht in letzter Zeit immer wieder demonstrativ das Fenster auf, als wenn sie Ihnen damit zeigen wolle, dass ihr mit Ihnen im Büro die Luft zum Atmen fehle. Ihnen ist eine ausgeglichene Atmosphäre im Betrieb sehr wichtig, auch wenn Sie wenig Zeit mit Small Talk und persönlichen Gesprächen verbringen, wie die anderen im Büro. Sie hält das zu sehr von Ihren Arbeitsaufgaben ab.

Auch wenn Sie Heike immer als kooperativ und fair erlebt haben, gehen Sie mit einem ungutem Gefühl in das Gespräch.

Durchführung Zwei Teilnehmer/-innen spielen exemplarisch vor der Gruppe. Dazu erhalten die beiden Mitspielenden ihre jeweiligen Rollenbeschreibungen und bereiten sich fünf Minuten auf ihre Rolle vor. In dieser Zeit lesen die Beobachter/-innen die Rollenbeschreibungen und den Kriterienkatalog für die Rückmeldungen durch. Ideal ist, wenn das Rollenspiel auf Video aufgezeichnet und im Anschluss an die Rückmeldungen zur Auswertung angeschaut wird. Das Szenario: kleiner Tisch, die beiden Protagonisten/-innen sitzen daran über Eck, der Kamera und dem Publikum zugewandt. Das Rollenspiel dauert in der Regel etwa fünf Minuten.

Als Trainerin oder Trainer achten Sie besonders auf die Berücksichtigung von Sach- (keinen unangenehmen Körpergeruch mehr) und Beziehungsebene (möchte weiterhin gut zusammenarbeiten) und wie sich dies in Körpersprache, Sprache und Gesprächsaufbau widerspiegelt.

Schweißgeruch

Sie moderieren das Rollenspiel an, indem Sie die Beobachter bitten, besonders auf Aspekte der Sach- und der Beziehungsebene zu achten. Ansonsten vergeben Sie Aufgaben an die einzelnen Beobachter anhand der ausgegebenen Bewertungsbögen. Parallel können Sie dazu noch aufstellbare Schilder, jeweils mit einer Aufgabe beschriftet, vor die Teilnehmer stellen, sodass gleich erkennbar ist, wer welche Beobachtungsaufgabe übernommen hat.

Rollenspieler „Simone" weiß aus der Situationsbeschreibung, welches Thema im Gespräch mit Heike oder Frau/Herrn Müller auf sie bzw. ihn zukommt, spielt jedoch, als wüsste er es nicht. In diesem Rollenspiel kommt es vor allem auf die Rolle der „Heike" an. Soll ein Überraschungseffekt erzielt werden, dann lässt man die Situationsbeschreibung weg und leitet die Spielrunde mit der Aussage ein, es handele sich um ein persönliches Thema.

Beobachtung

Es geht in diesem Rollenspiel vor allem darum, auf der einen Seite „Klartext" zu reden, also den unangenehmen Punkt klar und unmissverständlich auszudrücken, gleichzeitig jedoch wertschätzend, zugewandt und beziehungsorientiert zu sein.

Die Beobachter/-innen erhalten einen Beobachtungsbogen mit folgenden Kriterien:
▸ Hat Heike ihr(e) Ziel(e) erreicht?
▸ Hat sie dabei das Sach- und Beziehungsziel im Blick gehabt?
▸ Woran war das erkennbar?
▸ Hat sie einen positiven Einstieg gewählt? Wie kam der Gesprächseinstieg an?
▸ War sie körpersprachlich zugewandt?
▸ Wie war die Stimme und Sprechweise?
▸ Hat sie klar und direkt und trotzdem wertschätzend formuliert oder gab es Abwertungen? Wie hat sich das gezeigt?
▸ Hat sie auch Simone Raum für Erklärungen und Fragen gegeben?
▸ Wie hat Simone reagiert?
▸ Kamen die beiden zu einem Ergebnis? Welchem? Wie tragfähig schätzen sie dieses ein?

Moderation der Auswertung

Alle Beobachtungen werden gesammelt und auf dem Flipchart festgehalten.

- ▶ Bitte zuerst das Positive und Gelungene benennen, dann Verbesserungsvorschläge und Alternativen.
- ▶ Erst am Schluss der Rückmeldephase werden die Protagonisten/-innen des Rollenspiels, zuerst „Simone", dann „Heike" nach ihren Eindrücken, Schwierigkeiten und Gefühlen befragt.
- ▶ Nach Analyse des Rollenspiels in der Videoaufzeichnung erhalten die Spieler Gelegenheit, sich zu äußern, wie es ihnen ergangen ist, was sie aus den Rückmeldungen für Erkenntnisse ziehen.
- ▶ Die Spielerinnen können den Unterschied zwischen unmittelbarem Erleben beim Live-Auftritt und Fremdbild per Video reflektieren.

Außerdem ...

Anmerkungen

In fast allen meinen Seminaren in „Rhetorik" und „Klartext reden" sitzen Teilnehmerinnen und Teilnehmer, die die Situation „Körpergeruch" oder ähnlich Persönliches bei Kollegen, Auszubildenden oder Vorgesetzten schon einmal erlebt haben, oft sogar selbst betroffen sind. Manche meiden ein klärendes Gespräch sogar über Jahre, trösten sich damit, dass der Kollege ja eh bald versetzt wird oder hoffen, dass der Betroffene es irgendwann selbst merken würde – oder wünschen sich insgeheim, die Partnerinnen und Partner zu Hause übernehmen den „Job", sie darauf hinzuweisen. Auch das Deo oder die Seife als versteckter Hinweis auf dem Schreibtisch ist keine Seltenheit.

Persönliche oder Tabuthemen im Arbeitsalltag anzusprechen, fällt den meisten schwer, wenn sie nicht eine nahe emotionale Beziehung zu den Personen haben. Doch auch persönliche Themen gehören angesprochen, wenn sie davon unangenehm berührt werden oder sie in ihrer Funktion als Führungskraft für ein gutes Arbeitsklima, optimale Arbeitsbedingungen und Außenauftritt zuständig sind. Hilfreich ist hier, wenn sie sich bewusst machen, dass sie in vielen Fällen nicht nur sich selbst schützen, sondern auch den betroffenen Personen etwas Gutes tun, indem sie ihnen die Dinge mitteilen, die ihnen auffallen und ihnen damit die Chance auf Veränderung geben.

Varianten

Die Führungskraft Frau/Herr Müller spricht Simone Haller auf ihren Körpergeruch an.

Rolle Führungskraft Frau/Herr Müller
Heike Adams, eine Ihrer Mitarbeiterinnen, sprach Sie vor kurzer Zeit darauf an, dass ihre Kollegin, Simone Haller, unangenehm rieche. Sie baten Frau Adams, selbst ein Gespräch mit Frau Haller zu führen. Sie halten es für besser, wenn die Betroffenen ihre Probleme selbst besprechen. Doch Frau Haller lehnte dies ab. Sie möchten nun die Situation so schnell wie möglich klären und bitten Frau Haller zeitnah um ein Gespräch.

Rolle Mitarbeiterin Simone Haller
Sie sind von Ihrer/Ihrem Vorgesetzten zu einem Gespräch gebeten worden. Sie wissen nicht genau, um was es geht, vermuten jedoch Kritik. Vielleicht ist etwas schiefgelaufen und Sie wissen es noch nicht. Sie gehen mit einem mulmigen Gefühl in das Gespräch.

Je nach Gruppengröße, bereits vorhandenem Wissen der Seminarteilnehmer und Zeitbudget können auch Gruppen mit beispielsweise drei Aufgaben betraut werden oder die Beobachter suchen sich selbst aus, was sie besonders in den Blick nehmen wollen.

Quellen

Viele gleiche oder ähnlich gelagerte Situationen von Teilnehmer/-innen aus meinen Trainings „Klartext reden!"

Download

Rollenbeschreibung als Download.
Download-Link: http://www.managerseminare.de/tmdl/b,187486

Sabine Heß

Der nicht ganz ernst zu nehmende Verhaltenskodex für perfekte Teilnehmer

von Sabine Heß

Um die Gefahr der Entwicklung von „Schweißgeruch" beim Seminarleiter während der Durchführung von Rollenspielen zu minimieren, können die folgenden Regeln mit den Teilnehmenden vereinbart werden. :)

Lektion I: Mein Trainer führt ein Rollenspiel durch

Wenn Sie als Teilnehmer diese einfachen Verhaltensregeln befolgen, wird Ihr Trainer ein glücklicher Mensch sein. Dies steigert Ihre Chancen auf einen angenehmen Seminarverlauf, ausgiebige Pausen und ein pünktliches Ende.

§1 Grundsätzliche Rollenspiel-Liebe
Ihr Trainer kann Rollenspiele auf verschiedene Art und Weise ankündigen. Neben der direkten Ansprache „Wir machen jetzt ein Rollenspiel" werden synonym Formulierungen verwendet wie „Wir spielen das mal durch" oder „Nun folgt eine Praxissimulation" oder „Na, dann üben wir das jetzt mal an Alltagsbeispielen". Egal welche dieser Variationen Sie hören – es gibt für Sie nur eine perfekte Reaktion: ausgiebiger Jubel. Spenden Sie Beifall, springen Sie johlend auf, geben Sie Standing Ovations. Wenn Sie die Füße zum Einsatz bringen möchten, bitten wir Sie zuvor zu klären, wie die Räume unter Ihrem Trainingsraum genutzt werden. Danke.

§2 Freiwillige Meldung als Rollenspieler
Als moderne und vorausschauende Person ahnen Sie sicher bereits in dem Moment, in dem Ihr Trainer Luft holt, dass nun die Frage kommt „Wer fängt an?". Heben Sie bereits in diesem Moment, also während Ihr Trainer einatmet, den Arm – und einigen Sie sich mit allen weiteren Teilnehmenden, die ja auch den Arm gehoben haben, selbstständig durch Vergabe der Ziffern 1 bis x auf die Reihenfolge, in der Sie als Rollenspieler agieren.

§3 Bühnengestaltung – wie zu Hause fühlen
Nachdem die Reihenfolge geklärt ist, sprinten Sie als erster Spieler bitte in den Raumbereich, der

für das Spiel vorgesehen ist. Sie können in diesem Moment die Erwartungen Ihres Trainers übertreffen und zeigen, was für ein herausragender Teilnehmer Sie sind. Indem Sie nämlich vorbereitend einen Lageplan Ihres Arbeitsplatzes angefertigt haben und nun mithilfe der Gruppe aus dem zur Verfügung stehenden Mobiliar in – nun, sagen wir drei Minuten – Ihr Büro oder Ihren Verkaufsraum nachbilden. Scheuen Sie sich nicht, Vorhänge abzunehmen oder große Blumenkübel zu versetzen – das Hotelpersonal wird später sicher gern den Ursprungszustand wiederherstellen. Denn Sie wissen ja: Je besser Sie sich in die reale Situation an Ihrem Arbeitsplatz einfühlen können, desto zielführender wird das Rollenspiel.

§4 Das Spiel
Seien Sie so, wie Sie immer sind. Das ist der einfache Teil der Übung. Vergessen Sie die Kamera, die Zuschauer, Ihren Chef im Publikum, die nächste Beförderung – vergessen Sie einfach alles, was nicht direkt mit der dargestellten Situation zusammenhängt. Ihr Trainer wird begeistert sein, wenn Sie ihm einige Anlässe für ein entwickelndes Feedback geben. Also bitte, seien Sie nicht zu gut im Spiel, sonst besteht die Gefahr, dass Ihr Trainer sich überflüssig fühlt und in eine Sinnkrise gerät.

§5 Nach dem Spiel ...
Es gibt einige Aussagen, die absolut tabu sind am Ende eines Rollenspiels. Hier eine Tabelle mit Äußerungen, die Sie bitte stattdessen verwenden:

Tabu	**... stattdessen**
„In der Realität ist das doch alles ganz anders."	„Das war verblüffend, ich habe echt gedacht, ich bin an meinem Arbeitsplatz."
„Normalerweise mache ich das so ja nicht ...!"	„Ich bin jetzt sehr gespannt auf alle Rückmeldungen, denn sicher bin ich immer genauso wie in dem Spiel."
„So sind meine Gesprächspartner sonst nie ...!"	„Ein Kompliment an meinen Mitspieler – er hat sich verhalten als ob er meinen sonstigen Gesprächspartner persönlich kennen würde!"

§6 ... ist vor dem Spiel
Fragen Sie nach wohlwollender Kenntnisnahme allen Feedbacks bitte unbedingt, wann Sie im Verlauf des Seminars noch ein weiteres Rollenspiel absolvieren können. Sollte Ihr Trainer Ihnen mitteilen, dass dies aus Zeitgründen nicht möglich ist, geben Sie Ihrer Enttäuschung mit ganzem Herzen Ausdruck – jammern, klagen, weinen Sie. Und fragen Sie nach einem Folgeseminar, das der Trainer doch sicher durchführen wird – damit Sie sich jetzt schon anmelden und für ein Rollenspiel vormerken lassen können.

Skandalkonzert

von Dr. Stephan Hametner und Eva Neumann

Überblick

Kurzbeschreibung — Die historisch dokumentierten Reaktionen auf Schönbergs „Skandalkonzert" von 1913 werden zum Szenario für ein Rollenspiel, in dem verschiedene Sichtweisen, Standpunkte und Perspektiven von damals nachgespielt werden. Interessant ist dabei die Frage, inwiefern Bewertungen auf der Basis von persönlichem Geschmack (in diesem Fall des musikalischen Geschmacks) getroffen werden.

Zielgruppe — Da Geschmacksfragen alle Menschen betreffen, eignet sich das Rollenspiel für alle. Entwickelt wurde das Rollenspiel für das Fach Musikerziehung mit Schülerinnen und Schüler der Sekundarstufe II.

Lernziele
- ▶ Grundlagenschulung: Zuhören, Verstehen, Argumentieren, Kritisieren, Akzeptieren einer anderen Meinung.
- ▶ Erkennen von Kommunikations-Dynamiken, die sich aus Geschmacksfragen ergeben.
- ▶ Erkennen, dass es bei Geschmacksfragen kein „richtig" oder „falsch", sondern nur ein „passt für mich" – „passt für jemand anderen" gibt.

Einsatz — Das Rollenspiel basiert auf Original-Quellen und thematisiert die Multiperspektivität von Geschmacksfragen. Es bietet die Möglichkeit, die aufgearbeiteten Quellen in Handlung zu übersetzen. Damit werden die in Sprache und Bildern vorgelegten Quellen auch emotional und körperlich nachvollziehbar.

Spielen und auswerten

Situation

Das turbulente Konzert im Wiener Musikverein vom 31. März 1913 sorgt noch Monate später für Gesprächsstoff überall in Wien. Vor allem im Cafe Central wird heftig darüber debattiert. Im Café Central gibt es ein Extrazimmer, in dem sich regelmäßig verschiedene Vereine zu Besprechungen treffen. Wie es der Zufall möchte, haben ausgerechnet heute sowohl die Befürworter der neuen Musik als auch deren Gegner zwei Tische reserviert, um eine Nachbesprechung abzuhalten. Man spürt förmlich die aufgeladene Spannung zwischen den Tischen. Schließlich kommt es zur offenen Debatte und heftigen Wortwechseln. Zu allem Überdruss erscheint auch noch Arnold Schönberg mit seinem Schüler Alban Berg. Vorsorglich haben sie schon einen Polizisten mitgebracht, sodass es diesmal zu keinen Handgreiflichkeiten kommen wird. Zufällig ist es genau jener Polizist, der schon am Abend des Skandalkonzerts für Ruhe sorgen musste …

Erhard Buschbeck

Rollen

Sie sind der Obmann des *Akademischen Verbandes für Literatur und Musik*, eines Vereins, der sich der Verbreitung und Veröffentlichung von Werken junger Künstler durch Vortragsabende, Dichterlesungen und Ausstellungen (z.B. Egon Schiele) widmet. Sie haben sich mit Arnold Schönberg auf das Programm des Konzerts im Vorfeld geeinigt und in der Vergangenheit überhaupt daran gedacht, das gesamte Werk Schönbergs aufzuführen. Im Konzert selbst haben Sie versucht, die Auseinandersetzung zu beruhigen und das Publikum gebeten, sich den Liederzyklus *Kindertotenlieder* von Gustav Mahler in Ruhe anzuhören. Als Antwort darauf haben Sie erhalten, dass Sie das dem Publikum nicht sagen brauchten, worauf Sie totenbleich die Stufen des Podiums hinuntergestürzt sind und dem vermeintlichen Beleidiger, dem Schlagerkomponisten Dr. Viktor Albert mit den Worten *"Gilt das mir?"* eine schallende Ohrfeige versetzt haben. Von einem Richter sind Sie zu einer Geldstrafe von 100 Kronen verurteilt worden. Strafmildernd wirkte sich bei dem Urteil aus, dass Ihrer Handlung eine Beleidigung seitens des Klägers vorausging, erschwerend hingegen der Grad der Öffentlichkeit. Sie haben in Bezug auf diese Beleidigung Dr. Albert beim Bezirksgericht Josefstadt verklagt, weil dieser vor Ihrer Ohrfeige angeblich das Wort *"Lausbub"* gegen Sie gerichtet hat. Gegenüber Ihrem Freund, dem Dichter Georg Trakl haben Sie gemeint, dass diese öffentliche Ohrfeige *"reinigende Wirkung"* gehabt habe. Dieser hat Sie dann auch zu Ihrem Vorgehen beglückwünscht.

▶ Lassen Sie die Informationen in die Debatte einfließen!
▶ Bleiben Sie bei Ihrer Meinung? Wenn ja, untermauern Sie Ihre Argumente!
▶ Was werden Sie als Nächstes tun?
▶ Denken Sie an Konsequenzen und wenn ja, an welche?
▶ Wie wird es mit Ihnen und dem Akademischen Verband für Literatur und Musik weitergehen?

Ferdinand Scherber
Sie sind ein Vereinsmitglied im Akademischen Verband für Literatur und Musik. Sie hatten, als Sie erfuhren, dass das Programm des Konzerts kurzfristig geändert wurde (ursprünglich stand auf dem Programm auch Richard Wagners *Tristan-Vorspiel* bzw. *Liebestod*), einen Brief an ihren Obmann Erhard Buschbeck gesandt, in dem Sie darauf hinwiesen, dass viele Leute nur ins Konzert gingen, um Schönberg einmal ein Werk von Wagner dirigieren zu sehen und interpretieren zu hören, nicht aber um sich Werke von Schönberg selbst anzuhören. Sie nannten diese Programmänderung in letzter Sekunde einen *"effektiven Betrug"* des Publikums, weil als offizielle Begründung für die Programmänderung *"Zeitgründe"* angegeben wurde. Ihrer Meinung nach wäre das eher konventionelle Stück von Richard Wagner eine Art Anreiz für das konservative Publikum gewesen, sich einmal in ein Konzert zu begeben, in dem auch neuere Musik gespielt werden würde.

- Lassen Sie die Informationen in die Debatte einfließen!
- Bleiben Sie bei Ihrer Meinung? Wenn ja, untermauern Sie Ihre Argumente weiter!
- Was werden Sie als Nächstes tun?
- Denken Sie an Konsequenzen und wenn ja, an welche?

Arnold Schönberg

Sie sind der Komponist Arnold Schönberg. Vor dem Konzert haben Sie Überlegungen über die beste Reihenfolge des Konzerts angestellt:

„… die drei ersten Programmnummern sind relativ gefährlich. Webern am gefährlichsten, die Kammersymphonie am ungefährlichsten. Deswegen ist es gut, wenn das Publikum, das im Anfang noch ermüdet und geduldig ist, Webern zuerst hinunterschlucken muss: die bitterste Pille in diesem Konzert. Berg wird milder wirken, die Kammersymphonie wird wohl kaum Erfolg haben, aber man wird aus Respekt sich anständig verhalten … Ich hätte ja aus künstlerischen Gründen gerne manches anders gehabt, aber mir ist es lieber, die Zuhörer dieses Konzertes mit dem Eindruck der ‚Kindertotenlieder' zu entlassen …"

Während des Konzerts haben Sie abgeklopft und gedroht, dass Sie gegen die Ruhestörer öffentliche Gewalt in Anspruch nehmen werden. Da sich das Konzert nicht zu Ende führen ließ, haben Sie sich auch geweigert, den Saal zu bezahlen.

Schon nach einem Konzert im Jahre 1909 wurde Ihnen und Ihren Schülern nahegelegt, sich in die Irrenanstalt am Steinhof zu begeben. Ein anonymer Dichter dichtete damals:

„Die Hörerschar saß kalt durchgraut/ Und saß gar still, gab keinen Laut./ Die Kritiker kamen, doch keiner verstand/ Zu deuten die Weisen, die Schönberg erfand./ Er aber ward in selbiger Nacht/ Nach Steinhof in Pension gebracht."

Die Wiener Presse sparte nicht mit Spott und Häme. Im Wiener Journal wurden unter der Überschrift *„Konzertkatastrophe im Musikvereinssaal … 12 Tote, 20 Verwundete, 101 Vermisste"* prognostiziert. Die satirische Zeitschrift *Kikeriki* schlug vor, vor der Schließung des Bösendorfer-Saals ein Schönberg-Konzert zu veranstalten, *„da der Besitzer des Hauses hofft, die Demolierungskosten zu sparen"*. Über die Angriffe der Presse gegen Ihre Musik schrieben Sie folgenden Entwurf:

„… Und auf die Gefahr hin, meinen Feinden eine Freude zu bereiten, muss ich gestehen, dass ich mich über jede Infamie der Kritik, über jeden Tadel, über jeden Angriff aufs Heftigste ärgere. Auch wenn ich lache. Dann lache ich aus Wut. Deshalb halte ich es für unaufrichtig, mich nicht ausführlich zu wehren, wenn ich Gelegenheit dazu habe. Denn innerlich, in Wirklichkeit, wehre ich mich dagegen, und es ist mein Stolz, möglichst wenig von dem zu verbergen, was in mir vorgeht."

Zu Ihrem Bekannten Hermann Scherchen haben Sie auf die Frage *„Was sagen Sie zu dem Skandal?"* gemeint: *„Man hätte einen Revolver bei sich haben müssen!"*

- ▶ Lassen Sie die Informationen in die Debatte einfließen!
- ▶ Bleiben Sie bei Ihrer Meinung? Wenn ja, untermauern Sie Ihre Argumente!
- ▶ Was werden Sie als Nächstes tun?
- ▶ Denken Sie an Konsequenzen und wenn ja, an welche?
- ▶ Sollten Sie Ihren individuellen Weg weiter verfolgen wollen, wie könnten Sie die Aufführung Ihrer Werke in Zukunft gestalten?

Alban Berg
Sie sind der Komponist Alban Berg, der zu diesem Zeitpunkt Kompositionsunterricht bei Arnold Schönberg nimmt. Das Verhältnis zwischen Ihnen und Ihrem Lehrer Schönberg ist von großer Wertschätzung geprägt. Im Konzert wurden zwei Ihrer Lieder nach Ansichtskartentexten des Wiener Kaffeehausliteraten Peter Altenberg aufgeführt, was schließlich den Ausschlag für die Tumulte gab. Am 2. April 1913 haben Sie einen Brief an Arnold Schönberg mit folgendem Wortlaut gesandt:

„Ich wollte Ihnen heute in aller Ruhe schreiben, Ihnen – wieder einmal – danken. Denn selbst die diversen Entstellungen in den Zeitun-

gen haben es – ebenso wenig wie der Skandal im Musikvereinssaal – vermocht, mir das Glück über Ihre Aufführungen meiner Lieder zu beeinträchtigen. Dieses Glück über Ihren Entschluss, es zu tun, über die viele und große Mühe, die Sie dazu verwendet haben, über die Möglichkeit, dass ich meine Sachen vom Orchester – unter ‚Ihrer' Leitung hörte, dass Sie tatsächlich aufgeführt wurden – und das in Gesellschaft von Werken von Ihnen und Mahler und Webern – kurz und gut über alles! Aber heute finde ich nicht die Ruhe, darüber zu schreiben, nach dem, was ich eben auf beiliegendem Zeitungsausschnitt las. Ich hätte Ihnen diese höchste aller Gemeinheiten gerne erspart, aber es geht nicht! Das kann nicht unberichtet bleiben! Vor allem berichtige ich das, was mich angeht, das von den materiellen Unterstützungen, das dürfte morgen früh erscheinen … Ich habe Schönberg nie materiell unterstützt. Im Gegenteil: Schönberg hat mich jahrelang unentgeltlich unterrichtet."

- Lassen Sie die Informationen in die Debatte einfließen!
- Bleiben Sie bei Ihrer Meinung? Wenn ja, untermauern Sie Ihre Argumente!
- Was werden Sie als Nächstes tun?
- Denken Sie an Konsequenzen und wenn ja, an welche?
- Wird die Reaktion des Publikums Einfluss darauf haben, wie Sie Ihre nächsten Stücke komponieren?

Orchestermusiker

Sie sind Orchestermusiker mit fixem Engagement. Immer wieder werden Sie damit konfrontiert, Werke von Schönberg spielen zu müssen. Solche Proben zu Schönberg-Konzerten rufen manchmal große Heiterkeit bei Ihnen und Ihren Kollegen hervor. Als Schönberg einmal sein Missfallen darüber ausdrückte und Ihnen vorhielt, Sie hätten das zu spielen, was man von Ihnen vorläge, sind Sie aufgestanden und haben gemeint, Schönberg dürfe das Lachen als Beweis dafür ansehen, dass ihm das Orchester sympathisch gegenüber stehe. Schönberg meinte daraufhin, dass er bewiesen habe, dass er auch in der hergebrachten Art komponieren könne und sich nun bemühe, seine musikalische Individualität durchzusetzen.

- Lassen Sie die Information in die Debatte einfließen!
- Bleiben Sie bei Ihrer Meinung? Wenn ja, untermauern Sie Ihre Argumente!
- Was haben Sie für eine Meinung zur „Individualität in der Musik"?
- Was werden Sie als Nächstes tun?
- Denken Sie an Konsequenzen und wenn ja, an welche?

Dr. Viktor Albert

Sie sind der bekannte Schlagerkomponist Dr. Viktor Albert, bekannt durch seinen Schlager „Geh, Schurschl, kauf' mir ein Automobil". Am Konzertabend haben Sie von Erhard Buschbeck, dem Obmann des *Akademischen Verbandes für Literatur und Musik* eine Ohrfeige erhalten, nachdem Sie ihn angeblich einen *„Lausbub"* genannt haben. Ihr Kollege, der Operettenkomponist Oscar Strauss hat diese Ohrfeige vor Gericht mit folgenden Worten bezeugt: *„Ich habe es gesehen und gehört, denn die Ohrfeige war so ziemlich das Klangvollste des ganzen Abends."* Für den *„Lausbuben"* werden Sie sich vor dem Josefstädter Bezirksgericht gegenüber Erhard Buschbeck verantworten müssen.

- Lassen Sie die Informationen in die Debatte einfließen!
- Bleiben Sie bei Ihrer Meinung? Wenn ja, untermauern Sie Ihre Argumente!
- Was werden Sie als Nächstes tun?
- Denken Sie an Konsequenzen und wenn ja, an welche?
- Wie werden Sie vor dem Bezirksgericht Josefstadt bezüglich Ihres musikalischen Geschmacks argumentieren?

Oscar Strauss

Sie sind der bekannte Wiener Operettenkomponist Oscar Strauss. Obwohl Sie in einem ganz anderen musikalischen Bereich tätig sind, interessieren Sie sich auch für neue Musik. Am 23. Februar 1913 wollten Sie bei der Uraufführung der Gurrelieder sogar Arnold Schönberg persönlich vorgestellt werden, doch Schönberg lehnte dieses Ansinnen mit scharfen Worten ab: *„Ich spreche mit keinem*

Operetten-Komponisten!" Nach dem Skandalkonzert waren Sie als Zeuge vor Gericht geladen, um zu beweisen, dass Erhard Buschbeck Ihrem Kollegen Dr. Viktor Albert eine Ohrfeige verpasst hat. Sie haben dazu vor Gericht gemeint: *„Ich habe es gesehen und gehört, denn die Ohrfeige war so ziemlich das Klangvollste des ganzen Abends."* Außerdem haben Sie vor Gericht bekannt: *„Auch ich habe gelacht, denn, warum soll man nicht lachen, wenn etwas wirklich komisch ist?"*

- Lassen Sie die Informationen in die Debatte einfließen!
- Bleiben Sie bei Ihrer Meinung? Wenn ja, untermauern Sie Ihre Argumente!
- Was werden Sie als Nächstes tun?
- Denken Sie an Konsequenzen und wenn ja, an welche?
- Wird sich Ihre Einstellung zu neuer Musik und zu den Personen, die diese vertreten durch die Begegnungen mit Arnold Schönberg ändern?

Richard Specht
Sie sind der Musikschriftsteller Richard Specht. Sie haben unter dem Titel *„Hass gegen Schönberg"* die Stimmung vor der Uraufführung der *„Gurrelieder"* wie folgt zusammengefasst:

„Ein Publikum harrt dieser Schöpfung, in dem sich nicht nur alle Musiker, alle Snobs und alle Kunstsehnsüchtigen zusammengefunden haben, sondern auch jene gewissen angenehmen Menschen, die nicht die Sache, sondern nur die Sensation oder auch den Skandal suchen, und denen insbesondere die Aufführung eines Schönberg'schen Werkes immer im Zeichen einer ‚Hetz' zu stehen scheint, die sie sich beileibe nicht entgehen lassen dürfen, und in der, nebenbei gesagt, nichts weniger als die gutmütige Wiener Spottlust und das Vergnügen am Spaßmachen über das Fremdartige zum Ausdruck kommt; sondern das tückische Sichwehren gegen Ungewohntes, dessen Ernst zur Auseinandersetzung zwingt; der Haß gegen solche, die unbekümmert und trotzig ihres Weges gehen, ohne durch Zugeständnisse zu schmeicheln ..."

Unterstützt wird Ihre Annahme von einem Freund Schönbergs, der auch Mitglied im Hofopernorchester ist und der in Zeitung *Die Zeit* vom 1. April 1913 meinte: *„Ich habe die feste Überzeugung, dass der gestrige Krawall planmäßig ‚vorbereitet' war. Ich sah viele junge Leute, die mit Pfeiferln in den Saal gekommen waren, und als der Tumult den Höhepunkt erreichte, von ihren Instrumenten Gebrauch machten."*

- ▶ Lassen Sie die Informationen in die Debatte einfließen!
- ▶ Bleiben Sie bei Ihrer Meinung? Wenn ja, untermauern Sie Ihre Argumente!
- ▶ Auf welche Weise können Sie die öffentliche Meinung beeinflussen und sollten Sie sich dafür entscheiden, wie werden Sie das tun?

Konzertveranstalter

In Ihrem Saal hat das Skandalkonzert stattgefunden. Durch die Vorkommnisse ist Ihr Haus, der altehrwürdige Wiener Musikverein, gehörig in die Schlagzeilen geraten. Das ist zwar einerseits gut für Ihre PR, andererseits wird Ihr Haus nun auch mit dieser skandalösen neuen Musik gleichgesetzt. Als Preis für Ihre Offenheit hat schlussendlich auch Arnold Schönberg verweigert, die Miete für den Saal zu bezahlen, weil das Konzert ja schließlich nicht wie vorgesehen zu Ende geführt werden konnte. Sie hatten bis dato nur Kosten und die Frage, ob das Konzert eher ein Gewinn oder ein Schaden für Ihr Haus war, ist noch nicht ganz geklärt ...

- ▶ Lassen Sie die Informationen in die Debatte einfließen!
- ▶ Was werden Sie als Nächstes tun?
- ▶ Denken Sie an Konsequenzen und wenn ja, an welche?
- ▶ Wie werden Sie in Zukunft mit der Veranstaltung Neuer Musik umgehen?

Dr. Leinweber

Sie sind jener Polizeioberkommissär, der am Konzertabend im Musikverein nicht nur für Ruhe und Ordnung sorgen musste, sondern sich auch gezwungen sah, die Handgreiflichkeiten zu beenden und Personaldaten aufzunehmen. Sie haben die Anwesenden zu Ruhe gemahnt und schließlich die Order erteilt, das Konzert abzubrechen.

▶ Darf es sein, dass durch ein Musik-Konzert die öffentliche Sicherheit in Gefahr gebracht wird?
▶ Wenn ja, gehört Neue Musik deshalb vom Gesetzgeber verboten?

Peter Altenberg
Sie sind der in Wien allseits bekannte Kaffeehaus-Literat Peter Altenberg, der sich die meiste Zeit im Café Central aufhält und auch dort arbeitet. Sie geraten mitten in die Diskussion, weil der Stein des Anstoßes während des Skandalkonzerts Ihre von Alban Berg vertonten Gedichte waren. Nach dem Besuch der Generalprobe des Konzerts am 31. März 1913 meinten Sie in einem Brief an den Komponisten Franz Schreker:
„Ich verstehe nichts von dieser letzten ‚modernen Musik', meine Gehirn-Seele hört, spürt, versteht nur noch Richard Wagner, Hugo Wolf, Brahms, Dvorák, Grieg, Puccini, Richard Strauss! Aber das moderne Frauenantlitz verstehe ich wie die Bergalm und meinen geliebten Semmering. Deshalb gestatte ich mir, meinen Segen auszusprechen über dieses zarte, merkwürdige, ein wenig welt-entrückte Antlitz Ihrer Frau."

▶ Lassen Sie die Informationen in die Debatte einfließen!
▶ Was werden Sie als Nächstes tun?

A) Vorbereitung *Durchführung*
L (=Leiter/-in) bereitet die Rollen auf Kärtchen vor und arbeitet die historischen Positionen anhand der Originalquellen klar heraus. Die Rollen sollen der Sichtweise der historischen Persönlichkeiten entsprechen. Die jeweiligen Positionen werden durch Originalzitate unterstützt und geben eine Richtung in Bezug auf Einstellung und musikalischen Geschmack vor.

B) Durchführung

L wiederholt das Skandalkonzert von 1913, indem er/sie die überraschten Zuhörer/-innen zu einem Konzert einlädt, in dem die Stücke bei dieser „Aufführung" von einer CD gespielt werden. Dazu teilt L den TN (=Teilnehmer/-innen) ein Programmheft aus sowie eine Tabelle, in der sie ihre Gedanken, Gefühle und Bilder beim Hören der Musik notieren sollen bzw. eine möglichst ehrliche Bewertung des Gehörten abgeben sollen. Dieses „Konzert" kann, wie im historischen Konzert, auch abgebrochen werden. L kann beispielsweise nach den Stücken von Alban Berg darüber abstimmen lassen, ob die Hörer das Konzert noch weiterverfolgen wollen oder nicht.

Als hilfreich hat sich erwiesen, nach dem Abbruch des Konzerts den Zuhörern eine Phase des Fragens zu ermöglichen. L beantwortet die Fragen möglichst sachlich und kann auf diese Weise in die Handlung und ihre Personen einführen.

L teilt nun die Arbeitsaufträge aus. Dazu gehören die vorbereiteten Rollenkärtchen, aber auch die Aufträge an die Beobachter/-innen (vgl. unten, Fragenkatalog für die Beobachter). Die TN des Rollenspiels nehmen sich Zeit, um sich „einzurollen". Für wichtige Eigenschaften der Rollenprofile, die nicht mehr rekonstruiert werden können, dürfen die TN auch ihre historische Fantasie einsetzen. Diese kann sich auf für die Rolle wichtige Accessoires beziehen, aber auch auf andere Aspekte der Rolle wie Aussagen.

Das eigentliche Rollenspiel ist die Diskussion eines Kaffeehauszirkels, einen Monat nach dem Skandalkonzert. Die Diskutanten sind Anhänger (z.B. Schönbergs Schüler) und Gegner (z.B. Musikkritiker) der Schönberg'schen Musik, Zeitungsredakteure und Zeitungsleser, möglicherweise auch Schönberg selbst. Auch Zuhörer des Konzerts, die sich eine Privatmeinung gebildet haben (in diesem Fall die Teilnehmer/-innen selbst) können zur Diskussion eingeladen werden.

Das Rollenspiel endet nach einer vorgegebenen Zeit bzw. wenn sich das Thema erschöpft hat (Erfahrungswert: ca. eine Stunde).

Skandalkonzert

Die Beobachter/-innen nehmen eine Position in einem Außenkreis ein und zwar so, dass sie die von ihnen beobachtete Rolle genau im Blickfeld haben. Sie machen auf ihrem Beobachtungsbogen Aufzeichnungen zu den angeführten Kriterien (z.B. Körpersprache, Kontaktaufnahme, Stimme, Sprechweise, Wortwahl, Motivation, Stimmung, Gesprächsbeziehung, Vier Seiten einer Nachricht, Fragetechnik, Argumentationstechnik, besondere, zur Gesprächssituation passende Verhaltensweisen oder Fragestellungen).

Beobachtung

Fragenkatalog für die Beobachter/-innen

Fragen für die 1. Rückmelderunde
- ▶ In welcher Atmosphäre verlief das Gespräch (freundschaftlich/scharfer Ton/Eskalation; sachlich/emotional)?
- ▶ Waren die Parteien zu unterscheiden? Wer gehörte zu wem? Welche Untergruppen bildeten sich?
- ▶ Welches Verhalten der Mitspieler führte zu einer Versachlichung der Diskussion – welches Verhalten trug zu einer Emotionalisierung und Verschärfung des Gesprächstons bei?

Fragen für die 2. Rückmelderunde
- ▶ Wie wird die jeweilige Position einer „Partei" markiert und welche Aussagen fallen, an denen Geschmacksfragen deutlich werden (z.B. pauschale Bewertungen wie „ist schön", „ist schlecht", „ist keine Musik")?
- ▶ Wie wird die Position/Meinung begründet? Auf welche Kriterien stützt sich die Bewertung der Mitspieler? Welche Kriterien werden genannt, um die Bewertung „gute Musik" vs. „schlechte Musik" weiter zu definieren?

Moderation der Auswertung

▶ Frage an die TN des Rollenspiels, wie es ihnen ergangen ist (auch gefühlsmäßig), welche Aussagen was bei ihnen provoziert bzw. hervorgerufen hat.
▶ Frage an die Beobachter, wie es ihnen bei der Beobachtung ergangen ist.
▶ Tabelle, die in die zu beobachtenden Kriterien gegliedert ist: Hier können typische Verhaltensweisen und Argumente gesammelt und eingetragen werden.
▶ Weiterführende Fragen:
  • „Gibt es ‚gute' bzw. ‚schlechte' Musik?"
  • „Welche Faktoren machen gute Musik zu guter Musik, welche schlechte zu schlechter?"
  • „Wie kommt musikalischer Geschmack überhaupt zustande?"
  • „Gibt es die Möglichkeit, musikalischen Geschmack zu erzwingen?"
  • „Beobachten Sie in Ihrem Bekannten- und Freundeskreis, wie üblicherweise Diskussionen zu Geschmacksfrage stattfinden."
  • „Wie sinnvoll ist es, über Geschmacksfragen zu streiten?"
  • „Welche anderen kommunikativen Möglichkeiten könnten einem Gespräch über Geschmacksfragen förderlich sein?"
  • „Wie findet die Erneuerung/Innovation bzw. der Wandel von Musik statt?"
  • „Welche anderen historischen Bruchlinien, an denen Fragen des musikalischen Geschmacks aufeinanderstießen, können in der Musikgeschichte aufgefunden werden?"

Außerdem ...

Erfahrungen

Das Rollenspiel wurde in mehreren 11. Klassen an verschiedenen allgemein höherbildenden Schulen im Fach Musikerziehung ausprobiert und fand bei den Schüler/-innen großen Anklang.

Quellen

Die Idee zum Rollenspiel stammt von Dr. Stephan Hametner. Die Quellen (Zeitungsartikel, Briefe, Karikatur, Originalzitate) wurden im Arnold Schönberg Center in Wien recherchiert (an dieser Stelle einen herzlichen Dank an Theresia Muxeneder). Alle auf den Rollenkarten kursiv und unter Anführungszeichen gesetzten Stellen sind Originalzitate, alle kursiv gesetzten Stellen sind Eigennamen von Musikwerken.

Als Material stehen Ihnen in den Online-Ressourcen zur Verfügung: *Online-Ressourcen*
▶ Ein Beobachtungsbogen für Konzertbesucher.
▶ Eine Dokumentation eines Rollenspiels vom Mai 2008, in einer Sekundarstufe II unter der Leitung von Dr. Stephan Hametner durchgeführt.
▶ Rollenbeschreibungen
Download-Link: http://www.managerseminare.de/tmdl/b,187486

Speakers' Corner

von *Thomas Schmidt*

Überblick

Kurzbeschreibung In der „Speakers' Corner" des Unternehmens halten mehrere Teilnehmer gleichzeitig Reden vor einem kleinen Publikum, das mit ihnen kontrovers diskutiert.

Zielgruppe Die Übung ist für alle Personen geeignet, die ihre rhetorischen Fähigkeiten trainieren möchten – unabhängig von ihrer Branche und Position.

Lernziele
- Freies Reden vor einer Gruppe trainieren.
- Anwenden von rhetorischen Grundtechniken (z.B. Fünfsatz-Technik, siehe Download).
- Argumentieren und überzeugen üben.

Einsatz Die Übung Speakers' Corner kann in Rhetorik- oder Präsentationstrainings eingesetzt werden. Sie bietet sich an, um Rückmeldungen und Anregungen, welche die Teilnehmer vorher erhalten haben, umzusetzen. Idealerweise hatten die Teilnehmer also vorher bereits Gelegenheit, eine Präsentation oder Rede zu halten und Feedback zu bekommen (ggf. mit Video). Außerdem sollten sie einen Input zu Redetechniken und Argumentationsmustern erhalten haben, der sie bei der Strukturierung ihres Redebeitrags unterstützt.

Speakers' Corner

Spielen und auswerten

Situation

Das Unternehmen, für das die Teilnehmer tätig sind, hat – nach dem Vorbild der Londoner „Speakers' Corner" – ein Forum eingerichtet, um die Kommunikation und den lebendigen Dialog im Unternehmen zu fördern. Hierzu findet heute in diesem Seminar die Pilotveranstaltung statt. Wenn die Teilnehmer aus unterschiedlichen Firmen kommen, wird die Instruktion so abgewandelt, dass alle Firmen ein gemeinsames Forum eingerichtet haben, um den Austausch über verschiedene Branchen hinweg zu fördern. Alle Seminarteilnehmer sind eingeladen, sich daran zu beteiligen. Das Thema steht den Teilnehmern frei. Mehrere Teilnehmer sprechen gleichzeitig in unterschiedlichen Ecken des Seminarraums, vor jeweils einer kleinen Gruppe von Zuhörern, die Gelegenheit haben, mit den Rednern zu diskutieren.

- Zeitbedarf: 1 Std. 30 Minuten (10 Minuten Instruktion + 30 Minuten Vorbereitung + 25 Minuten Durchführung + 10 Minuten Auswertung + 15 Minuten Zeitpuffer).
- Anzahl der Teilnehmer: Im Folgenden wird der Übungsablauf für 12 Teilnehmer beschrieben, es können aber auch mehr Personen teilnehmen.
- Material: drei Rednerpulte, drei Flipchart-Ständer, Flipchart-Papier, ein „Fahrplan" auf Pinnwand, ein Signalton (z.B. Triangel, Trillerpfeife, Musikanlage).

Vorbereitung

Durchführung

Zur Vorbereitung werden in den Ecken des Raumes drei „Podeste" errichtet. Hierzu können stabile Kisten, etwa umgekehrt aufgestellte Getränkekisten, dienen.

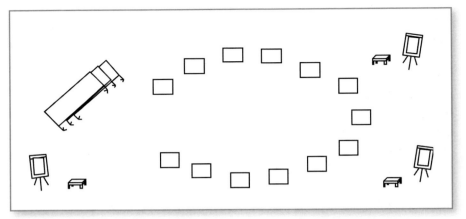

Abb.: Zur Vorbereitung der Übung „Speakers' Corner" wird in drei Ecken des Raumes jeweils ein „Podest" für die Redner aufgestellt

Außerdem wird ein „Fahrplan" vorbereitet, auf dem sich die Teilnehmer anschließend eintragen können. Dieser Fahrplan zeigt an, welcher Redner in welchem Durchgang an welchem Rednerpult zu welchem Thema sprechen wird.

Durchgang	Rednerpult	Redner	Thema
1)	A		
	B		
	C		
2)	A		
	B		
	C		
3)	A		
	B		
	C		
4)	A		
	B		
	C		

Speakers' Corner

Instruktion der Übung

„Sie kennen vielleicht die Speakers' Corner – die „Ecke der Redner" – in London. Sie ist ein Versammlungsplatz im Hyde Park. Dort kann sich sonntags jeder ohne Anmeldung auf ein Podest oder eine Stehleiter stellen, um eine Rede über ein beliebiges Thema zu halten. Ursprünglich wurde sie eingerichtet, damit zum Tode Verurteilte eine letzte Rede halten können. Heute ist die Speakers' Corner ein Ort lebendiger Diskussion, an dem alles gesagt werden darf – außer Majestätsbeleidigungen, Gotteslästerungen und Beschimpfungen.

Der Vorstand Ihres Unternehmens hat sich nun von der Londoner Speakers' Corner inspirieren lassen, ein völlig neuartiges Instrument zur Verbesserung der internen Kommunikation einzuführen. Er hat beschlossen, einmal im Monat – an dem heutigen Wochentag um diese Uhrzeit – für eine halbe Stunde eine „Speakers' Corner" im Unternehmen einzurichten, in der jeder Mitarbeiter zu einem beliebigen Thema sprechen kann, um mit Kolleginnen und Kollegen zu diskutieren. Ziel ist es, den Dialog im Unternehmen zu stärken und die Unternehmenskultur zu verbessern.

Mich freut es nun sehr, Ihnen verkünden zu dürfen, dass heute in diesem Seminar die Pilotveranstaltung stattfindet. Sie alle sind eingeladen, sich hieran zu beteiligen.

Ihre Aufgabe ist es, eine Rede vorzubereiten. Hierfür haben Sie 30 Minuten Vorbereitungszeit. Das Thema steht Ihnen frei. Sie können sowohl zu unternehmensspezifischen Themen sprechen, wie auch zu ökonomischen, politischen oder sonstigen für Sie interessanten Themen. Ihr Ziel wird es sein, Ihre Zuhörer von Ihrem Standpunkt zu überzeugen.

Ihr Thema und Ihre Kernbotschaften schreiben Sie bitte auf ein Flipchart-Papier und hängen dieses auf dem Flipchart-Ständer neben Ihrem Rednerpult auf, bevor Sie sprechen. Für die Rede selbst haben Sie insgesamt fünf Minuten Zeit. Während der ersten Minute Ihres Vortrags werden die Zuhörer Sie frei reden lassen, anschließend werden Sie mit Ihnen kontrovers diskutieren. Während Sie Ihre Rede halten, stehen Sie auf einem der Rednerpulte, die Sie hier im Raum verteilt sehen.

Es werden dabei immer drei Personen gleichzeitig reden, während sich alle anderen als Zuhörer gleichmäßig verteilt um die drei Rednerpulte scharen, zuhören und mitdiskutieren. Nach fünf Minuten werde ich Ihnen ein Signal geben, dann wird die Rede beendet und gewechselt, sodass die nächsten drei Redner das Rednerpult betreten. Die Auswertung findet erst ganz am Ende statt. Dazu finden sich jeweils zwei Feedback-Partner zusammen, die jeweils ihre Reden gehört haben und sich wechselseitig Feedback geben. Die Zusammensetzung der Feedback-Paare besprechen wir später, kurz vor Beginn der Übung. Damit wir eine Übersicht haben, wer wann zu welchem Thema redet, habe ich für Sie einen Fahrplan vorbereitet (siehe Abbildung oben). Bitte tragen Sie in diesen Fahrplan ein, in welchem Durchgang Sie zu welchem Thema sprechen möchten.

Damit Sie es leichter haben, ein Thema zu finden, habe ich Ihnen hier eine Liste mit möglichen unternehmensbezogenen Themen mitgebracht. Sie können aber, wie gesagt, gerne auch ein beliebiges anderes Thema wählen."

Themenvorschläge
- Wie unser Unternehmen mehr Kunden gewinnen kann.
- Was wir konkret zur Verbesserung des Kundenservice tun können.
- Wie unser Betriebsklima verbessert werden kann.
- Wie wir unsere Abläufe und Prozesse effizienter gestalten können.
- Wie wir besser zusammenarbeiten.
- Was wir dem Vorstand endlich mal sagen sollten.
- Was in unserem Unternehmen grundsätzlich verändert werden sollte.

Anschließend haben die Seminarteilnehmer 30 Minuten Zeit, ihren Vortrag vorzubereiten. Als Hilfe zur Strukturierung ihres Redebeitrags können die Teilnehmer etwa ein Handout zum Fünfsatz als Download (Link am Beitragsende) erhalten.

Speakers' Corner

> **Leitfragen zum Fünfsatz**
>
> ▶ Warum rede ich?
> ——— ——— ——— ——— ———
> ▶ Wie ist die Situation?
> ▶ Was soll erreicht werden?
> ▶ Wie kann das erreicht werden?
> ——— ——— ——— ——— ———
> ▶ Das will ich von euch!

Abb.: Die Leitfragen des Fünfsatzes zur Strukur einer Rede

Unmittelbar vor Beginn der Übung wählt jeder Teilnehmer einen Feedback-Partner. Dabei muss beachtet werden, dass die Feedback-Partner ihre Reden in unterschiedlichen Durchgängen halten, damit sie einander beobachten können. Die Teilnehmer erhalten ein Handout mit Anweisungen zur Auswertung der Reden, einen Block und einen Stift, um sich Notizen zu machen.

> **Auswertung der Reden**
>
> Bitte achten Sie bei Ihrem Feedback-Partner auf folgende Feedback-Kriterien:
> ▶ Nonverbal: Gestik, Mimik, Körperhaltung, Stand, Blickkontakt.
> ▶ Paraverbal: Lautstärke, Sprechtempo, Deutlichkeit, Stimmhöhe, Modulation.
> ▶ Verbal: Verständlichkeit, Gliederung, Anschaulichkeit, Umgang mit Gegenargumenten.
>
> Machen Sie sich zu diesen Aspekten Notizen und tauschen Sie später – nach Abschluss aller Reden – Feedback aus.

Während der Durchführung der Reden gibt der Trainer den Teilnehmern nach jeweils einer Minute das Signal, dass nun diskutiert werden darf und nach fünf Minuten den Hinweis, dass die Zeit vorbei ist und ein neuer Durchgang beginnt. Als Signalton kann etwa eine Triangel, eine Trillerpfeife oder das Einschalten von lauter Musik verwendet werden, da es alleine mit der Stimme für den Trainer schwierig ist, zu den Teilnehmern durchzudringen. Es ist wichtig, darauf zu achten, dass sich keine großen Verzögerungen zwischen den Durchgängen ergeben, um das Energieniveau in der Gruppe aufrechtzuerhalten.

Für die Auswertung der Übung erhalten die Teilnehmer in den Feedback-Paaren zehn Minuten Zeit – fünf Minuten pro Teilnehmer. Daran anschließend können die in der Übung gemachten Erfahrungen – eventuell nach einer kurzen Pause – im Plenum ausgewertet werden.

Außerdem ...

Anmerkung   Die Übung „Speakers' Corner" ist eine äußerst lebendige, energievolle Übung, die den Teilnehmern in der Regel sehr viel Spaß macht. Das Besondere an dieser Übung ist, dass alle Teilnehmer jederzeit aktiv beteiligt sind und innerhalb relativ kurzer Zeit die Gelegenheit haben, eine Rede zu halten und hierzu Feedback zu erhalten.

Online-Ressource   Das Handout „Struktur einer Rede – Der Fünfsatz" steht Ihnen als Online-Ressource zur Verfügung.
Download-Link: http://www.managerseminare.de/tmdl/b,187486

Stromausfall

von Christa Mesnaric

Überblick

Bewertung und Abwertung von anderen kosten Energie und Zeit, die uns für das konstruktive Arbeiten und Leben fehlt; das Spiel legt Hintergründe und Motive des Bewertungsdrangs offen und unterstützt den Ausstieg aus dem Bewertungskarussell. Zusätzlich räumt es mit schwelenden Altlasten im Team auf.

Kurzbeschreibung

- Fortgeschrittene.
- Führungskräfte und Mitarbeiter.

Zielgruppe

- Bewusstsein über den Impuls zum Bewerten und dessen destruktiven Auswirkungen auf die Arbeitssituation.
- Übernahme der Verantwortungen für die Bewertungen, die ich „austeile".
- Erkenntnis, dass das Bewerten in erster Linie mit mir zu tun hat und der Bewertete mein Spiegel ist.
- Kenntnis der Gründe für Bewertungen.
- Erkenntnisse über Wirkungen von Ich- und Du-Botschaften.
- Ideen, den eigenen Bewertungsdrang abzustellen.
- Wille zur konstruktiven Zusammenarbeit.

Lernziele

- Das Rollenspiel ist geeignet für Gruppen, die bereits tiefer in das Thema Kommunikation vorgedrungen sind und schon einen bewussten Umgang mit dem Thema Bewerten haben sowie für

Einsatz

Gruppen, die ans „Eingemachte" heranwollen, um ihre Leistungsfähigkeit in größerem Maße zu verbessern.
- ▶ Es kann sowohl in Teamtrainings, persönlichkeitsentwickelnden Trainings als auch in Teamcoachings eingesetzt werden.
- ▶ Es setzt einen sehr erfahrenen Trainer oder Coach voraus, da intensive innere Prozesse angestoßen werden oder Konflikte ausbrechen können.
- ▶ Der Zeitpunkt sollte so gewählt werden, dass hinterher genügend Zeit und die Möglichkeit besteht, eventuell aufgebrochene Aspekte zu bearbeiten. Das Rollenspiel darf keinesfalls als Abschlussübung durchgeführt werden.
- ▶ Es bietet die Möglichkeit, Schlüsselerlebnisse zu erzeugen und Erkenntnisse zu gewinnen über die eigene Verantwortung bei der Sichtweise auf andere und bei den damit zusammenhängenden Bewertungen. Ein Team kann dadurch auf eine höhere Ebene der Akzeptanz und Kooperation gebracht werden. Es stellt eine gute Aufräumaktion für Altlasten im Team dar.

Spielen und auswerten

Situation

Die Gruppe sitzt in einem Zugabteil, die Stromversorgung fällt aus, alles versinkt im Schutz der Dunkelheit. Jeder Reisende im Anti-Wertungs-Abteil identifiziert Bewertungen, die er/sie gegenüber den Mitreisenden denkt. Einer beginnt mit dem Satz: *„(Name), ich weiß ja, dass es nicht stimmt, aber Du bist ... (z.B. manchmal so unhöflich, oberflächlich, unachtsam ...)"*. Als Nächstes kommt ein beliebiger Frager und fragt: *„Warum ist das so?"* Der Sprecher antwortet *„Weil Du immer ..."* o.Ä. Der Frager fragt immer wieder dieselbe Frage: *„Warum ist das so?"*, bis der Sprecher irgendwann antwortet *„Weil ich ..."* oder *„Weil es sich für mich soundso anfühlt."* Wenn der Sprecher seine eigene Beteiligung an der Bewertung des anderen durch eine Ich-Botschaft ausgesprochen hat, beendet der Trainer diese Sequenz und der nächste Mitreisende kommt als Sprecher an die Reihe.

Stromausfall

Der Sprecher *Rollen*
gibt eine Bewertung über eines der Gruppenmitglieder ab, immer mit dem vorgeschobenen Satz: *„Ich weiß ja, dass es nicht stimmt, aber Du bist ...".*

Der Frager
fragt immer dieselbe Frage: *„Warum ist das so?"*

Der Bewertete
hört zu und beobachtet seine Empfindungen in dem Prozess. Er antwortet nicht.

Der Trainer oder Coach bereitet einen abgedunkelten Raum vor *Durchführung*
(evtl. mit Pinnwänden und Tüchern, die ein Abteil simulieren) und erklärt die Situation: Zugfahrt, Zug steht, Stromausfall, viel Zeit, endlich einmal die Dinge, die uns stören, zum Ausdruck zu bringen.

Jeder Spieler ist einmal Sprecher, Frager und Bewerteter. Der Trainer entscheidet, ob der Reihe nach oder in selbst gewählter Reihenfolge vorgegangen wird. Er/sie unterstützt, wenn es zu „heiß" wird und ermutigt, wenn es zu „sanft" bleibt.

- Beobachtet werden sollte die Gefühlslage der Spieler. Die Hintergründe und Motive der Bewertungen, die zutage treten, sollen ergründet werden. *Beobachtung*
- Der Trainer/Coach muss jederzeit den Bewerteten beobachten, um einschreiten zu können, falls der Bewertete emotional instabil wird.
- Eventuell wird eine Beobachtungsgruppe eingesetzt. Die Auswertungsfragen können bei der Beobachtung zu Hilfe genommen werden.

Die Auswertung kann durch folgende Trainerfragen gelenkt werden: *Moderation*
- „Wie hast Du Dich als Sprecher gefühlt?" *der Auswertung*
- „Wie hast Du Dich als Bewerteter gefühlt?"

▶ „Was änderte sich, als von der Du- zur Ich-Botschaft gewechselt wurde?"

Gemeinsam können die Motive für Bewertungen gesammelt und für ein nächstes Trainingsthema weiterbearbeitet werden:
▶ Ich bin selbst so, habe es aber als Persönlichkeitsaspekt nicht integriert.
▶ Ich wäre gerne so (oft auf einer anderen Ebene).
▶ Gewöhnung, automatisches „Das ist gut – das ist schlecht".
▶ Selbstaufwertung durch Abwertung des anderen. Positionsfindung: „Wo bin ich, wer ist über und unter mir?"
▶ Resonanzen, Re-Stimulationen, Erinnerung an einen Menschen, mit dem ich schlechte Erfahrungen gemacht habe.
▶ Verbrüderung (Distanzierungsregel).
▶ Angst.

Außerdem ...

Anmerkungen Dieses Rollenspiel kann natürlich auf viele Arten abgewandelt werden. Wichtig ist ein sehr liebevoller, wertschätzender Umgang des Trainers mit den Teilnehmern. Mit Sensibilität und Fingerspitzengefühl kann man mit diesem Spiel einen Quantensprung der Gruppe erzeugen.

Die Wiederholungsfrage *„Warum ist das so?"* kann ersetzt werden durch *„Wo/wann habe ich selbst so gehandelt?"*. Die Antwort des Sprechers lautet dann: *„Ich habe das auch gemacht, als ...".* Dadurch wird der Fokus auf das Bewertungsmotiv „Spiegel" gelenkt. Der Sprecher erkennt, dass er etwas ablehnt, was er selbst auch hat, aber nicht okay findet. Der Bewertete spiegelt es ihm nur.

Quellen „Ich weiß ja, dass es nicht stimmt ..." habe ich als Tipp vor Jahren irgendwo aufgeschnappt und daraufhin das Spiel entwickelt.

Video- und Audio-Desensibilisierung, spielerisch

von Klaus Steinke

Oftmals zeigen Seminarteilnehmer erkennbares Unbehagen, wenn sie auf Video/Audio aufgezeichnet werden, sozusagen Video-Horror.

Die im Folgenden beschriebene Sprechtext- und Übungsabfolge hat sich in meinen Seminaren sehr gut bewährt als launig-humorvolle und dennoch äußerst wirkungsvolle „Einstiegsschwellen-Absenkung". Etwaige Video-Angst weicht fröhlichem Gelächter über sich selbst.

So geht's:

„Wer von Ihnen hat sich selbst, die eigene Stimme schon einmal als Tonaufnahme gehört, ich bitte um Handzeichen?" (Meldungen abwarten.)

„Wer hat sich schon mal auf Video oder auf Fotografien gesehen?" (Meldungen abwarten.)

„Und wer mag es?" (Keiner wird sich melden. Gelächter.)

„Was stört Sie daran?"

Nun zwei Punkte herausarbeiten:
„Die Stimme klingt anders. Und – wenn wir ehrlich sind – auf Fotos und Videoaufnahmen sehen wir auch anders aus. Woher kommt das? Wissen Sie, warum das so ist?" (Gedanken sammeln.)

„Wir machen jetzt mal gemeinsam eine Video- und Audio-Desensibilisierung. Dann sind Sie Ihre Angst los – für immer. Legen Sie mal bitte beide Hände an den Hals." (Vormachen und abwarten, bis es alle getan haben.) „Und jetzt sagen Sie mal was und achten Sie darauf, ob es beim Reden an Ihrem Hals vibriert?" (Ausprobieren lassen.)

„Was schwingt da? – Genau, die Stimmbänder, der Kehlkopf."

„Und jetzt legen Sie mal eine Hand flach auf den Kopf und testen, ob ein Teil der Schwingung beim Sprechen auch ganz oben als Schwingung ankommt." (Ausprobieren, Ergebnis ist positiv.)

„Was bedeutet das?? Wenn wir uns selbst sprechen hören, hören wir uns eigentlich doppelt. Einmal innenherum (über die Schwingung der Kopfknochen), einmal außenherum (über die Luft als Schallträger). Ein anderes menschliches Ohr hört uns nur außenherum. Das Mikrofon eines Tonbandes oder eines Telefons hört uns nur außenherum.

Die schlechte Nachricht: So, wie Sie Ihre Stimme von Tonband hören, hören die anderen Sie auch." (Warten, bis das allgemeine Entsetzen sich gelegt hat.)

„Die gute Nachricht ist: Die anderen sind Ihre Stimme nicht anders gewohnt. – Wer sie vor einer Tonaufnahme nett fand, wird sie auch nach der Tonaufnahme nett finden, weil es für ihn keinen Unterschied macht. Sie werden auch merken: Alle anderen Teilnehmer auf der Tonaufnahme klingen so wie immer – nur unsere eigene Stimme klingt anders. Gewöhnen Sie sich also an den Gedanken, dass Sie der einzige Mensch auf der Welt sind, der seine Stimme anders hört als alle anderen."

„Nun zur zweiten physikalischen Täuschung. Wieso sehen wir auf Fotos und Videos anders aus? Machen Sie sich klar, dass Ihr Selbstbild vom morgendlichen Blick in den Badezimmerspiegel geprägt ist. Dort sehen wir unser Spiegelbild und das ist ... seitenverkehrt.

Im Laufe der Jahre haben wir uns daran gewöhnt und denken nun: ‚Ja, so sehe ich aus.'
Fotos und Videoaufnahmen zeigen uns jedoch seitenrichtig. Unser Unterbewusstes vergleicht das mit dem gewohnten Spiegelbild und zieht die Schlussfolgerung: ‚Oh, ich sehe irgendwie komisch aus.'

Und auch hier ist die schlechte Nachricht ..." (Lassen Sie sich überraschen, was jetzt passiert.)

„Es gibt also nur positive Gründe für Fotos und Videoaufnahmen: Wir sehen und hören uns genau so, wie die anderen uns die ganze Zeit sehen und hören. Wir sind die Letzten, die uns so erleben, alle anderen wissen es schon ..."

Telefonsituationen im Alltag souverän meistern

von Johanna Schott

Überblick

In den Rollenspielen üben die Teilnehmer verschiedene alltägliche Telefonsituationen, wie sie an jedem Arbeitsplatz in Unternehmen vorkommen.

Alle Mitarbeiter (Anfänger wie auch Fortgeschrittene), die im Namen ihres Unternehmens Telefonate entgegennehmen.

Zielgruppe

- Typische Telefonsituationen zukünftig souveräner meistern.
- Klassische Fallstricke vermeiden.

Lernziele

Die Rollenspielserie kann an verschiedenen Stellen im Seminar sinnvoll sein, je nach Aufgabenstellung des Seminars. Der Vorteil ist, dass die Spiele in der Regel sehr kurz sind.

Einsatz

Spielen und auswerten

Bei allen Spielen gibt es einen Anrufer von außerhalb des Unternehmens und eine Person, die angerufen wird und das Unternehmen vertritt. Der Angerufene spielt immer „sich selbst" und der Anrufer denkt sich die Eckdaten seiner Rolle selbst aus.

Die Spielserie

Johanna Schott

Anruferanlässe

Situation 1: Namen und Daten erfragen

Der Anrufer möchte, dass man ihm etwas zumailt oder auch zuschickt und Sie kennen die entsprechenden Daten noch nicht.

Situation 2: Filtern – Darf der Anrufer verbunden werden?

Ein Finanzberater möchte sich an Ihnen vorbeischleichen und Ihre Chefin oder Chef sprechen – wie gehen Sie damit um?

Situation 3: Keiner da

Der Anrufer möchte die Chefin oder Chef sprechen, doch sie oder er ist nicht da. Vereinbaren Sie mit dem Anrufer eine Alternative.

Situation 4: Gemeinsam warten

Der Anrufer möchte etwas wissen, das Sie nur im PC-System nachsehen können. Doch dummerweise ist das System heute wieder einmal etwas langsam. Wie gehen Sie mit der Wartezeit um?

Situation 5: Allein warten

Der Anrufer möchte etwas wissen, das Sie nur im Nebenzimmer nachsehen können. Dies wird mindestens zwei Minuten dauern. Wie gehen Sie damit um?

Situation 6: Weiterverbinden

Der Anrufer möchte sich beschweren. Es fällt nicht in Ihr Fachgebiet, deshalb haben Sie das Gespräch an Ihren Kollegen weiterzugeben. Wie gehen Sie damit um?

Durchführung

Zum Einstieg werden die verschiedenen Anrufanlässe beschrieben und dafür jeweils ein Anrufer und Anrufempfänger gesucht. Bei einer Gruppe von zwölf Teilnehmern gibt es für jeden Teilnehmer eine Aufgabe.

Der zweite Schritt ist nur in Gruppen notwendig, in denen Teilnehmer wenig oder nichts über die Arbeitsbereiche des Spielpartners wissen: Die Teilnehmer bekommen Zeit, um sich über den Zielort ihres Anrufs zu informieren, damit die Spiele möglichst realitätsnah sind.

Es werden, falls noch nicht geschehen, Feedback-Regeln vereinbart und die Kriterien und der Prozess vorgestellt, nach dem die Rollenspiele bewertet werden. Die Kriterien können allgemeiner Natur sein oder sich auch aus dem gewünschten Unternehmensauftritt ergeben.

Das erste Rollenspiel wird durchgeführt und direkt im Anschluss besprochen.

Am einfachsten ist es, das Rollenspiel mithilfe einer Telefonschulungsanlage durchzuführen und aufzuzeichnen. Alternativ ist es möglich, die TN Rücken an Rücken zu setzten.

Zum Einstieg in das Telefonthema kann man mit den zwei einfachen Leitfragen arbeiten:
▶ Was war gut?
▶ Was könnte verbessert werden?

Beobachtung

Ist die Gruppe schon weiter fortgeschritten, können Themen wie Umgang mit Namen, Qualität der Lösung, Atmosphäre oder auch unternehmensspezifische Kriterien im Fokus stehen.

Die Auswertung erfolgt direkt im Anschluss an das Spiel und nach den vorgestellten Regeln. Falls eine Aufzeichnung angefertigt wurde, kann sie im Anschluss abgespielt werden, um zu hören, ob die Ergebnisse der Feedback-Runde nachvollziehbar sind.
Es hat sich bewährt, die Ergebnisse aus allen Spielen am Flipchart festzuhalten.

Moderation der Auswertung

Außerdem ...

Die Rollenspiele sind eine Eigenentwicklung.

Quellen

Turmbau zu Babel

von *Gaby Seuthe*

Überblick

Kurzbeschreibung Eine Teamübung mit mindestens vier Personen pro Team, die im Wettbewerb einen Turm bauen sollen

Zielgruppe
- Für jeden Teilnehmer geeignet.
- Im Speziellen für Cross-Functional-Teams, Projektteams oder Teams jeglicher Art.

Lernziele
- Persönliches Verhalten bewusst machen.
- Reflexion der eigenen Verhaltensweisen.
- Umgang mit unterschiedlichen Verhaltensweisen.
- Unterschiedliche Verhaltensweisen nutzbringend einsetzen; profitieren von unterschiedlichen Verhaltensweisen.
- Erkennen von eigenem Verhalten in Stresssituationen.

Einsatz
- Dieses Rollenspiel ist besonders geeignet für den Einsatz in Persönlichkeits- und Verhaltenstrainings wie DISG® oder Ähnlichem.
- Mit diesem Rollenspiel können die Teilnehmer selbst spüren und erleben, wie sich unterschiedliche Verhaltensweisen in Stresssituationen auswirken und wie diese nutzbringend eingesetzt werden können.
- Einzusetzen am besten nachdem die unterschiedlichen Verhaltensweisen (-profile) dargestellt worden sind. Wenn es also in

Turmbau zu Babel

die Umsetzung bzw. den bewussten Einsatz der Verhaltensweisen in verschiedenen Situationen geht und wenn neben den Stärken auch die Schwächen der jeweiligen Verhaltensprofile erkannt werden sollen.

- Nachdem die Teilnehmer ihr persönliches Verhaltensprofil und ihre bevorzugten Verhaltensweisen kennen, bildet das Rollenspiel die Basis für das weitere Training (bevorzugte Verhaltensweise unter Stress, Auswirkung im Team usw.).
- Sie können das Rollenspiel auch als Auflockerung nach dem „Mittagsloch" in jedem Training einsetzen.

Spielen und auswerten

Es soll ein Turm gebaut werden. Dazu findet eine Ausschreibung statt. Den Zuschlag erhält das Architekten- und Bauteam, welches den höchsten, standfesten Turm baut. Da die Budgets zusammengestrichen worden sind, bleibt als Baumaterial nur ein Paket Druckerpapier (DIN-A4) sowie ein Tacker. Für die Konstruktion stehen den Teams 15 Minuten zur Verfügung.

Situation

- Die Teams sollten aus Personen mit unterschiedlichen Verhaltensweisen zusammengesetzt sein (z.B. bei DISG® dominant, initiativ, stetig, gewissenhaft).
- Der Trainer übernimmt die Rolle des Spielleiters und Zeitnehmers.
- Die restlichen Trainingsteilnehmer sind Beobachter und dokumentieren, wie sich die Teams bei Planung und Umsetzung verhalten.

Rollen

Kündigen Sie das Rollenspiel wie folgt an: „Sie haben Ihren persönlichen Verhaltensstil kennengelernt. Wie können Sie diesen z.B. im Team positiv einsetzen? Dazu eine Übung." (Alternativ ohne fachbezogene Anmoderation – Erhöhung des AHA-Effektes beim Feedback.)

Durchführung

Teilen Sie die Teams so ein, dass in jedem Team die unterschiedlichen Verhaltensweisen vertreten sind. Dann beschreiben Sie die Rollenspielsituation mit den Informationen für die teilnehmenden Teams.

Besprechen Sie mit den übrigen Teilnehmern die Beobachtungskriterien und verteilen Sie die Beobachter auf die Teams (siehe Beobachtungsfragen).

Sorgen Sie für genügend „Freiraum" zum Turmbau für jedes Team.

Beobachtung
- Gesprächsanteile.
- Stimme.
- Körperhaltung, Gestik.
- Art der Argumentation.
- Einbindung in die Lösung.
- Zuhören und Verstehen.
- Motivation, Stimmung.
- Aktivitätsgrad.

Beobachtungsfragen
- Wer geht wie an die Lösung?
- Wer übernimmt im Team die Führung?
- Wie werden die einzelnen Teammitglieder in die Diskussion eingebunden?
- Wer vertritt am deutlichsten seine Idee und wie?
- Wer setzt sich nicht durch? Wie äußert sich das?

Moderation der Auswertung
(Feedback-Regel durch den Trainer angesagt, wie z.B. „Ich-Botschaft anstelle von Du-Botschaft".)

Schritt 1: Befragung der Teammitglieder (Blitzlicht)
- „Wie haben Sie die Übung für sich selbst erlebt?"
- „Inwieweit fühlen Sie sich in die Lösung mit eingebunden?"
- „Wie motiviert waren Sie? Was hätten Sie sich von Ihren Teammitgliedern gewünscht?"

Schritt 2: Feedback durch die Beobachter
- Jeder Beobachter für „sein" Team.
- Anhand der Fragen und Beobachtungskriterien.
- Mehr allgemein gehalten aufs Gesamtteam, da es hier auf das Erkennen von Stärken und Schwächen im Generellen der unterschiedlichen Verhaltensweisen ankommt.

Schritt 3: Plenum-Erkenntnis-/Erfolgspunkte
Kündigen Sie die Erkenntnisrunde wie folgt an: „Sie haben nun unterschiedlich bevorzugte Verhaltensweisen im Team unter Stresssituation erlebt."
- „Wie können Sie die unterschiedlichen bevorzugten Verhaltensweisen noch positiver einsetzen, um im Team noch erfolgreicher, effizienter zu sein?"
- „Welche Gefahr besteht, wenn ich meine Verhaltens-Stärke ‚überziehe'?"
- „Welchen Vorteil hat es, wenn ich mich auf das Verhaltensprofil meines Teammitgliedes einstellen kann?"

Außerdem ...

Anmerkung

Auch sehr gut einsetzbar in Teamtrainings und Stressmanagement-Trainings.

Quellen

Eigenkreation.

Versetzung nach Hintertupfingen

von Mariella Guarneri, nach einer Idee von Sandra Fröhlich

Überblick

Kurzbeschreibung Lernen Sie Gesprächsstörer im Gespräch zu erkennen und darauf zu reagieren.

Zielgruppe
- Personen, die in Gesprächen überzeugen wollen.
- Personen, die lernen wollen, wie sie auf schwierige Gesprächspartner reagieren können.

Lernziele
- Argumentieren.
- Gespräche auf eine sachliche Ebene zurückführen.
- Auf Angriffe reagieren können.
- Fragetechnik und Wiederholen einsetzen.
- Gesprächsstrategien von Personen erkennen, die ihre Macht ausspielen.
- Strategien finden, um aus einer schwächeren Position heraus agieren zu können.

Einsatz
- Sammlung von Verhaltensweisen, die ein Gespräch stören.
- Üben von gesprächsfördernden Verhaltensweisen, die zuvor im Training besprochen wurden.

Versetzung nach Hintertupfingen

Spielen und auswerten

Sie sollen nach Hintertupfingen versetzt werden. Dies ist ein sehr unattraktiver Ort, der für Sie einen Umzug bedeuten würde. Natürlich möchten Sie diesen Umzug verhindern. Sie versuchen daher Ihren Chef dahin zu bringen, dass Sie nicht versetzt werden.

Situation

Angestellter

Rollen

Sie spielen den Angestellten. Überlegen Sie sich eine Argumentationsstrategie zu Ihrem Anliegen. Bringen Sie Ihr Anliegen gegenüber dem ersten Chef vor.

Falls Ihr Gesprächspartner unangenehm reagiert, setzen Sie die folgenden Mittel ein:
▶ Wiederholen Sie die Aussage des Chefs.
▶ Konkretisieren Sie durch Fragen.

Chef

Sie spielen den Chef. Hören Sie sich das Anliegen Ihres Mitarbeiters an und reagieren Sie entsprechend Ihrer Rollenkarte. (Zur Auswahl stehen insgesamt neun Rollenkarten. Auf jeder Rollenkarte steht eine Verhaltensweise.)

1) Reagieren Sie im Befehlston. Sie sind der Chef – Sie entscheiden!
2) Reagieren Sie mit Drohungen und Warnungen. Sie sind der Chef – Sie werden Ihren Angestellten schon überzeugen.
3) Reagieren Sie mit Vorwürfen. Sie sind der Chef – Wo bleiben denn bei Ihrem Angestellten Verantwortungsgefühl, Pflichtbewusstsein, Flexibilität und guter Wille?
4) Reagieren Sie mit deutlichen Bewertungen. Sie sind der Chef – Die Versetzung war Ihre Idee und die ist ausgezeichnet.
5) Reagieren Sie, indem Sie das „Problemchen" herunterspielen. Sie sind der Chef – Was hat Ihr Untergebener nur? Als ob Umziehen ein Problem wäre ...

6) Reagieren Sie, indem Sie von sich reden. Sie sind der Chef – Das waren Sie aber nicht immer. Was Sie alles durchmachen mussten. Überhaupt waren die Zeiten früher viel härter.
7) Reagieren Sie mit gut gemeinten Ratschlägen. Sie sind der Chef – Natürlich einer mit Verständnis. Also Sie würden an der Stelle des anderen ... Außerdem raten Sie ....
8) Reagieren Sie mit typischen „Lebensweisheiten". Sie sind der Chef – Da könnte ja jeder kommen. Da gab's noch nie Probleme. Es ist ja noch nicht aller Tage Abend.
9) Reagieren Sie scherzhaft, ironisch. Sie sind der Chef – Natürlich mit „Humor". Hintertupfingen ist wunderschön – da fällt das Umziehen gar nicht schwer. Wie kann man nur etwas gegen dieses idyllische Paradies haben.

Durchführung Bilden Sie Kleingruppen und lassen Sie diese die Frage beantworten: *„Welche Strategien gibt es beim Umgang mit aggressiven Chefs, wenn ich mein Anliegen überzeugend vorbringen möchte?"* Tragen Sie die Ergebnisse der Kleingruppe zusammen. Dann moderieren Sie die Übung an: *„Was Sie erarbeitet haben, probieren wir jetzt aus ..."* Es werden drei Chefs und ein Angestellter festgelegt. Die anderen Teilnehmenden sind Beobachter. Jeder Chef erhält eine Rollenkarte. Der Angestellte hat das Anliegen, nicht nach Hintertupfingen versetzt zu werden, und überlegt sich eine Argumentationsstrategie.

Das Rollenspiel beginnt damit, dass der Angestellte sein Anliegen vorträgt. Der Chef antwortet entsprechend seiner Rollenkarte. Es kommt dreimal zum Schlagabtausch zwischen Angestelltem und Chef. Anschließend darf sich der Angestellte an den nächsten Chef wenden und erneut sein Anliegen vorbringen. Dieser zweite Durchgang ist vom ersten Durchgang vollkommen getrennt. Neuer Chef, neues Glück. Wieder kommt es dreimal zum Schlagabtausch. Nach dem letztmaligen Wechsel zum dritten Chef brechen Sie das Gespräch mit einem akustischen Signal ab.

Beobachtung Die Beobachter werden in zwei Gruppen geteilt. Die erste Gruppe beobachtet den Chef und versucht herauszufinden, welchen Gesprächsstörer dieser anwendet. Die zweite Gruppe beobachtet den Angestellten und hält dessen Strategie fest. Ebenso beobachten beide Gruppen die jeweilige Körpersprache.

Variante: Vier Beobachtergruppen werden folgende Beobachtungsaufgaben zugeordnet:
- Chef Gesprächsstrategie.
- Angestellter Gesprächsstrategie.
- Chef Körpersprache.
- Angestellter Körpersprache.

- Frage an den Angestellten: „Wie erging es Ihnen?" *Moderation*
- Frage an den Chef: „In welchen Momenten waren Sie kurz davor *der Auswertung* Zugeständnisse zu machen?"
- Frage an die Beobachter: „Was ist Ihnen aufgefallen? Welchen Gesprächsstörer haben Sie bemerkt? Welche Gesprächsstrategie hatte der Angestellte? Wie kam das körpersprachlich zum Ausdruck?"

Außerdem ...

- Es kann jeder andere Gesprächsanlass mit Überzeugungsanliegen *Anmerkungen* genommen werden. Auch Beispiele, die aus der Gruppe kommen.
- Die Übung kann in Kleingruppen fortgeführt werden.
- Wichtig ist die Auswertung bezüglich der Reaktionsmöglichkeiten. Wie kann ich auf Gesprächsstörer reagieren. Was ist aufgefallen.

- Die sogenannten „Gesprächsstörer" und „Gesprächsförderer" *Quellen/Download* sind aus Weisbach/Sonne-Neubacher: Professionelle Gesprächsführung. Ein praxisnahes Lese- und Übungsbuch. dtv, 2008.
- Die Idee und die Spielkarten sind von Sandra Fröhlich und wurden von mir weiterentwickelt und in der Zielrichtung abgewandelt.

Rollen-Link: http://www.managerseminare.de/tmdl/b,187486

Vor Gericht

von Frank Kurmis

Überblick

Kurzbeschreibung Ein kreatives Rollenspiel in Form einer Gerichtsverhandlung, um das Pro und Contra eines Projektes oder einer Idee von allen Seiten intensiv zu beleuchten.

Zielgruppe Geeignet für alle Seminargruppen und Teilnehmer, die Entscheidungen treffen oder Standpunkte und Meinungen vertreten müssen.

Lernziele
- Eine Idee, ein Projekt oder ein Vorhaben von allen Seiten intensiv durchleuchten.
- Den eigenen Standpunkt einnehmen und behaupten.
- Sich für die eigenen Interessen einsetzen, auch gegen Widerstand.
- Schnelles und wirkungsvolles Argumentieren.
- Sicheres Auftreten.
- Schlagfertigkeit.
- Umgang mit Konflikten und Widerständen.
- Festigung des Lerninhalts und Unterstützung des Lerntransfers.

Einsatz Das Rollenspiel ist geeignet um Themen der Kommunikation (Gesprächsführung, Argumentation, Fragetechnik) anzuwenden, zu üben und zu festigen.
- Sie können das Rollenspiel als Praxistest anbieten, um im Sinne einer Analyse potenzieller Probleme und mögliche Hindernisse

bei der Umsetzung von Projekten und Vorhaben schon im Vorfeld zu erkennen und auszuräumen.
- Oder Sie setzen es in der Schlussphase eines Trainings zur Lernkontrolle oder zur Unterstützung des Lerntransfers ein.
- Die abschließende „Urteilsverkündung" durch die „Jury" kann Grundlage für eine konstruktive thematische Diskussion oder der Auftakt einer Feedback-Runde sein.
- Das Rollenspiel lässt sich sehr gut in Kreativ-Workshops einsetzen, um neue Ideen auf ihre „Alltagstauglichkeit" hin zu überprüfen.

Spielen und auswerten

Situation

Sie brauchen ein Thema, eine Idee, ein Szenario, ein Projekt oder etwas Vergleichbares, für das sich ein kleiner Streit lohnt. Formulieren Sie dazu einen aussagekräftigen, vielleicht auch etwas übertriebenen und provokativen Vorschlag mit einer klaren Aufforderung. Ein solcher Vorschlag könnte zum Beispiel so aussehen: *„Das Projekt XY soll schnellstens und mit höchster Priorität, auch gegen Widerstand, umgesetzt werden."* Zur Unterstützung des Lerntransfer wäre folgender Vorschlag möglich: Die Teilnehmer des Seminars sollen verpflichtet werden, die Lerninhalte sicht- und spürbar in ihrem Unternehmen ein- bzw. umzusetzen.

Der Trainer oder jemand aus der Gruppe stellt das Thema so vor, dass jeder weiß, worum es geht. Dabei darf ruhig etwas übertrieben werden, lassen Sie eine kreative Präsentation zu.

Teilen Sie die Teilnehmer in drei Gruppen (mindestens je drei Personen) auf.

Rollen

Gruppe 1
Die Gruppe 1 hat die Aufgabe, mindestens fünf gute Argumente zu finden, warum dieser Vorschlag sehr gut ist und unbedingt umgesetzt werden sollte. Die Gruppe wählt aus ihren Reihen einen An-

walt und bereitet ein Eröffnungs- und ein Schlussplädoyer (jeweils maximal drei Minuten) vor.

Gruppe 2
Die Gruppe 2 muss mindestens fünf gute Argumente finden, warum dieser Vorschlag völlig unbrauchbar, ja vielleicht sogar schädlich ist und auf gar keinen Fall umgesetzt werden soll. Die Gruppe wählt aus ihren Reihen ebenfalls einen Anwalt und bereitet ein Eröffnungs- und ein Schlussplädoyer (jeweils maximal drei Minuten) vor.

Gruppe 3
Die Gruppe 3 bildet die „Jury". Sie entscheidet zum Schluss (einstimmig) über den Vorschlag und fällt ein Urteil. Das Urteil wird von der Jury ausschließlich auf der Grundlage dessen gefällt, was in dieser Verhandlung gehört und gesehen wurde. Die Jury überlegt sich, welche Kriterien (Glaubwürdigkeit, Authentizität, schlüssige Argumentation etc.) sie zur Entscheidungsfindung heranziehen möchte. Dazu erstellt die Gruppe einen kleinen Beobachtungsbogen. Wichtig ist, dass sich die Mitglieder dieser Gruppe während der Verhandlung Notizen zu ihren Kriterien machen. Die Gruppe wird am Schluss des Rollenspiels aufgefordert, ihr Urteil schlüssig zu begründen.

Geben Sie den drei Gruppen 30 Minuten Zeit zur Vorbereitung.

Für die Rolle des Richters empfehle ich den Trainer oder auch einen moderationserfahrenen Teilnehmer. Der Richter hat die Aufgabe den Prozess zu leiten, sprich Redezeit zuzuweisen, das Wort zu erteilen, auf die Zeit zu achten und Fragen zuzulassen. Der Richter entscheidet nicht über das Urteil. Das Urteil der Jury ist für ihn bindend.

Durchführung   Der Richter eröffnet die Verhandlung, er entscheidet per Los, welche Gruppe anfängt und erteilt deren Anwalt das Wort. Der Anwalt der 1. Gruppe beginnt mit seinem Plädoyer (maximal drei Minuten)

Die 2. Gruppe darf im Anschluss dem Anwalt der 1. Gruppe Fragen stellen. Nur der Anwalt beantwortet die Fragen, darf sich aber mit seiner Gruppe max. 30 Sekunden lang beraten (muss er aber nicht). Maximale Fragezeit zehn Minuten.

Danach hält der Anwalt der 2. Gruppe sein Plädoyer. Analog dazu darf die Gruppe 1 Fragen an den Anwalt stellen. Auch er kann sich natürlich mit seiner Gruppe beraten, bevor er antwortet. Maximale Fragezeit zehn Minuten.

Beide Anwälte halten nacheinander ihr Schlussplädoyer (maximal drei Minuten).

Die Jury zieht sich zur Beratung zurück (maximal zehn Minuten), anschießend verkündet und begründet sie ihr Urteil. Der Richter schließt offiziell die Verhandlung.

Beobachtung

Bei diesem Rollenspiel lassen sich sowohl das Gruppen- als auch das Kommunikationsverhalten, insbesondere das der Anwälte, gut analysieren. Aufgrund der Aufgabenstellung wird die Jury sehr genau das Verhalten der Anwälte in Wort und Tat beobachten. Die Mitglieder der Jury können deshalb i.d.R. ein sehr konkretes Feedback geben.

Beobachtungen zum **Gruppenverhalten**:
▶ Wie gehen die Gruppen die Aufgaben an?
▶ Wie gehen die Gruppen miteinander um? Überzeugt die Gruppe mit eigenen Argumenten oder wird primär versucht, die Argumente der Gegengruppe zu entkräften?
▶ Wie gehen die Gruppen mit „Sieg" und „Niederlage" um?

Beobachtungen zum **Kommunikationsverhalten**:
▶ Neben den klassischen Bebachtungsmerkmalen in der Kommunikation wieKörpersprache, Kontaktaufnahme, Stimme, Sprechweise, Wortwahl, Motivation, Begeisterung, Stimmung, Gesprächbeziehung, Fragetechnik, Argumentationstechnik, Zuhören etc. lassen sich bei den Anwälten auch

▶ Präsentationsverhalten, selbstsicheres Auftreten, Überzeugungskraft, didaktischer Aufbau der Argumentation und der Umgang mit Konflikten/Provokationen beobachten.

Moderation der Auswertung

1. Blitzlicht der Gruppen allgemein zum Verlauf des Rollenspiels
▶ „Wie haben die unterschiedlichen Gruppen den Verlauf des Rollenspiels erlebt? Was haben sie wahrgenommen, wie haben sie sich gefühlt?"
▶ „Wie haben Sie Ihre eigene Gruppe erlebt?"
▶ „Wie haben Sie die anderen Gruppen erlebt?"
▶ „Wie zufrieden sind Sie mit dem Ergebnis?"
▶ „Wie geht es Ihnen jetzt?"
▶ „Was ist das sachliche Ergebnis aus diesem Rollenspiel?"

2. Reflexionsfragen
▶ „Welches Verhalten hatte aus Ihrer Sicht maßgeblichen Einfluss auf die Einscheidung der Jury?"
▶ „Hat sich Ihre ursprüngliche Meinung/Ihr Standpunkt zu dem Thema während oder nach dem Rollenspiel verändert? Wenn ja, was hat dazu geführt?"
▶ „Was war bei diesem Rollenspiel für Sie neu/wichtig/überraschend etc.?"
▶ „Was nehmen Sie aus diesem Rollenspiel mit?"
▶ „Was ist aus diesem Rollenspiel in den Arbeitsalltag übertragbar?"

Außerdem ...

Anmerkungen

▶ „Vor Gericht" ist ein sehr kreatives und energiegeladenes Rollenspiel, in dem manchmal auch mit „härteren Bandagen" auf einer intellektuellen Ebene gestritten werden darf. Streiten macht nämlich Spaß und setzt ungeahnte Energien frei.
▶ Ich empfehle dieses Rollenspiel erst dann einzusetzen, wenn sich die Teilnehmer bereits auf einer anderen Ebene kennengelernt haben. Bei einem zweitätigen Seminar würde sich der zweite Tag nach dem Mittagessen anbieten.

- Schön ist es auch, wenn Sie mit Hilfe von Tischen und Stühlen eine Gerichtsatmosphäre herstellen können.
- Häufig setze ich die Jury zur Urteilsfindung in einem Fishbowl, d.h., die Jury sitzt in der Mitte und die anderen Teilnehmer sitzen in einem Außenkreis um die Jury herum und erleben die Absprachen der Jury mit. Viele Teilnehmer, vor allem Techniker, sind häufig erstaunt, was alles zur Urteilsfindung bzw. Meinungsfindung herangezogen wird und dass sachliche Argumente nur einen geringeren Teil der Entscheidung beeinflussen.
- Da die Mitglieder der Jury das Verhalten der Anwälte sehr intensiv beobachtet haben, bitte ich die Jury, den Anwälten ein Geschenk in Form eines schriftlichen Feedbacks zu geben: „Drei Dinge, die ich toll fand und was ich Dir sonst noch mitgeben möchte."

Quellen

Der Impuls für dieses Rollenspiel kam aus einigen Kreativitätsseminaren, die ich für Mitarbeiter eines Automobilherstellers durchgeführt habe. In den Seminaren wurden eine Reihe von neuen Produkt- und Marketingideen generiert. Leider scheiterte die Umsetzung der Ideen in die Praxis jedoch häufig an der fehlenden Präsentationsbereitschaft der Teilnehmer bzw. an der nicht ausreichenden Vorbereitung auf eventuelle Gegenargumente und Killerphrasen. Auch die im Seminar angewendeten und geübten Kreativitätstechniken fanden aus dem gleichen Grund selten den Weg in den Arbeitsalltag.

Ich habe dieses Rollenspiel sehr erfolgreich zum Ende eines zweitätigen Seminars durchgeführt, um eine Erfolg versprechende Idee von allen Seiten auf ihre Alltagstauglichkeit hin zu überprüfen oder um die Teilnehmer darauf vorzubereiten, bestimmte Kreativitätstechniken in der Praxis, auch gegen Widerstand, einzusetzen.

Wer bedient die Hotline?

von Dr. Gudrun Fey

Überblick

Kurzbeschreibung — Im Rahmen der Teamarbeit gibt es immer wieder ungeliebte Aufgaben, die alle machen müssen. In diesem Spiel weigert sich ein Teammitglied, eine solche Aufgabe zukünftig weiter zu übernehmen. Für diese Situation gibt es klassische Lösungsmöglichkeiten, die in diesem Spiel trainiert werden.

Zielgruppe — Interessant für alle, die in Teams zusammenarbeiten, sei es als Mitarbeiter oder als Führungskraft. Das Spiel ist branchenunabhängig.

Lernziele
- In Konflikten vermitteln und Konflikte lösen.
- Unterschiedliche Interessen im Team so ausgleichen, dass jedes Teammitglied Höchstleistungen erbringt.
- Es gilt, zwischen zwei unterschiedlichen Gerechtigkeits-empfinden zu vermitteln: „Allen das Gleiche" oder „Jedem das Seine" (Platon, Der Staat).

Einsatz — Das Rollenspiel ist gut geeignet für den Nachmittag des ersten Tages, nachdem die Gruppe schon etwas „warm" geworden ist. Es ist gut geeignet, um die TN mit der Videoaufzeichnung vertraut zu machen, weil bei diesem Spiel alle mitmachen und sich hinterher bei der Wiedergabe sehen und hören.

Spielen und auswerten

Situation

Fünf Software-Entwickler beschließen mit Konsens, eine Kundenhotline einzurichten, da die neue Software – ein Buchhaltungsprogramm – Mängel und Fehler enthält. Sie verpflichten sich, jeweils einen Tag in der Woche, die Hotline zu bedienen. Nach zwei Monaten will ein Teammitglied (TM) diese Aufgabe nicht mehr übernehmen.

Eine Analyse der Anrufe ergab, dass es von Dienstag bis Donnerstag durchschnittlich 30 Anrufe gibt, deren Bearbeitung insgesamt ca. zwei Stunden dauert. Am Montag und Freitag sind es immer mehr, durchschnittlich 50 Anrufe. Davon sind manche so schwierig, dass der Arbeitsaufwand an diesen Tagen ca. fünf Stunden in Anspruch nimmt. Das heißt, dass für das jeweils betroffene TM nur noch wenig Zeit übrig bleibt, um andere Arbeiten zu erledigen.

Versuchen Sie, das Problem im Team so zu lösen, dass ein Konsens erzielt wird. Der Teamleiter ist nicht weisungsbefugt. Im Rahmen einer Besprechung soll eine Lösung gefunden werden, die alle zufriedenstellt.

Leitung

Rollen

Sie sind Teamleiter (ohne Weisungsbefugnis!) und machen nicht bei der Bedienung der Hotline mit. Ihr Maximalziel ist es, dass das TM wieder bei der Hotline mitmacht. Sie sind bereit, ihm eine Schulung zu finanzieren. Minimalziel: TM übernimmt andere, im Team unbeliebte Aufgabe, z.B. alles rund ums Kaffeekochen. Bisher wurde das im Wechsel praktiziert, was aber nicht gut klappte. Die Lösung, dass eine Hilfskraft eingestellt wird, gefällt Ihnen aus Kostengründen nicht. Falls nur so ein Konsens erzielt werden kann, würden Sie sich ggf. überzeugen lassen.

Erstes Teammitglied (TM)

Sie wollen nicht mehr mitmachen,
1. weil Sie insbesondere am Montag und Freitag immer wieder aus der normalen Arbeit durch die Anrufe herausgerissen werden,
2. weil Sie Ihrer Meinung nach als Software-Entwickler zu teuer sind, um sich mit „dummen" Kunden auseinanderzusetzen.
3. Sie sind dafür, dass für einfache Anfragen jemand eingestellt wird.

Zweites Teammitglied (TM)

Sie stehen auf dem Standpunkt, dass Vereinbarungen einzuhalten sind, und dass das TM wieder mitmachen soll. Sie sind dafür, dass ihm eine spezielle Telefonschulung bezahlt wird.

Drittes Teammitglied (TM)

Sie bringen Emotionen mit ins Spiel, weil Sie sich ärgern, dass für ein TM eine „Extrawurst gebraten" werden soll. Sie sind der Meinung, dass der Teamleiter sich gegenüber dem TM durchsetzen soll oder dass das Unternehmen generell den Lohn von allen erhöht, in der Hoffnung, dass das „abtrünnige" TM wieder mitmacht.

Viertes Teammitglied (TM)

Sie schlagen vor,
1. die Hotline generell auf vier Tage zu reduzieren,
2. jeweils nur einen halben Tag Hotline-Dienst zu übernehmen, damit es nicht so nervig ist,
3. das Problem zu vertagen: Anrufe erst mal auswerten und dann nach Lösungen suchen.

Fünftes Teammitglied (TM)

Sie verhalten sich kritisch und machen erst mal alle Vorschläge schlecht.

Sonstige Rollen

Die übrig gebliebenen TN übernehmen dann selbst erfundene Rollen, sodass man das Spiel mit bis ca. zwölf TN durchführen kann.

Wer bedient die Hotline?

Die Rollen werden in der Regel ausgelost. Es ist jedoch sinnvoll, vorher zu fragen, ob jemand die Rolle der Teamleitung, bzw. die Rolle des TM, das nicht mehr mitmachen möchte, übernehmen will.

Durchführung

Die TM sollen sich so „normal" wie möglich verhalten, vor allem ihre Emotionen nicht zurückhalten, das passiert allerdings im beruflichen Alltag sehr oft und hat zur Folge, dass man oft nicht die beste Problemlösung findet.

Die Dauer kann variieren. Damit die Analyse nicht zu lange dauert, ist es sinnvoll, die Rollenspielzeit auf 20 Minuten zu begrenzen.

▶ Es kann in dem Rollenspiel beobachtet werden, wie man im Team immer wieder zwischen den beiden Gerechtigkeitsgrundsätzen vermitteln muss.
▶ Es kann auch analysiert werden, wie und mit welchen Mitteln Einzelne ihre Interessen durchzusetzen versuchen und wie es der Leitung gelingt (oder nicht), eine für alle akzeptable Lösung zu finden.
▶ Da bei dem Spiel in der Regel alle TN mitmachen, können alle bei dem Abspielen der Videoaufzeichnung etwas zur Analyse beitragen, z.B.:
  • Körpersprache, Kontaktaufnahme, Stimme, Sprechweise, Wortwahl, Motivation, Stimmung, Gesprächsbeziehung, Vier Seiten einer Nachricht, Fragetechnik, Argumentationstechnik,
  • besondere zur Gesprächssituation passende Verhaltensweisen oder Fragestellungen.

Beobachtung

Zur Spielanalyse
▶ Ist das Ergebnis gegenüber der Firma vertretbar?
▶ Macht das Teammitglied wieder mit oder übernimmt es andere Aufgaben?
▶ Wenn keine Entscheidung gefunden wurde, wie geht es danach weiter?

Moderation der Auswertung

Dr. Gudrun Fey

Zur Entscheidungsfindung
- Echter Konsens oder falscher Kompromiss?
- Welches Argument war ausschlaggebend?

Leitung
- Wurde der/die Leiter/-in akzeptiert?
- Wurde autoritär/straff/kooperativ geführt?
- Wurde die Diskussion strukturiert?

Verhalten der Beteiligten
- Herrschte eine faire Diskussion vor?
- Wenn persönliche Angriffe, wie lauteten sie?
- Wer brachte die Diskussion voran? Wodurch?
- Wer zog sich zurück?

Stoff zum Nachdenken
- Übereinstimmung/Unterschiede Spiel – Wirklichkeit?
- Was würden Sie das nächste Mal anders machen?
- Was haben Sie aus dem Spiel für die Realität gelernt?

Außerdem ...

Hilfen zur Lösungsfindung

Hilfen zur Lösungsfindung
Versuche, damit das Teammitglied wieder mitmacht:
- TM soll nicht nur sagen, warum er nicht mehr mitmachen will, sondern selbst Lösung vorschlagen. Hilfestellung bzw. Schulung anbieten.
- Das TM durch „Streicheleinheiten" dazu bringen, dass es wieder die Hotline bedient.
- TM fragen, unter welchen Bedingungen es wieder mitmachen würde?

Andere Lösungsmöglichkeiten
Falls sie/er auf keinen Fall wieder mitmachen will, gibt es mehrere Lösungsmöglichkeiten, die mithilfe eines Brainstormings gefunden werden können:

Wer bedient die Hotline?

- ▶ Die Hotline jeweils nur einen halben Tag bedienen.
- ▶ Hilfskraft einstellen, die die einfachen Kundenanrufe bearbeitet.
- ▶ Telefondienst nicht mehr tageweise aufteilen, sondern Anrufe problemorientiert weiterleiten.
- ▶ Mehr Geld für diesen Tag bezahlen.
- ▶ Ein anderes Teammitglied übernimmt den Tag.
- ▶ Nur die restlichen vier bedienen die Hotline.
- ▶ Teammitglied übernimmt andere Aufgabe, etwa immer die Protokolle zu schreiben, und wird dafür vom Telefondienst entbunden.
- ▶ Kunden erhalten Schreiben, mit Antworten auf die häufigsten Fragen.
- ▶ Zentrale Schulungstage für Kunden durchführen.

Anmerkungen

- ▶ Man kann das Spiel mit sechs TN oder bis zwölf TN spielen.
- ▶ Anstatt zu thematisieren, wer zukünftig die Hotline bedient, kann es sich auch um eine andere Teamaufgabe handeln.

Quellen

Das Rollenspiel habe ich selbst für eine Seminarreihe zum Thema „Verbesserung der Teamarbeit" entwickelt.

Download

Rollenbeschreibung als Download.
Download-Link: http://www.managerseminare.de/tmdl/b,187486

Wer nicht fragt, bleibt dumm!

von Jessica Greiwe

Überblick

Kurzbeschreibung   Eine Gruppenarbeit zum Thema „offene und geschlossene Fragen".

Zielgruppe   Zielgruppe dieser Übung sind die Teilnehmer eines Verkaufs-, Vertriebs- oder Servicetrainings. Und überall dort, wo es um die Bedarfsanalyse und die verschiedenen Fragetechniken geht. Geeignet für Anfänger und Fortgeschrittene.

Lernziele
- ▶ Die Teilnehmer stellen Fragen offen, um möglichst viel über den Bedarf des Kunden zu erfahren.
- ▶ Die Teilnehmer stellen Fragen offen, um möglichst viel über die Beweggründe ihres Gesprächspartners zu erfahren.
- ▶ Die Teilnehmer haben ein Gefühl dafür, wie unterschiedlich die Menge an Informationen ist, die sie bei den verschiedenen Fragetechniken bekommen.

Einsatz
- ▶ Die Übung kann am Anfang eines Parts zu den Fragetechniken eingesetzt werden, um ein „Aha"-Erlebnis zu ermöglichen, auf dem das weitere Themenfeld aufbaut.
- ▶ Sie bietet zudem ein Praxisfeld zum Ausprobieren nach einem theoretischen Teil zum Thema Fragetechniken.

Wer nicht fragt, bleibt dumm!

Spielen und auswerten

Drei Teilnehmer gehen in eine Gruppenarbeit.
- A = Verkäufer
- B = Käufer
- C = Beobachter/Protokollant der Ergebnisse

Rollen

Die Gruppe einigt sich zunächst auf ein Produkt, das der Käufer sucht. Gerne auch etwas, das es in ihrem Arbeitsumfeld nicht gibt, bspw. Leberwurst oder ein Ballkleid. Oder etwas, wonach der Teilnehmer, der den Käufer spielt, gerade privat auf der Suche ist, etwa ein neues Auto oder Handy. Oder ein Scherzartikel. Der Fantasie der Teilnehmer sind hier keine Grenzen gesetzt.

Durchführung

Die Aufgabe von A ist es, zunächst zu versuchen, den Bedarf von B ausschließlich mit drei geschlossenen Fragen zu ermitteln. Aufgabe des C ist es, die herausgefundenen Informationen aufzuschreiben. Dann stellt A drei offene Fragen an B. Auch hier protokolliert C die herausgefundenen Wünsche von B und stellt die Ergebnisse auf einem Blatt gegenüber.

Dann wechseln die Rollen und die Gruppe beginnt von vorn, bis jeder Teilnehmer einmal jede Rolle innehatte.

Aufgabe des beobachtenden C ist es, die Informationen, die A mithilfe der offenen und geschlossenen Fragen bekommt, stichpunktartig mitzuschreiben.

Beobachtung

- Eine gute Form der Auswertung ist das Gespräch über die Erfahrungen und Ergebnisse im Plenum.
- Eine Visualisierung der Ergebnisse unterstützt den Transfer.

Moderation der Auswertung

Eigenentwicklung.

Quellen

Wertvolle Rückmeldung

von *Katharina Schaal*

Überblick

Kurzbeschreibung   Ein Gespräch zwischen zwei Personen, die sich Feedback geben.

Zielgruppe   Führungskräfte.

Lernziele
- Entwicklung fördern.
- Konstruktiv Feedback geben.
- Wahrnehmung erweitern.

Einsatz
- Nach Input zu Wahrnehmungsunterschieden; Feedback.
- „Schlüsselerlebnis" Blickwinkelwechsel.

Spielen und auswerten

Situation   In der Firma „value" gibt es seit Neuestem Mitarbeiterführungsgespräche. Der Chef der Firma plant nun, einmal im Jahr mit jedem Mitarbeiter ein ausführliches Gespräch zu führen. Gegenstand des Gesprächs soll die Zufriedenheit des Chefs über die geleistete Arbeit und mögliche Entwicklungspotenziale sein. Das erste Gespräch möchte der Chef gleich Montagmorgen mit seinem Mitarbeiter Herrn Bartsch führen. Dafür sind 15 Minuten vorgesehen.

Führungskraft Herr Hermann

Sie freuen sich sehr darauf, mit jedem einzelnen Mitarbeiter ein längeres Gespräch führen zu können. Dennoch sind Sie etwas in Sorge, wie Mitarbeiter Ihre Einschätzungen und Rückmeldungen auffassen. Deshalb fangen Sie gleich mit Ihrem „schwierigsten Fall" an. Herr Bartsch ist ein langjähriger und gewissenhafter Mitarbeiter. Letzteres ist das Problem. In den vorangegangenen zwei Jahren haben sich wiederholt Mitarbeiter über ihren Kollegen Herrn Bartsch beschwert. Er wäre pingelig, würde sich in Details verlieren und die eigentliche Arbeit aus den Augen verlieren. Um den Betrieb „am Laufen" zu halten, machen die Kollegen anscheinend die Arbeit von Herrn Bartsch mit. Sie selbst sind viel auf Geschäftsreise und bekommen alltägliche Arbeitsabläufe selten mit, dennoch konnten Sie in vereinzelten Situationen beobachten, wie Herr Bartsch sich zeitlich verzettelt. Sie sitzen in Ihrem Büro, es ist 9:45 Uhr und Sie erwarten Herrn Bartsch in 15 Minuten. Die Zeit wollen Sie nutzen, um sich auf das Gespräch vorzubereiten. Dazu haben Sie sich Notizen gemacht, die Sie jetzt durchlesen.

Mitarbeiter Herr Bartsch

Sie sind seit 15 Jahren bei der Firma „value" angestellt und arbeiten sehr gerne dort. Sie stehen hinter den Produkten und sind besonders stolz auf die außergewöhnliche Qualität. Mit viel Geduld und großer Gewissenhaftigkeit tragen Sie jeden Tag dazu bei, dass der Qualitätsstandard beibehalten wird. Leider haben viele Ihrer Kollegen eine andere Einstellung zur Arbeit. Den meisten scheint die Qualität nicht besonders wichtig zu sein. Ihnen wurde sogar schon Ihre Gewissenhaftigkeit vorgeworfen. Sie würden den ganzen Betrieb aufhalten, weil Sie sich zu viel Zeit für einzelne Arbeitsabläufe nehmen und Ihre Kollegen müssten das auffangen. Sie sind eher ein zurückhaltender Typ und haben wenig mit den Kollegen zu tun. Ihr Chef hat Sie zu einem Mitarbeitergespräch eingeladen. Sie freuen sich sehr darauf, weil Sie an Ihrem Chef schätzen, dass er für gute Qualität steht und Sie der erste Mitarbeiter sind, der gefragt wurde. Um zehn Uhr ist Ihr Gesprächstermin, Sie sind bereits 15 Minuten früher vor Ort, damit Sie ganz sicher pünktlich kommen. Sie klopfen an.

Durchführung Kündigen Sie das Rollenspiel motivierend an. *„Folgendes Rollenspiel gibt Ihnen die Gelegenheit eine konkrete Feedback-Situation zu testen, diese zu reflektieren und erneut auszuprobieren."*

Geben Sie die Situationsbeschreibung allen Teilnehmern weiter und besetzen Sie die Rollen. Das können zwei Teilnehmer aus der Gruppe sein und alle anderen übernehmen die Beobachterrolle oder Sie bilden Dreiergruppen mit je einem Beobachter.

Verteilen Sie die Rollenbeschreibung an die Mitspielenden und geben Sie fünf Minuten Zeit, sich einzeln auf das Gespräch vorzubereiten. In der Vorbereitungszeit verlassen die Mitspielenden den Raum und sollten sich untereinander nicht austauschen.

Besprechen Sie mit den übrigen Teilnehmern die Beobachtungskriterien und vergeben Sie die Beobachterbögen.

Bereiten Sie Sitzgelegenheiten für das Rollenspiel und eine (imaginäre) Tür vor. Erst wenn der Chef an seinem Platz sitzt, geben Sie der Person die Vorbereitungsnotizen. Signalisieren Sie den Start des Rollenspiels. Gegebenenfalls können Sie eine Videoaufnahme von der Gesprächssituation machen.

Besprechen Sie die entstandenen Beobachtungen.

Danach geben Sie allen Teilnehmern in der Rolle des Chefs das Arbeitsblatt zur „Reflexion von Eigenschaften und ihren Werten". Bearbeitungszeit zehn Minuten. (Das Arbeitsblatt ist als Download verfügbar. Downloadlink am Beitragsende.)

Jetzt wird das Rollenspiel wiederholt. Der Chef hat nun die Aufgabe, den neuen Blickwinkel mit in sein Feedback einzubauen. Die Beobachter beantworten die Fragen auf dem Beobachtungsbogen erneut.

Abschließend werden die Beobachtungen diskutiert.

Wertvolle Rückmeldung

Anleitung Beobachter – Beschreiben Sie jeweils den Einsatz und die Wirkung folgender Kriterien: *Beobachtung*

Kriterien	Chef 1. Durchgang	Chef 2. Durchgang	Mitarbeiter 1. Durchgang	Mitarbeiter 2. Durchgang
Körpersprache				
Wortwahl				
Stimme				

Beantworten Sie nachfolgende Fragen einmal im 1. Durchgang und einmal im 2. Durchgang:
- „Wie wertschätzend wirkt das Feedback des Chefs auf Sie?"
- „Wie gut kann der Mitarbeiter das Feedback annehmen?"
- „Finden beide einen zufriedenstellenden gemeinsamen Nenner? Wenn ja, durch was entsteht dieser? Wenn nein, was hemmt dabei?"
- „Wie gehen die Gesprächspartner auseinander?"
- „Wie geht es beiden Gesprächspartnern?"

Kurze Befragung der Mitspielenden.   *Moderation*
- „Wie haben Sie sich selbst erlebt?"   *der Auswertung*
- „Wie ging es Ihnen damit?"

Beim 2. Durchgang ergänzen Sie die oben gestellten Fragen durch:
- „Wie hat dazu Ihr neuer Blickwinkel beigetragen?"

(Video anschauen) Befragung der Beobachter (siehe Arbeitsblätter im Download-Bereich).

Katharina Schaal

Außerdem ...

Vorbereitungsnotiz

Vorbereitungsnotiz für den Chef
1. Machen Sie sich darüber Gedanken, wie Sie einen guten Kontakt herstellen, um den Einstieg in das gemeinsame Gespräch zu erleichtern. Was würde Ihnen als Mitarbeiter guttun?
2. Frischen Sie Ihr Gedächtnis auf. Welche Aufgaben, Ziele und Wünsche sollen angesprochen werden? Sprechen Sie dabei zuerst Positives an und dann Verbesserungsfähiges.
3. Bereiten Sie den Gesprächsbogen vor. Machen Sie sich Notizen, wie Sie vorgehen wollen.
4. Richten Sie Ihren Blick in die Zukunft. Auf Aufgaben und Zielvereinbarungen, die neu sind bzw. wie die bereits bestehenden behandelt werden.
5. Überlegen Sie sich, welche Förderungs- und Entwicklungsmaßnahmen Sie sich für Ihre Mitarbeiter vorstellen könnten.
6. Fallen Ihnen noch weitere Punkte ein? Notieren Sie sich auch Sonstiges.
7. Wie gestalten Sie das Ende des Gespräches?

Denken Sie daran, die beste Basis für Ihr Mitarbeiterführungsgespräch sind: gute Atmosphäre, sich dem Mitarbeiter voll und ganz zu widmen und Sachlichkeit.

Anmerkungen

Die Eigenschaften des Mitarbeiters können jederzeit variiert werden. Ob die jeweilige Eigenschaft als eine Stärke oder Schwäche des Mitarbeiters empfunden wird, liegt jeweils im Auge des Betrachters. Auch zu positiven Feedbacks lässt sich diese Übung durchführen (siehe Variante Stärke im Arbeitsblatt zur „Reflexion von Eigenschaften und ihren Werten"), um frühzeitig ein „Kippen" des Wertes zu verhindern. Dann sollte das Arbeitsblatt ausgetauscht werden.

Erfahrungen

In Seminaren stelle ich immer wieder „Aha-Erlebnisse" nach der Durchführung dieser Übung fest. Durch die veränderte Betrachtungsweise fällt es vielen Teilnehmern leichter, Feedback als wertschätzend zu erleben.

Quellen

Die Idee für dieses Rollenspiel ist im Rahmen von mehreren Seminareinheiten zum Thema Feedback- und Bewertungsgespräche entstanden. Dabei war auffallend, dass bestimmte Eigenschaften ausschließlich positiv oder negativ bewertet wurden, je nach Blickwinkel des Betrachters. Daraus entstanden immer wieder Diskussionen zwischen den Seminarteilnehmern. Ziel war es, jedem Blickwinkel etwas abgewinnen zu können und vom „Schwarz-Weiß-Denken" in ein wertschätzendes Denken für alle Eigenschaften zu kommen.

Download

Folgende Dokumente finden Sie im Downloadbereich:
- Das Arbeitsblatt zur „Reflexion von Eigenschaften und ihren Werten".
- Rollenbeschreibungen.

Download-Link: http://www.managerseminare.de/tmdl/b,187486

Zahnbürsten zu verkaufen

von Hans Heß

Überblick

Kurzbeschreibung — Kommunikationspartner, hier Käufer und Verkäufer, begegnen sich mit unterschiedlichen mentalen Bildern, Erwartungen und Zielen.

Zielgruppe
- Anfänger/Fortgeschrittene.
- Verkäufer/Servicemitarbeiter/Call-Center-Agents.
- Mitarbeiter mit Kundenkontakt/übertragen einsetzbar in Kommunikationsseminaren.

Lernziele
- Fragen, hinterfragen, Fragetechniken, Informationsbeschaffung.
- Erkennen von Denkrillen, Vorannahmen, Scheuklappen.
- Vertriebstraining, Verhandlungsstrategien, Kommunikationsmuster.

Einsatz
- „Warm-up" zum Themenbereich Verkauf, Kommunikation.
- Schlüsselerlebnis für Vorannahmen des Gesprächsführenden.
- Einstieg in den Themenkomplex Denkrillen, Fragen und Zuhören.

Spielen und auswerten

Situation — Zwei Rollen sind zu besetzen: Ein Verkäufer, Spezialist für Zahnbürsten sowie ein Kunde, der eine Zahnbürste kaufen möchte.

Zahnbürsten zu verkaufen

Der Kunde kommt in eine Drogerie und möchte eine Zahnbürste kaufen. In der Drogerie arbeitet ein anerkannter Spezialist für Zahnbürsten als Verkäufer. Die Drogerie ist weithin bekannt dafür und hat eine große Auswahl an Zahnbürsten.

Verkäufer in der Drogerie „Zahn & Zeit" *Rollen*
Sie heißen Martin Bissmann und sind Experte für Zahnbürsten in der Drogerie „Zahn & Zeit". Sie kennen die besten Zahnbürsten auf dem Markt und haben eine große Auswahl vorrätig. Bei Ihnen geht keine Zahnbürste ohne ausführliche Beratung über die Ladentheke, das ist ihr großer Vorteil, denn die Kunden kommen von nah und fern, um sich von Ihnen beraten zu lassen. Den Kunden, der nun gleich Ihre Drogerie betritt, kennen Sie noch nicht, Sie bedienen ihn zum ersten Mal. Er wirkt sympathisch und umgänglich.

Kunde in der Drogerie „Zahn & Zeit"
Sie heißen Klaus Woderstein und haben ein neues Hobby, von dem Sie ganz begeistert sind. Sie gestalten sogenannte „Lytographiesteine" mit sensationellen Mustern aus Farbe und farbigen Pasten. Dazu benötigen sie Zahnbürsten. Für die Gestaltung sind Zahnbürsten mit geraden Borsten notwendig. Die Härte kann unterschiedlich sein, mal brauchen Sie feine, weiche, mal etwas härtere Borsten. Sie haben gehört, dass die Drogerie „Zahn & Zeit" eine große Auswahl an Zahnbürsten bevorratet und außerdem einen Spezialisten für Zahnbürsten beschäftigt. Ihr Hobby ist noch ziemlich neu, daher unbekannt. Sie sprechen nicht gerne darüber und möchten auch einen gewissen Marktvorteil behalten, daher sind Sie mit Informationen über den Verwendungszweck der Zahnbürste eher zurückhaltend und lassen sich auch nicht gern ausfragen. Die Fragen, die sie vom Verkäufer gestellt bekommen, beantworten sie zwar wahrheitsgemäß, aber eher ausweichend in Bezug auf Ihr Hobby.

Das Rollenspiel sollte motivierend als „Lernexperiment" angekündigt werden. *„Das folgende ‚Lernexperiment' soll uns einstimmen auf das Thema Verkaufskommunikation (Kommunikation zwischen zwei* *Durchführung*

Menschen), es gibt uns ein lebendiges Beispiel für Gesprächstechniken. In unserem Fall gibt es einen ‚Spezialisten' für Zahnbürsten, der einem Kunden eine Zahnbürste verkaufen soll. Der Spezialist heißt Martin Bissman und arbeitet in der Drogerie ‚Zahn & Zeit'. Sein Kunde Klaus Woderstein möchte eine Zahnbürste kaufen."

Verkäufer und Kunde erhalten eine Kurzbeschreibung ihrer Rolle, der Trainer sollte sie jedoch darüber hinaus auch verbal einrollen, insbesondere den Kunden. *„Sie sollten genau hinhören, welche Fragen gestellt werden und auch nur darauf kurz und knapp antworten. Die angebotenen Zahnbürsten sollten Sie so lange wie möglich mit spontanen Begründungen ablehnen. Nur wenn Sie gefragt werden, geben Sie preis, auf was Sie Wert legen. Den Verwendungszweck verraten Sie nur dann, wenn es sich nicht vermeiden lässt."*

Beobachtung

Das Rollenspiel sollte mit einem Beobachtungsbogen verfolgt werden. Beobachtungkriterien sind:
- ▶ Fragetechniken, insbesondere öffnende Fragen und reflektierende Fragen, Stimme, Stimmung, Beziehungsaufbau zwischen den Gesprächspartnern, Argumentationstechniken.

Moderation der Auswertung

- ▶ Das Rollenspiel wird im Plenum ausgewertet.
- ▶ Der Einsatz von Videoaufzeichnung ist sinnvoll, jedoch nicht zwingend notwendig – hier ist der Faktor Zeit ausschlaggebend.
- ▶ Zunächst sollten die Beobachter nach ihren Beobachtungen befragt werden. Die einzelnen Gesprächstechniken können nacheinander bearbeitet werden.
- ▶ Sharing – die Beobachter werden gefragt, wer noch in die „Vorannahmefalle" getappt wäre, um die Akteure nicht allein zu lassen.
- ▶ Die Schlussfolgerungen können für alle sichtbar auf Pinnwand, Mind Map® oder Flipchart festgehalten werden.
- ▶ Die Ergebnisse werden gemeinsam in den Berufsalltag übertragen. Hierbei ist es wichtig, auf die verschiedenen Aspekte einzugehen und Strategien zur Vermeidung von Wahrnehmungsverzerrung, Vorannahmen und Denkrillen zu erarbeiten.

Außerdem ...

Anmerkungen

Sollte sich der Verkäufer „quälen", das heißt, bekommt er nicht heraus, wofür die Zahnbürste benötigt wird, kann der Trainer einen weiteren Teilnehmer einladen, in seine Rolle zu schlüpfen und eine Zahnbürste zu verkaufen. Wenn auch dadurch die Situation nicht „aufgelöst" wird, beendet der Trainer das Spiel und wertet mit der Gruppe das bisher Erlebte aus. Erst dann wird der Einsatz-Zweck genannt. Das erzeugt auch das Verständnis der Beobachter für ihre eigenen Denkrillen.

Das Rollenspiel setzt eine sehr lebhafte Diskussion in Gang. Es werden oft nur Zahnbürsten angeboten, ohne dass Bedarfsfragen gestellt werden. Auch „gestandene Verkäufer" erliegen den Vorannahmen und Denkrillen. Wenn Fragen gestellt werden, so meist über die Beschaffenheit der Zähne, die der Kunde wahrheitsgemäß beantworten kann, ohne zu dem direkten Einsatz-Zweck etwas zu sagen. Die Zahnbürste kann als wirksames „Erinnerungsinstrument" genutzt werden: *„Jeden Morgen, wenn Sie sich ab heute die Zähne putzen, können Sie sich an dieses Rollenspiel erinnern und daran, wie wichtig die richtigen Fragen sind und wie uns unsere Vorannahmen manchmal fehlleiten."*

Hans Heß, flextrain und Harald Auer, Telekom.

Quellen

Rollenbeschreibung als Download.
Download-Link: http://www.managerseminare.de/tmdl/b,187486

Download

Zugabteil

von Lars Schäfer

Überblick

Kurzbeschreibung Eine auflockernde Praxisübung zur Fragetechnik in einem „virtuellen" Zugabteil, in dem ein geschwätziger Zeitgenosse auf einen schweigsamen Menschen trifft.

Zielgruppe
- Verkäufer in sämtlichen Positionen und aus allen Branchen.
- Führungskräfte, die Informationen brauchen.
- Alle, die (noch erfolgreicher) kommunizieren wollen.

Lernziele
- Den Gesprächspartner öffnen.
- Die Bedarfsermittlung in einem Verkaufsgespräch optimal gestalten.

Einsatz
- Diese Praxisübung können Sie als Einführung zum Thema „Fragetechniken" nutzen. Die Teilnehmer werden auf lockere Art und Weise an das Thema herangeführt und gleichzeitig aktiviert. Als Trainer haben Sie die Möglichkeit, den Ist-Zustand der Teilnehmenden zu ermitteln.
- Häufig kommt es hierbei schon zu einem Schlüsselerlebnis, wenn die Teilnehmer erkennen, dass sie mit einer geschlossenen Fragestellung „nicht weit kommen".

Zugabteil

Spielen und auswerten

Situation

In einem ICE von beispielsweise Köln nach München sitzt eine Reisende in einem geschlossenen Abteil und liest intensiv die Tageszeitung. Sie ist dermaßen vertieft in diese Lektüre, dass sie absolut kein Interesse daran hat, sich zu unterhalten.

In kurzen Zeitabständen wird diese stille Zeitgenossin nun von gut gelaunten und sehr gesprächigen Menschen „heimgesucht".

Die Stille

Rollen

Die Stille sitzt konzentriert und vertieft hinter ihrer Zeitung und ist vorzugsweise auch ein wenig schlechter gelaunt. Es ist wahrscheinlich noch früh am Tag und ihr ist gar nicht nach reden zumute. Diese Rolle kann der Trainer selbst übernehmen, Sie können auch eine Teilnehmerin darauf vorbereiten. Hierbei sollten Sie bitte darauf achten, die Teilnehmerin genauestens zu instruieren:
- wirklich verschlossen zu bleiben, bis die ersten offenen Fragen gestellt werden.
- sich nach der zweiten offenen Frage langsam gesprächsbereiter zu zeigen.

Der Gesprächige

Der Gesprächige kommt gut gelaunt in das Zugabteil, findet dort einen Zeitung lesenden Menschen vor und will mit ihm ins Gespräch kommen. Diesen Part übernehmen dann nacheinander alle Teilnehmer.

Um die Situation so realistisch wie möglich zu gestalten, stellen Sie 4-6 Stühle wenn möglich so auf, wie Sie es aus einem Zugabteil kennen: Ein spannender Nebeneffekt ist nämlich auch, wo sich die Teilnehmer hinsetzen – gegenüber, weit weg oder gar direkt neben die Zeitungsleserin.

Durchführung

Bei dieser Variante der Übung empfiehlt es sich, den Teilnehmern beispielsweise folgende Anweisung zu geben: *„Sie sind gut gelaunt und voller Tatendrang. Sie kommen in dieses Zugabteil und treffen eine Zeitung lesende, mürrische Gestalt an. Das weckt den olympischen Geist in Ihnen, denn Sie wollen diese Person unbedingt in ein Gespräch verwickeln. Also: Bitte öffnen Sie die stille Reisende durch Fragen. Kommen Sie dazu einzeln nacheinander in das Abteil …"*

Sinnvoll ist es, die Teilnehmenden darauf hinzuweisen, dass Sie das Ziel dieser Übung direkt im Anschluss an die Durchführung erklären werden, um dem eigenen Erleben im Rollenspiel nicht vorzugreifen.

Nun „bewaffnen" Sie als Trainer sich bitte mit einem Schreibblock und Kugelschreiber, denn Sie machen heimlich eine Strichliste: Wie viele offene Fragen werden gestellt und wie viele geschlossene? Es hat sich meiner Erfahrung nach als sinnvoll erwiesen, ab der zweiten offenen Frage als stille Reisende gesprächsbereiter zu werden. Nur werden leider zumeist geschlossene Fragen gestellt, was den Verbleib in der stillen Rolle einerseits leichter macht und andererseits jede Menge Komik in die Situation bringen kann.

Ein Beispiel aus einem meiner Trainings
Teilnehmer: *„Sie wollen nicht reden, oder?"* Ich habe die stille Reisende selbst gespielt und sagte mit gespielt genervtem Gesichtsausdruck: *„Nein."* Teilnehmer: *„Schade …"* An dieser Stelle wusste der junge Verkäufer nicht mehr weiter, weil er unter anderem auch über sich selbst lachen musste. Hier macht es dann Sinn, den nächsten TN ins Abteil zu rufen und den vorherigen mit einem Lächeln zu verabschieden.

Allgemein empfiehlt es sich, nach drei bis vier Fragen *„Der Nächste bitte"* o.Ä. zu rufen, da das Spiel auch von seinem Tempo lebt.

Wenn Sie selbst die Rolle der stillen Reisenden übernommen haben, machen Sie bitte das Ende der Rollenübernahme sehr deutlich. Auch eine spielende Teilnehmerin „befreien" Sie bitte deutlich aus dieser Rolle.

Zugabteil

Anders als in den „großen" Praxisübungen – beispielsweise ein Verkaufsgespräch mit Kamera – verzichte ich hierbei auf eine Aufgabenverteilung, wer wen wann und wobei beobachten soll. Meiner Meinung nach reicht hier der Satz *„Schauen Sie, was passiert"* vollkommen aus, denn es soll ja ein „Aha-Effekt" erzielt werden.

Beobachtung

Mögliche Fragen nach Beendigung der Übung:
- „Was ist Ihnen aufgefallen?"
- „Wann verschloss sich der andere Fahrgast noch mehr, wann wurde er zugänglicher?"

Moderation der Auswertung

Meist wird dann die Aussage getroffen, dass die stille Reisende sich bei offenen Fragen mehr am Gespräch beteiligt hat. Das gibt Ihnen die Gelegenheit, Ihre Statistik aufzulösen, denn Sie haben ja nebenbei fleißig eine Strichliste geführt. Erfahrungsgemäß werden deutlich mehr geschlossene Fragen gestellt.

Vorschlag für die nächste Auswertungsfrage:
- „Was sagt Ihnen das in Bezug auf Ihre Verkaufsgespräche/Kommunikation/Mitarbeitergespräche etc.?"

Nun können Sie diese Selbsterfahrung der Teilnehmer mitnehmen, um zum Thema Fragetechniken überzuleiten, sei es als Vortrag oder als Lehrgespräch. Da es bei dieser Übung zunächst nur um eine Sensibilisierung geht, verzichte ich an dieser Stelle auf Einzel-Feedbacks.

Außerdem ...

Sie können natürlich das Umfeld dieser Übung frei gestalten: Statt in einem Zugabteil kann man sich auch in einem Aufzug treffen, im Wartezimmer eines Arztes oder gar in einer Sauna. Diese Variante erfordert allerdings erhöhte Vorstellungskraft für Sie und Ihre Teilnehmer, da ich nicht glaube, dass Sie es allzu realistisch gestalten wollen :).

Anmerkungen

Quellen Diese Übung ist mir in ähnlicher Form bereits dreimal in anderen Veranstaltungen begegnet: Sie wurde eingesetzt, nachdem das Thema Fragetechniken behandelt wurde, sozusagen als Transfersicherung.

Ein weiterer Unterschied bestand darin, dass die Anmoderation wie folgt lautete: *„Öffnen Sie Ihren Gesprächspartner durch offene Fragen."* Hierdurch wurde der Rahmen enger gehalten und es wurde gezielt die Anwendung und Formulierung offener Fragen geübt. Der stille Fahrgast wurde meist von einem anderen Teilnehmer dargestellt.

ZWEI

Methodische Spezialitäten

Schnellfinder

Rollenspiel im Coaching 267
Führungskompetenz erwerben durch
Szenariobasiertes Lernen... 311
Schauspieler im Rollenspiel 327
Mit Rollen spielen nach Seminarende 353

Rollenspiele im Coaching – kreative Klärungsarbeit für äußere und innere Schauplätze

von Eva Neumann und Sabine Heß

Rollenspiele im Coaching – wie passt das zusammen? Die lebendige Interaktion zwischen Zuschauern, Protagonisten und Antagonisten einerseits und die kleinere Raum-Zeit-Einheit „Coaching" andererseits, in der das Individuum im Mittelpunkt steht? Und wie ist es überhaupt methodisch möglich, zu zweit ein Rollenspiel durchzuführen?

Klärungsarbeit im Gespräch, Input und Übungen gehören nach wie vor zur Basisausstattung im „Handwerkskoffer" nicht nur des Trainers, sondern auch des Coachs. Warum also neben den in den letzten Jahrzehnten aus dem therapeutischen Bereich stammenden und für das Coaching weiterentwickelten Methoden nicht auch Rollenspieleinheiten nutzen?

Gründe für Rollenspiele im Coaching

Für Rollenspiele im Coaching sprechen ähnlich wie im Training ihre breiten Einsatz- und Wirkungsmöglichkeiten:

Breite Einsatzmöglichkeiten

- als Diagnose-Hilfe, um den Ist-Zustand von Fähigkeiten zu ermitteln, oder um sich als Coach ein Bild zu machen, wie der Coachee eine herausfordernde Situation erlebt,
- als Kreativitätstechnik, um mit dem Coachee neues Verhalten zu entwickeln und damit Spielraum für Verhaltensentscheidungen zu finden,
- als „Generalprobe" für zukünftige Situationen, um ein neues Verhalten auszuprobieren und auf Stimmigkeit zu überprüfen,
- als Übungsmöglichkeit, um Verhalten auf Dauer einzutrainieren,
- als „Spiegel" für den Coachee, um sich Feedback für das eigene Verhalten einzuholen, Selbst- und Fremdbild abzugleichen und dadurch persönliche Sicherheit und Sozialkompetenz zu entwickeln,
- als Impuls und Einstieg in eine weiterführende Arbeit mit Persönlichkeitsanteilen (z.B. mit dem Inneren Team).

Ad-hoc-Rollenspiele

Ad-hoc-Rollenspiele sind für das Coaching geeigneter als vorbereitete Rollenspiele (die natürlich auch eingesetzt werden können). Es ist für den Coachee leichter und oft näher an seinem Anliegen, wenn er aus „seiner" aktuellen Situation heraus agiert (die der Anlass zum Coaching war), als dass er sich in ein fremdes Übungs-Szenario hineindenkt. (Eine ausführliche Anleitung zum Einsatz von Ad-hoc-Rollenspielen finden Sie in „Mit Rollen spielen", Band I.)

Herausforderungen an den Coach

Herausforderungen beim Einsatz der Methode „Rollenspiel"

Im Coaching steht der Coach mit der Rollenspiel-Methodik vor einigen Herausforderungen:
- Wie bearbeitet man ein Coaching-Anliegen, in dem es um die Frage angemessenen Verhaltens geht, wenn als Feedback-Geber lediglich der Coach zur Verfügung steht? Anders als im Seminar fehlt die Vielfalt der Beobachterperspektiven.
- Wie kann der Coach „mitspielen", ohne seine neutrale Rolle zu beschädigen – gerade, wenn er eine Rolle spielen soll, die auf der Beziehungsebene zum Coachee problematisch ist? Angenommen, das Anliegen erfordert, dass der Coach einen „Angstgegner" mit verletzendem Verhalten spielt – wie wirkt sich das auf

den Coaching-Prozess und die Beziehung zwischen Coachee und Coach aus?

▶ Was, wenn für die Klärung des Anliegen drei oder vier Rollen zu besetzen sind?

Auch auf folgende Fragen wollen wir in diesem Kapitel eingehen:
▶ Wie gehen wir beim Einsatz von Rollenspielen im Coaching vor?
▶ Worauf gilt es besonders zu achten? Welche Anpassungen und Änderungen sind empfehlenswert?
▶ Wofür ist das Rollenspiel im Coaching geeignet, wofür weniger?

Erstes Coaching-Ziel: Angemessenes Verhalten für herausfordernde Situationen entwickeln

Ein Fallbeispiel

Frau M. kommt mehrere Stunden ins Coaching mit dem Anliegen, ihr Zeitmanagement zu verbessern. Sie arbeitet in einem überregional wirkenden Verein, ist im Veranstaltungsmanagement und als Sekretärin des Vorstands tätig. Die gute Beziehung zu den Mitgliedern und Ehrenamtlichen ist für ihre Arbeit entscheidend. Hilfsbereitschaft im Team ist ein hoher, gelebter Wert, die Bürotüren stehen offen. So kommt es, dass Frau M. kaum störungsfreie Zeiten erlebt, in denen sie geplante Veranstaltungen konzipieren und durchdenken kann. Sie klagt über ständige Unterbrechungen durch Kolleginnen, Anruferinnen und spontan einberufene Besprechungen durch die Chefin.

Es erfolgt die Sichtung der Rahmenbedingungen, die Klärung ihrer Rolle und der Rolle der Chefin. Zudem wird ein Wunschplan zur Verteilung der Arbeit auf die Wochenarbeitszeit erstellt, und es werden Zeitfenster für bestimmte Arbeitsabschnitte herausgefiltert, die Frau M. auch ihrem Team mitteilt. In der vierten Coaching-Sitzung ist ein aktuelles Anliegen für sie vorrangig: Vor zwei Tagen habe sie den Anruf einer Ehrenamtlichen erhalten, mit der sie eine Dreiviertelstunde am Telefon „festhing", während sie eigentlich an einem Projektplan weiterarbeiten wollte. Sie brachte es nicht fertig, die Anruferin „abzuwürgen", weil sie Sorge hatte, sie dadurch zu verärgern. Frau M. erwähnt, die Dame sei sehr „empfindlich", und leicht beleidigt, wenn man ihr nicht die Zeit gebe, die sie einfordere, außerdem kenne sie das von sich, dass sie „solche" Anruferinnen kaum einbremsen könne. Frau M. sagt, sie wolle herausfinden, wie sie dieses und ähnliche Telefongespräche steuern und zu einem Ende bringen kann, um dadurch Zeit für dringliche Aufgaben zu gewinnen.

Klärung des Anliegens und Methodenwahl

Frau M. benennt ein Anliegen auf der Verhaltensebene, sie will ihre Aktions- und Reaktionsmöglichkeiten ausbauen. Als Coach frage ich nach, wie sie sich denn bisher verhalten hat. Frau M. weiß das nicht so genau, außerdem stellt sie fest, dass sie schon „alles probiert" habe. Ich schlage ihr ein kurzes Rollenspiel vor, damit ich sie im Gespräch erlebe und ihr ein Feedback geben kann. Anschließend würden wir uns über Ihre Ausgangsfrage unterhalten (Ziel: Diagnose).

Inszenierung

Da die Weichen für Gesprächsführung und -verlauf meist schon zu Beginn gestellt werden, spielen wir das Telefongespräch von dem Moment an, als der Apparat klingelt. Ich bespreche mit Frau M. den methodischen Ablauf, die Rollenverteilung, die Tonbandaufnahme, die Platzwahl für das Rollenspiel und die Dauer des Gesprächs. Ich mache deutlich, wann ich in der Rolle der Anruferin bin (auf dem Antagonisten-Stuhl) und wann ich als Coach spreche (wenn ich (auf)stehe bzw. auf meinem Coach-Platz sitze). Ich erfrage Details zum Sprechverhalten und zu der Stimme der Anruferin sowie zu konkreten Sätzen bzw. zur Wortwahl der Anruferin. Dann geht es los: Frau M. (als Protagonistin) spielt sich selbst im „Büro" und setzt sich dazu an einen anderen Platz am Tisch, an dem provisorische „Unterlagen" und ein Laptop ihr Arbeitspensum verdeutlichen.

Die Platzierung von Coach und Coachee

Der Wechsel der Sitzplätze „im Rollenspiel" und „im Coaching-Gespräch" birgt in sich eine wichtige Funktion für die Selbstreflexion: Frau M. kann nach dem Rollenspiel wieder an ihren Platz zurückkehren und auf das Rollenspiel „zurückblicken" und sich dabei an ihr Spielverhalten auch mit emotionalem Abstand erinnern (Abb. auf der Folgeseite).

Platzwechsel empfohlen

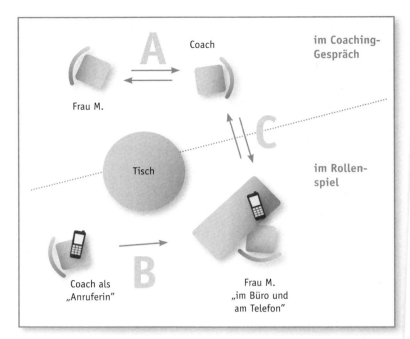

Abb.: Die Platzierung von Coach und Coachee (Pfeile bedeuten: Es besteht Blickkontakt.)

Zur Erläuterung:

A. *Coaching-Gespräch:* Frau M. und Coach mit gegenseitigem Blickkontakt. Von hier aus geschieht die Zielvereinbarung und Rollenspielplanung, sowie die Besprechung des Rollenspiels bzw. die kritische Betrachtung des eigenen (Rollenspiel-)Verhaltens durch Frau M.

B. *Rollenspiel:* Frau M. nimmt für ihre Rolle im inszenierten Telefongespräch einen neuen Sitzplatz ein. Da sie die „Anruferin" (gespielt vom Coach) nicht sieht, hat sie auch keinen Blickkontakt zum Coach (und ist z.B. mit dem Gesicht zum Tisch hin ausgerichtet). Der Coach kann sich außerhalb von Frau M.s Gesichtsfeld wahlweise Rücken an Rücken zu Frau M. setzen (um vorrangig Eindrücke aus Frau M.'s Stimme und Wortwahl zu erhalten) oder sich so neben Frau M. setzen, dass er ihre Körpersprache während des Gesprächs beobachten kann.

C. *Reflexion:* Der Coach unterstützt Frau M. dabei, ihr Erleben mit der Anruferin bewusst zu machen, während sie selbst in ihrer Rollenposition verweilt.

Der Wechsel vom Coaching-Gespräch („hier und jetzt") zum Rollenspiel („da und dort") sollte also nicht nur benannt, sondern auch sinnlich erfahrbar inszeniert werden. Der Wechsel zwischen beiden Situationen kann leicht markiert werden:
- durch Platzwechsel, und den dadurch veränderten räumlichen Eindruck und Lichteinfall,
- durch Zuhilfenahme von Kleidungsstücken oder Accessoires für die jeweiligen Rollen.

Accessoires könnten dem Coach oder dem Coachee den Wechsel des Sitzplatzes ersparen, weil die Rolle bzw. ein Rollenwechsel dadurch kenntlich gemacht wird. Zu empfehlen ist jedoch der Platzwechsel, weil dadurch für beide Spieler eine neue räumliche Perspektive entsteht, die das „Rollenspiel" von dem Coaching-Gespräch deutlich unterscheidet. Der Coach schützt zudem auch seine Beziehung zum Coachee vor Verwirrung und vor der Übertragung von negativen Gefühlen auf seine Person, wenn der Coachee im Rollenspiel seinem (vom Coach gespielten) Gesprächspartner gegenüber negative Gefühle entwickelt.

Accessoires

Das Prinzip lautet also: Rollenklarheit ermöglicht Beziehungsklarheit! Geben Sie jeder Rolle einer Person – ob gespielt oder real anwesend – einen eigenen Platz!

Rollenklarheit ermöglicht Beziehungsklarheit

Frau M. hat in dem Coaching zwei Rollen (Coachee und Mitarbeiterin). Als Coach habe ich ebenfalls zwei Rollen (Coach und Antagonistin). So benötigen wir vier Positionen im Raum.

Durchführung des Rollenspiels
Das Tonbandgerät läuft und ich übernehme die Rolle der Antagonistin (Anruferin). Dazu setze ich mich auf einen zusätzlichen Stuhl, der von meinem Platz als Coach deutlich getrennt und seitlich zur Protagonistin Frau M. steht, so kann ich sie beobachten, während sie mich lediglich hört. Ich spiele nun die Rolle der Anruferin gemäß Frau M.'s Schilderung: Ich unterbreche sie, überhöre Andeutungen, bringe ständig neue Themen ins Gespräch. Und ich verändere meinen Tonfall, wenn Frau M. einen Versuch unternimmt, das Gespräch zu

beenden. Frau M.'s Verhalten lasse ich in dem Rollenspiel auf mich wirken: Wie erlebe ich ihr Verhalten und ihre Signale, das Gespräch zu beenden? Ich lasse das Gespräch als Coach auch emotional auf mich wirken, halte mich als Anruferin aber an die Verhaltensbeschreibung von Frau M. An einem bestimmten Punkt im Rollenspiel signalisiert mir Frau M. „Auszeit". Ich stehe auf und mache den Wechsel zum Coaching-Gespräch deutlich. Frau M. sagt mir, dass sie gerade nicht mehr weiterweiß, sie habe alle Ideen ausgeschöpft und hätte gerne einen Impuls.

Auswertung
Für die Auswertung und das Reflexionsgespräch besetze ich nun wieder den Coach-Stuhl, und mache damit meinen Rollenwechsel für Frau M. kenntlich. Frau M. bitte ich, zunächst noch auf ihrem Rollenspiel-Platz sitzen zu bleiben. Ich frage Frau M., ob das Gespräch realitätsnah war, so wie wir es geführt haben. Als sie bestätigt, lasse ich sie selbst reflektieren: Ab wann wurde sie innerlich unruhig und wollte das Gespräch beenden? Welches Verhalten der Anruferin „nervte" sie besonders? Womit war sie zufrieden bei sich? Wo kam sie an ihre Grenzen?

Ich bitte sie nun, auf ihren Stuhl „im Coaching-Gespräch" zurückzukommen. Gemeinsam sammeln wir die Verhaltensweisen, wie sie im Rollenspiel versucht hat, das Gespräch auf den Punkt zu bringen, es abzukürzen, die Anruferin zu „vertrösten" etc., um wieder zu ihrer Arbeit zurückkehren zu können. Die Tonbandaufnahme unterstützt dabei. Mein Feedback „aus der Rolle der Anruferin" soll ihr dabei helfen, einzuschätzen, welche Mitteilungen und Signale durch Stimme, Wortwahl und Reaktionsweisen bei der Gesprächspartnerin angekommen sind. Dazu setze ich mich wieder auf den Stuhl der „Anruferin". Ich schildere Frau M. von dort aus, wie ihr Verhalten auf mich (als Anruferin) gewirkt hat und welche Gedanken und Assoziationen ich hatte. Ich spreche in der Ich-Form, „als Anruferin", und halte mich dabei an die Feedback-Regeln. Ich höre von dort aus auch Frau M.s Reaktion auf dieses Feedback. Erst dann wechsle ich zurück auf meinen Coach-Stuhl, um mit Frau M. gemeinsam Ideen für Verhaltensalternativen zu entwickeln. Frau M. kann sich aus den gefundenen Möglichkeiten zwei oder drei heraussuchen, die ihr zusagen, und sie schreibt sie als Erinnerungshilfe auf Karten.

Neues Ziel und Wiederholung des Rollenspiels
Ich lege ihr nahe, die Verhaltensalternativen gleich auszuprobieren und Frau M. stimmt zu. Wir wiederholen den entsprechenden Abschnitt des Rollenspiels und Frau M. testet die neuen Verhaltensmöglichkeiten (Ziel: Anwenden und Anpassen des Verhaltens). Nach dem Ende der zweiten Runde besprechen wir wieder: Wie erlebte sich Frau M. in dieser zweiten Runde? Was gelang ihr? Wie wirkte sich ihr Verhalten auf die „Anruferin" aus? Was ist mein Feedback als Coach dazu? Welches Fazit zieht Frau M.? Wenn Frau M. nun mit dieser Erfahrung zufrieden ist, ist diese Coaching-Sequenz beendet und das Ziel dieses Coaching-Abschnitts erreicht. Frau M. hat neue Verhaltensoptionen für das nächste Mal gefunden und ist zuversichtlich, dass sie diese auch anwenden kann.

Ablauf eines Rollenspiels im Coaching

1. Coaching-Ziel aus dem Anliegen klären, „Sie möchten gerne ...?"
2. Sich für eine Vorgehensweise entscheiden, die dem Coaching-Ziel dient: Geht es um Diagnose? Um Selbsterkenntnis oder um kreative Erweiterung des Handlungsspielraums? Um Verstärkung und Einüben einer bestimmten Verhaltensweise?
3. Methode Rollenspiel benennen und Auftrag abholen („Was ich für Sie/mit Ihnen tun kann ist ... Sind Sie damit einverstanden?")
4. Interessanten Gesprächsausschnitt identifizieren, Coachee über die Vorgehensweise informieren.
5. Aufgaben verteilen zwischen Coach und Coachee (worauf achten Sie, worauf achte ich), Rollenbeschreibung konkretisieren (wer verhält sich wie in welcher Rolle), den Raum einrichten, Regeln absprechen.
6. Einrollen, mit Platzwechsel und optischen, akustischen und körpersprachlichen Veränderungen.
7. Rollenspiel durchführen (evtl. mit Tonband oder Videoaufnahme).
8. Ausrollen, mit Platzwechsel und Wiederherstellen der optischen, akustischen und körpersprachlichen „Normalität".
9. Rollenspiel besprechen, Lernerfahrung reflektieren und Ergebnis festhalten.
10. Methode anpassen an neues Lernziel, ggf. Rollenspiel wiederholen oder fortsetzen.

Methodenvarianten

Ähnlich wie beim klassischen Rollenspiel im Seminar, wird die Methode an das Lernziel des Coachees angepasst. Teilen Sie dem Coachee mit, was Sie methodisch vorhaben, was er dadurch für sich erkennen oder lernen wird, und lassen Sie ihn entscheiden, ob er mit der vorgeschlagenen Vorgehensweise einverstanden ist.

I. Rollentausch

Coachee und Coach wechseln die Rollen

Rollentausch bedeutet für das Rollenspiel im Coaching: Coachee und Coach wechseln die Rollen. Der Coachee spielt z.B. abschnittsweise oder für das gesamte Rollenspiel nicht die eigene (Protagonisten-)Rolle, sondern wechselt in die Position des Antagonisten; der Coach übernimmt stattdessen die Rolle des Coachees bzw. des Protagonisten.

An einer Stelle im Gespräch fiel Frau M. nichts mehr ein, was sie hätte der Anruferin erwidern können, und sie schwieg. Frau M. wollte in der Reflexion wissen, wie so eine Redepause wohl auf die Anruferin gewirkt haben mag: unsicher? Souverän? Überheblich? – Damit sich Frau M. selbst über ihre Haltung zu dieser Frage bewusst werden kann, biete ich ihr einen Rollentausch an. Wir identifizieren die „sprachlos machende" Äußerung. Frau M. rollt sich ein zur „Anruferin", ich zu „Frau M.", wir geben dem Gespräch einen gewissen Vorlauf, und ich sage als Reaktion auf einen entsprechenden Satz im Gespräch – nichts.
Frau M. reagiert spontan aus der Rolle der Anruferin: „Wow, ich kann gar nicht einschätzen, weshalb Sie schweigen." Sie kommt in der Auswertung zum Schluss, dass die Gesprächspause, da sie nicht von Körpersprache begleitet ist, auf die Gesprächspartnerin eher verunsichernd wirkt. Frau M. ist mit diesem Ergebnis zufrieden. Sie fühlt sich ermutigt, gegenüber frechen Äußerungen auch einfach mal nichts zu sagen.

Rollentausch kann im Coaching auch eingesetzt werden, um den Coachee neue Verhaltensmöglichkeiten anzubieten, quasi „vorzuspielen".

Frau M. ist neugierig, wie ich mit „so einer Anruferin" umgehen würde. Sie möchte in der zweiten Runde gerne erst mal „sehen", wie die erarbeiteten Verhaltenmöglichkeiten funktionieren. Ich schlage ihr vor, dass sie (mangels einer dritten Person, die die Anruferin spielen könnte) selbst in die Rolle der Anruferin geht, diese „genüsslich" ausspielen darf und mein Verhalten von da aus auf sich wirken lässt. Nun wechseln wir die Rollen und damit auch die Stühle. Frau M. wird zur herausfordernden „Anruferin", ich als Coach werde „Frau M.". Wir wiederholen den letzten Gesprächsabschnitt mit vertauschten Rollen, und Frau M. spricht den Satz der Anruferin, der sie zuletzt in eine Sackgasse führte. Ich antworte als „Frau M." und spiele ein neues Verhalten ein, das Frau M. auf sich wirken lässt. Das Rollenspiel wird unterbrochen, und ich stehe von dem Protagonisten-Stuhl auf, um eine kurze Reflexion zu ermöglichen. Danach kann das Spiel in der ursprünglichen Rollenverteilung weitergehen.

Der Rollentausch kann gezielt eingesetzt werden, um den Coachee darin zu unterstützen, sich in die Position seines Gesprächspartners einzufinden und einzufühlen. Besonders, wenn Sie als Coach den Eindruck haben, dass sich zwischen den beiden Rollen eine komplemetäre Beziehung abspielt (z.B. eine Eltern-Kind-ähnliche Chef-Mitarbeiter-Beziehung oder eine Ankläger-Verteidiger-Polarisierung etc.), ist ein Rollentausch erhellend. Der Rollentausch kann Vorurteile auflösen, eine eingeschränkte Wahrnehmung des Gegenübers erweitern und aufweichen, im Verlauf des Spiels verdeckte oder unbewusste Konflikte bewusst machen und den Coachee für seine Begegnung mit dem Gegenüber in der realen Situation stärken. Die Methode Rollentausch führt dem Coachee sein Verhalten vor Augen, er nimmt es – meistens erstmalig – aus der Position des Gegenübers (hier: der „Anruferin") wahr, und erlebt die Wirkung auf den Gesprächsverlauf.

II. Spiegeltechnik
Spiegeln bedeutet: Der Protagonist wird zum Zuschauer außerhalb der Rollenspielszene und beobachtet das Geschehen. Seine eigene Rolle wird im Seminar durch einen Stellvertreter dargestellt. Im

Der Coachee beobachtet seine eigene Rolle

Coaching kann der Coach zwar in besonderen Fällen (z.B. in einem Redecoaching, in der nur die Rolle der Rednerin zu besetzen ist) kurz die Rolle des Coachees übernehmen, und ihm dadurch sein Verhalten spiegeln. Da jedoch für das Coaching von Gesprächssituationen die Beobachtung der Interaktion zentral ist, wird die Spiegelfunktion dann durch Medien abgedeckt, durch den Einsatz von Tonband- oder Videoaufnahmen.

III. Doppeln

Der Coach übernimmt hilfsweise die Rolle des Coachee

Fehlen dem Coachee in seiner eigenen Rolle als Protagonist an einer bestimmten Stelle des Rollenspiels die Worte? Geht es in diesem Moment darum, inneres Erleben angemessen auszudrücken? Im sogenannten „Doppeln" übernimmt der Coach hilfsweise das Formulieren für den Coachee „an dessen Stelle". Herausfordernd ist das im Coaching, wenn der Coach parallel Gesprächspartner im Rollenspiel ist und aus dieser Rolle aussteigen muss, um dem Coachee zu helfen.

Für diesen Fall bewährt sich nun das Prinzip „Pro Rolle eine Position": *Bisher habe ich (Coach) die „Anruferin" gespielt, und nehme wahr, dass Frau M. sich Hilfe suchend zu mir wendet. Nun stehe ich auf und mache damit deutlich, dass ich die Rolle der „Anruferin" verlasse, und sage: „Ich steige mal aus der Rolle „Anruferin" aus, und spreche als Coach mit Ihnen." Ich setze mich auf den Coach-Platz und fragt Frau M. nach ihrem Erleben an dieser Stelle des Gesprächs: „Sie haben gerade länger geschwiegen, was ging da in Ihnen vor?" Sie schaut ratlos vor sich hin und meint: „Was kann ich da noch sagen ..." Ich biete ihr an, ihr eine Idee für die weitere Gesprächsführung zu geben. Dazu hole ich mir die Erlaubnis von Frau M., neben sie zu treten und in Ich-Form „an Ihrer Stelle" etwas zu sagen. Ich bitte sie, währenddessen auf dem Protagonisten-Stuhl sitzen zu bleiben und für sich zu prüfen, inwieweit das, was ich sagen werde, für sie stimmt. Dann trete ich neben sie, versetze mich in die Rolle von Frau M. und formuliere die Aussage. Im Anschluss kehre ich wieder auf meinen Coach-Sitzplatz zurück. Von dort warte ich,* wie Frau M. den gesprochenen Satz aufgenommen hat und integrieren will.

Die „gedoppelte" Äußerung ist immer als Vorschlag zu verstehen, und der Coachee entscheidet darüber, inwieweit er das Gesagte für sich übernimmt oder abwandelt. Das Verlassen des Platzes des Rollenspielpartners sollte vorher als mögliche Intervention des Coachs angekündigt sein, damit es den Coachee nicht verwirrt, wenn die „Gesprächspartnerin" (eigentlich der Coach) plötzlich aufsteht. Der Wechsel vom Rollenspieldialog zum Coaching-Gespräch sollte sehr klar verbal und nonverbal zu erkennen sein, d.h., auch die Rollen-Acessoires sollten abgelegt werden.

IV. Modellieren
Im Coaching-Gespräch sagt Frau M.: „Meine Kollegin Frau B. kann das – ein Gespräch einfach schnell beenden." Ich lasse sie schildern, wann und wo sie dieses „schnelle Beenden" erlebt habe, wer die Kollegin sei, wie Frau M. zu ihr stehe. Die Beziehung ist grundsätzlich positiv, allerdings mischt sich in die Bewunderung ein „So würde ich das nicht machen". – Ich frage Frau M., ob sie mir das einmal zeigen würde, wie die Kollegin im Gespräch vorgeht. Ich spiele also wieder die Anruferin und Frau M. geht in die Rolle ihrer Kollegin.

Der Coachee schlüpft in die Rolle einer anderen Person

Wenn der Coach merkt, dass der Coachee motiviert ist, das Verhalten einer anderen Person einmal zu zeigen, kann er den Coachee spontan dazu auffordern, ohne weiteres „Einrollen" oder Platzwechsel. Die Frische der Erinnerung kann dann eher genutzt werden. Fällt es dem Coachee hingegen nicht so leicht, wie der andere zu agieren, dann kann der Coach natürlich in die Rolle helfen (z.B. durch Rolleninterview: „Ich bin jetzt Frau B., die Kollegin von Frau M... .", siehe auch „Mit Rollen spielen" Bd.1, Seite 321).

Frau M. als „Frau B." zeigt mir ein forsches Auftreten, eine lautere, feste Stimme und sie unterbricht die Anruferin. Ich mache es „Frau B." im Rollenspiel nicht schwerer als vorher „Frau M.". Ich achte aber im Spiel darauf, wie ich Frau M. jetzt wahrnehme, während sie sich „wie Frau B." verhält, um ihr später den authentisch wirkenden Verhaltensspielraum rückzumelden.

Im Anschluss an das Rollenspiel bespreche ich mit Frau M. folgende Fragen:
- *Wie ging es ihr in der Rolle der Kollegin? Welche Gedanken und Gefühle kamen hoch?*
- *Wie hat sie sich konkret verhalten? Wo ist es ihr gelungen, die Kollegin zu „modellieren"?*
- *Was würde passieren, wenn sie sich so auch in der realen Situation verhielte?*
- *Was hindert sie ggf. daran?*

Im seltensten Fall wird fremdes Verhalten ohne Weiteres vom Coachee in sein Verhaltensrepertoire übernommen, da Verhaltensmuster mit inneren Einstellungen und Werten verbunden sind. Wenn der Coachee Bedenken oder innere Widerstände gegen ein nachgeahmtes „Modellverhalten" entwickelt, kann das ein Impuls zur Selbsterkenntnis werden.

Frau M. entdeckt, dass ihr die „Schnauze" der Kollegin zu forsch ist, weil ihr das kundenorientierte Image des Verbandes am Herzen liegt. Sie merkt aber auch, dass ihr eigenes freundliches „Servicegesicht", das sie auch aufdringlichen Anrufern gegenüber zeigt, nur zum Teil mit der Imagepflege zusammenhängt. Als sie in ihre Haltung und Mimik hineinspürt, nimmt sie ein Gefühl der Sorge wahr, und glaubt, nicht mehr angerufen und damit überflüssig zu werden, wenn sie von ihrem Verhalten abweicht. Als Coach unterstütze ich Frau M. darin, diese inneren Bedürfnisse und Gefühle in ihrer Bedeutung zu verstehen. Dadurch kann sie in neu gewonnener Souveränität im weiteren Coaching-Prozess für sich stimmige Verhaltensmöglichkeiten finden.

V. Verfremden

Das „Modellieren" können Sie mit Spaß so weit verfremden, dass es mit dem Coachee zu kabarettistischen Einlagen kommt, und „Verhaltensalternativen" bis zur Karikatur weiterentwickelt werden. Für Frau M. bedeutet das zum Beispiel: Sie darf zeigen, was sie „auf keinen Fall" tun oder sagen würde, sie kann bestimmte Verhaltensweisen übertreiben und ausspielen (die Anruferin beschimpfen, sich bei ihr über das eigene Schicksal beklagen, sich „dumm" stellen, ihr einmal ungeschönt die Wahrheit sagen, selber das Gespräch auf Nebenbahnen bringen und abschweifen …). Lernziel ist es dann nicht, ein spezifisches, passendes Verhalten zu finden, sondern im Gegenteil den inneren Spielraum auszuweiten und die Quelle der Kreativität anzuzapfen, aus der im Alltag spontanes und situativ kluges Verhalten entspringt.

Der Coachee stellt „unpassendes" Verhalten dar

Fragen und Antworten

Greifen wir hier die Fragen vom Beginn nochmals auf: Wie können wir …

… Rollenklarheit gewährleisten?

Um in einer Zweierkonstellation Rollenklarheit zu gewährleisten, gilt wie gesagt: Jede (reale und fiktive) Rolle erhält einen eigenen Platz im Raum. Darüber hinaus sollte der Coach gegenüber dem Coachee immer deutlich machen, aus welcher Rolle er gerade spricht: „Als ich in der Rolle der Anruferin war, habe ich gehört, wie Sie …" – „Als Coach möchte ich Sie Folgendes dazu fragen: …" Er sollte seine rollenspezifischen Äußerungen mit wieder erkennbaren Raumpositionen verknüpfen, die Rollen sinnlich erfahrbar unterscheiden (optisch, akustisch, körpersprachlich), damit der Coachee absolute Klarheit hat, aus welcher Sicht die Anmerkung begründet ist.

Jede Rolle erhält einen eigenen Platz im Raum

... die Beziehungsebene sichern?

*„Flashback"
vermeiden*

Spielt der Coach die Rolle eines Antagonisten mit verletzendem Verhalten, dann löst er beim Coachee durch das gespielte Verhalten möglicherweise erneut Scham, Wut, Angst oder Hilflosigkeit aus. Um im guten Kontakt zu bleiben, und das Vertrauen des Coachees zu seinem Coach zu schützen, sollte dieser dem Thema vor dem Rollenspiel genügend Zeit widmen und dabei wahrnehmen, wie stark welche Gefühle des Coachees beteiligt sind. Coach und Coachee sollten diesen Gefühlen Aufmerksamkeit widmen, bis beide den Eindruck haben, sie können die Szene jetzt stabilisiert ohne ein „Flashback" anspielen. Wenn der Coach seiner kreativen Rollenspiel-Energie an solchen empfindlichen Punkten freien Lauf ließe, wäre die Gefahr zu hoch, dass der Coachee auf der Beziehungsebene „getroffen" reagierte, und möglicherweise nicht mehr die gespielte Rolle von der Rolle des Coachs trennen könnte.

Der Coach kann die notwendige emotionale Distanzierung vor dem Rollenspiel begleiten, indem er ...
- ▶ das Erleben des Coachees dazu achtsam erfragt; und die damit verbundenen Gefühle bewusst macht,
- ▶ die Beleidigung schriftlich festhalten lässt – und sie damit „objektiviert",
- ▶ die Beleidigung in der Besprechung ausdrücklich als „Zitat" kennzeichnet, sie z.B. im Konjunktiv benennt (Coach: „Ich zitiere: ...") – so vermeiden Sie den Jenninger-Effekt (Bundestagspräsident Philipp Jenninger löste 1988 mit seiner Rede zum Gedenken an die Reichskristallnacht aufgrund missverständlicher Zitierweise unbeabsichtigt solche Empörung aus, dass er von seinem Amt zurücktreten musste.).

*Einsatz von
Schauspielern*

Schließlich kann der Coach sich nochmals den Auftrag und die eindeutige ausgesprochene Erlaubnis des Coachees abholen, bevor er das verletzende Verhalten in den Gesprächsverlauf einbaut. Gerade in solchen kritischen Situationen kann sich auch der Einsatz einer dritten Person als Schauspieler bewähren (siehe Seite 327 f.).

... Perspektivenvielfalt ermöglichen?

Der Coach ist im Coaching der einzige Feedback-Geber neben dem Coachee selbst. Wie ist hier Perspektivenvielfalt möglich, wenn die zwei anwesenden Personen noch dazu ins Rollenspiel involviert sind? Wie der Coach „Multiperspektivität" ermöglicht, hängt von seinem Ansatz ab: Er kann sie durch abwechselnd kreativ-gestaltende und reflektierende Methoden inszenieren, den Coachee unterstützen, körperlich oder geistig in eine andere Haltung, einen anderen Gefühls- oder Wahrnehmungszustand zu gelangen; er kann die Blickrichtung durch systemische Fragen ändern, und er kann den Coachee auf verschiedene „Stühle" setzen und ihn in weitere, auch fiktive „Rollen" schicken. Immer ist das Ziel, die Sicht anderer nachzuvollziehen. Beispielhaft seien hier einige typische Fragerichtungen aufgeführt:

Multiperspektivität

▶ Neue Perspektive aus den Augen einer anderen Person gewinnen: „Wie würden Sie an Stelle von Frau B. Ihr Verhalten wahrnehmen?", „Wie würde Ihr Chef reagieren, wenn ...?", „Was sähe ein Passant auf der Straße ...?"
▶ Neue Perspektive durch zeitliche Verschiebung gewinnen: „Gehen Sie mal zehn Jahre in die Zukunft – was würde Ihr ‚älteres Ich' Ihnen raten?"
▶ Neue Perspektive einnehmen durch relativierende Rahmenbedingungen: „Welches Verhalten gegenüber Ihrem Kollegen würde Ihr arbeitsloser Nachbar Ihnen vorschlagen?" Etc.

Der Coach achtet darauf, die Fragen nicht zu dicht hintereinander zu stellen, und dem Coachee genügend Zeit für seinen inneren Suchprozess im Denken und Fühlen zu lassen. Auch das Reflektieren des Rollenspiels aus verschiedenen Positionen (vom Coachee-Stuhl aus, vom Stuhl des Coachs aus, von einem Platz im Raum außerhalb des Coachinggeschehens...) unterstützt die Entwicklung neuer Perspektiven auf das eigene Verhalten.

... eine hohe Rollenanzahl bewältigen?

Der Coachee thematisiert eine Teamsituation, ein Gespräch zu dritt oder eine interaktive Redesituation vor Publikum. Wie ist hier reales Rollenerleben zu inszenieren, wenn die notwendige Anzahl an „Gegenübern" fehlt? – Verschiedene Lösungsansätze seien hier vorgestellt:

Eine dritte Person hinzuziehen

▶ Ein Moderations-Coaching oder Konfliktmoderations-Coaching erfordert mindestens eine weitere Person als Diskussionspartner. Der Coach lädt einen Kollegen oder Helfer ein, der mit dem Coach die Rolle der Diskutierenden übernimmt. Der Coachee moderiert die Diskussion und erhält von beiden Coachs im Anschluss ein Feedback. Hürden und Herausforderungen können dabei gezielt eingespielt werden.

Fotos simulieren Publikum

▶ Für ein Rede- und Auftritts-Coaching kann das „Publikum" durch an die Wand projizierte Fotos von Menschengruppen ersetzt werden. Die Fotos zeigen Menschen mit unterschiedlichen Verhaltensweisen/Attributen: lachend, ernst, gelangweilt, applaudierend, durcheinander, den Saal verlassend, nur männlich/nur weiblich, stehend, mit Sonnenbrillen ... etc. Der Coach kann sich vor die Projektionswand stellen oder setzen und die vorher besprochenen Äußerungen des Publikums „einspielen". Natürlich können Coach und Coachee auch ein reales Übungspublikum einladen.

Aufstellungsarbeit

▶ Für Gruppensituationen und Fragestellungen zu einem sozialen System gibt es die Möglichkeit der „Aufstellung". Konfliktpartner oder Systembestandteile werden zunächst benannt, und durch ein „Stellvertreter-Element" (z.B. ein beschriftetes Moderationskärtchen) vom Coachee im Raum so zueinander positioniert, dass die Beziehung der Systembestandteile deutlich wird. Der Coachee wandert im Coaching dann durch die einzelnen Positionen, wobei er auf der jeweiligen Position verweilt und sie dabei wahlweise „verkörpert", „verbalisiert" oder „darstellt" und dabei zwischendurch in die eigene Ich-Position zurückkehrt. Dieses Vorgehen kann für den Coachee sehr aufschlussreich sein und ihm helfen, seine eigene Position und Haltung zu klären.

- Die rein imaginative Inszenierung einer Rollenspielsituation ist die elegante methodische Lösung im Coaching zu Fragestellungen mit mehreren Beteiligten: Der Coachee wird darin unterstützt, lediglich in seiner Vorstellung die verschiedenen Rollenpositionen zu erleben, nachzuempfinden und als „Film" durchzuspielen, sei es dissoziiert-beobachtend oder assoziiert in der jeweiligen Position. Neurolinguistische Verfahren bieten dafür ein großes Repertoire an Interventionsmöglichkeiten. Viele sog. „Formate" sind im Internet unter *www.nlpedia.de* beschrieben, z.B. „Aligned Self" von Connirae und Steve Andreas, das dabei hilft, eine Konfliktsituation imaginativ neu zu erleben (über die mentale Repräsentation von sozialen Beziehungen vgl. Lucas Derks „Das Spiel sozialer Beziehungen", dt. Ausgabe bei Klett-Cotta 2000). *Imaginieren*

- Schließlich kann der Coach versuchen, die Fragestellung mit dem Coachee so zu präzisieren, dass mit einzelnen Rollen aus der betreffenden Gruppe gearbeitet werden kann. *Präzisierung*

Zweites Coaching-Ziel: Authentizität und emotionale Souveränität entwickeln

Emotionale Anliegen bearbeiten

Die bisher dargestellten Methodenvarianten für Rollenspiele im Coaching unterstützen das „Individualtraining" mit dem Ziel, Verhaltensoptionen zu entwickeln und kommunikative Fähigkeiten auszubauen. Etwas anders stellt sich die Aufgabe für den Coach, wenn der Coachee emotionale Anliegen mitbringt. Zurück zum Fallbeispiel:

Frau M. zögert, als sie die Anruferin beschreiben soll. Sie kenne sie schon lange, aber gerade in letzter Zeit habe sich ihr Verhalten geändert, „irgendetwas stimmt da nicht", Frau M. kann dabei nicht genau benennen, was sie verunsichert. Das Verhalten der Anruferin erscheint ihr unverständlich, nicht nachvollziehbar, sie hat kein „Gefühl" dafür, was diese bewegt – Frau M. merkt, dass es ihr dadurch schwerfällt, sich auf die Anruferin einzustellen. Als Coaching-Ziel stellt sich heraus: Frau M. möchte die Position der Anruferin besser verstehen, um dann angemessener auf sie reagieren zu können. Bei Fragen, die zum Perspektivenwechsel einladen, stockt Frau M. und es fällt ihr sichtlich schwer, Antworten in sich zu finden. Nun biete ich ihr die Methode Rollentausch an.

Drei spezifische Rollenspiel-Methoden für das Coaching

Rollentausch und entschleunigter Dialog

Wir möchten Ihnen hier drei Vorgehensweisen vorstellen, zwei Varianten des Rollentauschs: „Interview des Konfliktpartners" und den „Kontrollierten Dialog", sowie die „Stunde der Wahrheit" (vgl. Benien 2002, S. 147). Bei der von uns beschriebenen entschleunigten Variante des „Kontrollierten Dialogs" handelt es sich nicht um die Gesprächsübung, die das Aktive Zuhören trainiert, indem die Äußerung des Gesprächspartners vor einer Entgegnung mit eigenen Worten treffend wiederholt wird. Der Kontrollierte Dialog im Coaching nutzt jedoch das gleiche Prinzip, indem der Coachee den Dialog aus beiden Perspektiven emotional und gesprächsführend nachvollzieht.

Diese Methoden sind ausgesprochene Coaching-Methoden, und sind deshalb im Anschluss an diesen Beitrag zu lesen (ab Seite 296). Sie sind im Unterschied zu den oben beschriebenen Varianten nicht für das Seminargeschehen geeignet, da der Coachee dabei sein emotionales Erleben differenziert ausleuchten kann. Das entschleunigte Vorgehen ermöglicht ihm den Zugang zu tieferen emotionalen Schichten, die vor unbedachten Kommentaren geschützt gehören. Neben der Selbstempathie wird gerade im „Interview des Konfliktpartners" auch die Empathie mit dem Gegenüber gezielt gefördert – Voraussetzung ist auch hier die Durchführung ohne Zeitdruck und mit Blick auf die Bedürfnisse des Coachees.

Interview des Konfliktpartners
Ich hole mir von Frau M. den Auftrag ab: „Sie möchten gerne besser verstehen, wie die Anruferin ‚tickt', was sie bewegt und warum sie sich so verhält?" Frau M. stimmt zu und ich bitte sie, auf den Stuhl der Anruferin zu wechseln. Ich gebe ihr Zeit, sich in die Rolle einzufinden („Wer sind Sie jetzt?" – „Ich bin Frau Zürcher.") und stelle ihr dazu erst einmal Fragen die ihre „öffentliche Rolle" deutlich machen: Wofür sind Sie in Ihrer Organisation zuständig? Weshalb engagieren Sie sich dort? Mit wem arbeiten Sie? Kennen Sie auch Frau M.? Etc.

Rollentausch

Sobald Frau M. in die Rolle eingetaucht ist und nun als „Anruferin" mit mir redet, beginne ich ein lockeres Gespräch mit ihr, wobei ich mir vorstelle, dass da tatsächlich Frau Zürcher sitzt. Frau M. spürt dabei, dass ich sie als Frau Zürcher akzeptiere und ernst nehme. Ich interessiere mich für sie als „Frau Zürcher", über die von Frau M. beschriebene Rolle hinaus, versuche ihr Anliegen an Frau M. in der Situation Telefongespräch zu verstehen, und führe ein freundliches Gespräch. Frau M. fühlt sich dadurch so sicher, dass sie sich mehr und mehr in die „Welt" von Frau Zürcher einfühlt, und auch Antworten findet auf folgende Fragen:
- *Wann und warum rufen Sie Frau M. normalerweise an?*
- *Wie ist Frau M. so „drauf"? Ist das typisch?*
- *Weshalb glauben Sie, dass sie sich heute so anders verhält? Was bewirkt dieses Verhalten in Ihnen?*

> *Wie reagieren Sie darauf?*
> *Was hätten Sie gern im Moment von Frau M.? usw.*

Zum Ende dieses Rollenspiels kommt Frau M. wieder „zu sich" auf ihren Stuhl und wir reflektieren, wie dieser Rollentausch für sie war, welche Erfahrungen sie darin gemacht hat, und was sie über Frau Zürcher, die unangenehme Anruferin, gelernt hat.

Der Coachee entwickelt über diesen Rollentausch viel Empathie, was ihn in der Beziehung zum Konfliktpartner entspannt.

Kontrollierter Dialog (Coaching-Variante)

Wechsel zwischen zwei Rollen

Frau M. entwickelt den Dialog zwischen sich selbst und ihrer Anruferin, indem sie zwischen beiden Rollen hin und her wechselt. Ich unterstütze sie dabei nicht nur von außen als Moderatorin, sondern aktiv, indem ich als Stellvertreterin jeweils in die andere Rolle wechsele, sodass Frau M. immer ein reales Gegenüber hat. Ich gebe dabei keine eigenen Impulse in den Gesprächsablauf, sondern übernehme jeweils die von Frau M. gewählten und vorgespielten Worte. Wir identifizieren den schwierigen Gesprächsabschnitt und beginnen:

Frau M. als Frau M.: „Frau Zürcher, gleich habe ich eine Besprechung …" Als Coach wechsele ich in die Position von Frau M. und Frau M. in die Position der Anruferin. Ich wiederhole den Satz mit gleichem Tonfall. Antwort von Frau M. als Frau Zürcher: „Jaja, Heutzutage haben nur noch wenige Menschen wirklich Zeit."

Frau M. wechselt wieder in die eigene Position. Ich wiederhole vom Stuhl der Frau Zürcher aus deren letzte Äußerung wörtlich und im entsprechenden Tonfall. Daraufhin spürt Frau M. nach, was bei ihr passiert, während sie diesen Satz hört: „Ich merke, wie ich Druck bekomme. Ich kann es nicht allen Recht machen." Ich gehe aus der Rollenposition „Frau Zürcher" heraus und nehme meinen Platz als Coach ein. Von dort aus unterstütze ich Frau M., ihre Gefühle und die körperliche Wirkung des Satzes zu erkennen. Sie findet eine eigene Interpretation dieser Gefühle und berücksichtigt sie für die Suche nach einer passenden Äußerung. Schließlich findet sie zu einer Haltung und einer Formulierung, die sie ausprobieren möchte.

Ich gehe wieder in die Rolle von Frau Zürcher und wiederhole den letzten Satz. Antwort von Frau M. als Frau M. (sitzt dabei aufrechter als vorher): „Ja. Bitte sehen Sie's mir nach, dass ich mich jetzt kurz fasse. Was halten Sie davon, wenn ich mich bei Ihnen morgen um 11 Uhr melde, wenn ich mit meiner Vorgesetzten wegen Ihres Antrags gesprochen habe?"

Platzwechsel, ich wiederhole Frau M.s Äußerung. Antwort von Frau M. als Frau Zürcher: „Ja, können Sie sie nicht schon heute Nachmittag erreichen?"

Platzwechsel, ich wiederhole usw.

So wird Schritt für Schritt das Gespräch neu inszeniert und erlebt, ohne dass Frau M. in ein bekanntes „Fahrwasser" gerät. Durch das entschleunigte Vorgehen können eingefahrene emotionale Gleise verlassen und neue Verhaltensmöglichkeiten entwickelt werden, die für Frau M. ganz individuell stimmig sind. Der Kontrollierte Dialog erfordert Ruhe, beidseitige Konzentration und die Fähigkeit des Coachs, sich rasch in die jeweils andere Rolle einzufinden. Er eignet sich besonders dafür, sich selbst und eigene emotionale Reaktionen besser in den „Griff" zu bekommen, zum Beispiel den anderen aussprechen zu lassen, oder angesichts einer Provokation ruhig zu bleiben. Die Methode hilft, für einen spezifischen Gesprächsausschnitt angemessenes Verhalten oder Formulierungen zu finden und einzuüben, an heiklen und entscheidenden Stellen im Gespräch sicher zu werden; oder den „Worst Case" durchzuspielen und darin zu bestehen.

„Leerer Stuhl" oder „Stunde der Wahrheit"

Im Unterschied zu den beiden vorangegangenen Methoden gibt die Methode „Leerer Stuhl" oder „Stunde der Wahrheit" dem Coachee die Erlaubnis, alle Rücksichten auf den Gesprächspartner einmal fallen zu lassen und sich das Herz zu erleichtern. Er darf ausspre-

Kontrolliert die Kontrolle ablegen

chen, was er bisher zensiert und heruntergeschluckt hat, was ihm aber womöglich schwer im Magen liegt. Das Ziel ist hier, die Empathie des Coachees mit sich selbst zu fördern, und auszudrücken, wie die Beziehung zum Gesprächspartner tatsächlich beschaffen ist. Wenn die Wahrnehmung des Coachees vorrangig auf den Gesprächspartner gerichtet ist, kann ihn das blockieren, seine eigene Position zu vertreten. Die Stunde der Wahrheit wirkt also nicht nur erleichternd, sondern verhilft dem Coachee auch zu einem klareren Kopf.

Frau M. kontrolliert ihre Wortwahl sehr stark und kommt deshalb nicht dazu, das zu formulieren, was sie tatsächlich bewegt. Nun erhält Frau M. im Coaching die Erlaubnis, diese Kontrolle „kontrolliert abzulegen" und einmal all das auszusprechen, was sie über die aufdringliche Anruferin bisher gedacht, aber nicht gesagt hat. Dazu bleibt der Stuhl der Anruferin unbesetzt, oder wird nur symbolisch mit einem Accessoire belegt, das für die Anruferin steht, z.B. einem „Hut", den der Coach bisher in der Anrufer-Rolle aufgesetzt hat. Dann darf Frau M. „loslegen", sie spricht direkt mit dem leeren Stuhl: „Ich finde Sie rücksichtslos und egoistisch. Ihnen scheint total egal zu sein, was mit mir gerade los ist. Und Sie wissen scheinbar auch nicht zu schätzen, dass ich sonst immer sehr nett bin und mir viel Zeit für Sie nehme. Sie verfahren nach dem Motto – ich reiche den kleinen Finger, Sie greifen nach dem ganzen Arm. Ach, manchmal nach dem ganzen Menschen! ..." Als Coach ermutige ich sie, alles auszusprechen, was sie sonst nur denkt, beispielsweise indem ich ihr Satzanfänge als Formulierungshilfen vorschlage: „Wenn Sie anrufen, dann denke ich ...", „Am liebsten würde ich ...", „Ich wünsche mir von Ihnen, dass Sie ...".

Wenn Frau M. „Dampf abgelassen" hat, reflektiere ich mit ihr gemeinsam das Ausgesprochene. Frau M. macht sich Emotionen bewusst, die im Spiel waren. Zum anderen überlegt sie, welche Aussagen wohl geeignet sind, um in der Realität in angemessener Form Klartext zu sprechen.

Frau M. entscheidet sich dafür, beim nächsten Mal zu sagen „Sie wissen ja, dass ich immer gern auch länger mit Ihnen telefoniere, heute habe ich jedoch einen Termin." Damit gibt sie sich selbst die Anerkennung für ihre sonstige freundliche, zeitintensive Beratung.

Die Stunde der Wahrheit lässt sich methodisch gut als Mittelteil zwischen einem diagnostischen Rollenspiel (um den Fall kennenzulernen) und einem abschließenden Rollenspiel einbauen, in dem das geeignete Verhalten ausgewählt und eingeübt wird.

Geben Sie sich und dem Coachee bei diesen drei Rollenspiel-Methoden genügend Zeit. Nur durch entschleunigtes Vorgehen hat der Coachee Zugang zu differenzierterer Selbst-Wahrnehmung, und kann sich während des Rollenspiels wechselnde Emotionen bewusst machen, diese integrieren und sein Verhalten anpassen. Er benötigt Zeit für das Sich-Einfinden in die Rollen, für Achtsamkeit, Zeit für die Deutung und Entwicklung von Verhaltensoptionen. Der Coach sollte bei diesen Verfahren sehr diszipliniert beim Prozess bleiben und keine eigenen handlungstreibenden Impulse während des Rollenspiels einbringen, denn der Coachee ist der Regisseur. Im Kontrollierten Dialog ist eine gute Beobachtungs- und Merkfähigkeit gefordert, um das Verhalten möglichst eins zu eins so abzubilden, wie es der Coachee vorgespielt hat.

Grenzen des Nutzens von Rollenspielen im Coaching

Wir definieren Rollenspiele als die Ermöglichung realen Rollenerlebens und -lernens in gespielten Situationen. Nach dieser Definition nutzen wir für ein Rollenspiel eine Situation „da und dort", welche vom Lernenden so echt und lebendig erlebt wird, dass er sich emotional und mental hineinversetzt und stellvertretend „in Echtzeit" darin und daraus lernen kann. (Ideal umgesetzt in: „Star Trek – Die nächste Generation": Das sogenannte „Holodeck" ist dort ein Trainingsraum mit realitätsidentischer Inszenierung.)

Das „Holodeck"

Doch die meisten Menschen sind erst wirklich von ihrem Lernfortschritt überzeugt, wenn sie ihn im „Hier und Jetzt" erfolgreich ausprobiert haben.

Über das Tun lernen

Beispielsweise buchte ein Teilnehmer eines Rhetorik-Seminars ein Einzelcoaching, um sein Lampenfieber abzubauen und sich auf einen wichtigen Präsentationstermin vorzubereiten. Er hatte es im Seminar nicht über sich gebracht, vor der Gruppe zu stehen und zu reden. Das Coaching bot ihm einen sichereren Rahmen, um (auch mithilfe von Rollenspielen) die ersten Entwicklungsschritte in Richtung freie Rede vor Publikum zu tun, und seine Ängste vor größeren Gruppen abzubauen. Das Coaching leistete für diese Zwecke eine wichtige Vorarbeit und das Publikum ließ sich in Rollenspielen teilweise simulieren. Doch letztendlich hatte er für sich erst das Gefühl, es „geschafft" zu haben, nachdem er an seinem Arbeitsplatz mehrfach vor seinem wirklichen Publikum sein Lampenfieber real durchgestanden hatte.

Wie viele Coachees gewann auch dieser Sicherheit durch das „Tun" – von der er sich im realen Einsatz überzeugen konnte.

Coachees, die über das Tun lernen, wollen probeweise formulieren, das neue Verhalten testen, und im Handeln spüren, ob es für sie stimmig ist. Sie möchten für verschiedenste Reaktionen des Gesprächspartners vorbereitet sein, um angesichts des „schlimmsten Falls" rollengemäß und „gesichtswahrend" reagieren zu können. Und: Sie holen sich Feedback von außen für ihr neues Verhalten, bevor sie es in realen Situationen wagen, so zu handeln. All das spricht für den Einsatz von Rollenspielen im Coaching.

Rollenspiel bei der Arbeit mit Persönlichkeitsanteilen

Raum zur Entwicklung der Persönlichkeit

Viele Coaching-Teilnehmer wollen jedoch nicht nur ihr Verhalten, sondern auch ihre individuelle Persönlichkeit entwickeln, gerade deshalb entscheiden sie sich für ein Coaching. Sie wünschen sich emotional ausgeglichener zu sein und authentisch, stimmig mit sich selbst zu handeln. Das Coaching ermöglicht Seminarteilnehmern, in sich hineinzuhorchen und dabei aus sich herauszugehen, eine schützend-einschränkende Haltung zu verlassen, und sich persönlich facettenreicher zu zeigen.

Ein besonderer Einsatzbereich für die Rollenspielmethodik findet sich in der Arbeit mit Persönlichkeitsanteilen, mit Gefühlen und Einstellungen, d.h., wenn sich das Coaching-Anliegen nach „innen" verlagert.

So kann es z.B. sein, dass dem Coachee ein logisch-sachliches Verhalten angesichts einer schwirigen Situation völlig einleuchet, er sich aber mit der Vorstellung, das in Zukunft selbst so zu machen, nicht gut fühlt. Vielleicht bemerkt er widersprüchliche Gedanken und Emotionen und findet sich mit den „vielen Seelen – ach" in seiner Brust nicht mehr zurecht.

Wenn der Coach in der Arbeit mit inneren Anteilen ausgebildet ist (z.B. im Internal Family System nach Richard Schwartz oder dem Inneren Team nach Friedemann Schulz von Thun), wird er den Coachee dabei unterstützen, die beteiligten Persönlichkeitsanteile oder „Stimmen" zu identifizieren und mit ihnen weiter arbeiten (vgl. Dietz 2007, Schwartz 1997 und Schulz von Thun 1998). Geht es um einen einzigen inneren Teil, der verhindert, dass er geradeheraus das tut, wonach ihm ist, z.B. ein „Innerer Faulpelz", oder ein ängstlicher Anteil? Erlebt der Coachee ein Hin-und Herschwanken zwischen zwei Möglichkeiten („tu ich's oder tu ich's nicht?"), ohne sich für eine entscheiden zu können? Oder weiß er einfach nicht mehr, wo ihm der Kopf steht, weil in ihm ein heilloses Durcheinander herrscht?

Arbeit mit inneren Anteilen

Für die Arbeit mit Persönlichkeitsanteilen bietet die Rollenspielmethodik bei allen diesen Anlässen interessante Möglichkeiten: Nun sind es nicht mehr reale Personen, die mit- und gegeneinander in einer sozialen Situation interagieren und deren Rollen ins Spiel gebracht werden, sondern es sind unterschiedliche Emotionen, Haltungen, Gedanken – kurz: Persönlichkeitsanteile des Coachees, die eine „Rolle" spielen. Der Coach kann den Coachee beispielsweise anleiten, diese Persönlichkeitsanteile wie im Rollenspiel zu Wort kommen zu lassen. Der Coachee verleiht einem einzelnen Anteil Ausdruck, indem er ihn einmal von einem vorher bestimmten Platz aus ganz konkret verkörpert. Es ist die „Stunde der Wahrheit" dieses Anteils.

Ist hingegen ein Thema für den Coachee noch diffus, kann er mit Unterstützung des Coachs sämtliche widerstrebenden Gedanken, Gefühle und Empfindungen einmal sichten, ihnen einen eigenen Platz im Raum geben und ggf. auch hier in einen lebendigen intrapersonalen Rollendialog eintreten. Befindet sich der Coachee in einem Entscheidungskonflikt, kann der Coach ihm vorschlagen, beide Positionen getrennt zu beziehen, und sie vom „Pro"- bzw. „Contra"-Stuhl in Reinform und ungestört sprechen zu lassen. Ein dritter Stuhl für den Coachee selbst, als „Vorsitzender" seines „Inneren Teams", sichert ihm den Überblick, während die Anteile in ihm das Thema „ausdiskutieren". Ab wann die beteiligten Anteile real verkörpert werden oder rein imaginativ in einem „inneren Dialog" angesprochen werden, wird der Coach hinsichtlich des Coachings-Zieles abwägen. Angelika Höcker hat in diesem Buch die Arbeit mit dem Inneren Team für Seminare beschrieben (Seite 177). Die Rollenpositionen von Inneren Anteilen werden darin stellvertretend von anderen Teilnehmenden übernommen. Die Arbeit mit dem Inneren Team in Coaching- und Seminararbeit hat Karl Benien in seinem Buch „Beratung in Aktion" (2002) umfassend und für die praktische Arbeit gut nachvollziehbar ausgeführt.

Reise zur „Inneren Weisheit"

Schließlich kann der Coach auch die positiven Kräfte des Coachees gezielt aufrufen. Eine Reise zur „Inneren Weisheit" (vgl. Benien 2002, S. 189 ff.) führt zu überraschenden (Selbst-)Erkenntnissen und ist für den Coachee von bleibendem Wert, weil er diese Reise bei zukünftigen Fragen selbst antreten kann. Noch facettenreichere Impulse entstehen aus dem Dialog mit vier „Archetypen", die der Coachee um sich herum positioniert, um sich dann von ihnen als Impulsgebern Antworten zu holen. Peter Kensok hat dieses Verfahren in dem Rollenspiel „König, Liebender, Magier und edler Krieger" (Seite 303) vorgestellt.

Überblick: Rollenspiel und Arbeit mit Persönlichkeitsanteilen im Vergleich

	Rollenspiel im Coaching	**Arbeit mit Inneren Anteilen**
Real anwesende Personen	zwei	zwei
Welche Rollen werden besetzt?	Die Rollen von realen Menschen im Alltag.	Persönlichkeitsanteile (widerstrebende oder sich ergänzende Haltungen, Denkweisen und Gefühle des Coachees).
Wie viele Rollen können gespielt werden?	Zwei pro Interaktions-Sequenz (die Beobachterrolle wird vom Coach dabei immer innerlich aufrechterhalten, auch wenn er sie „räumlich" verlässt).	So viele, wie für die Klärung des Themas relevant sind; theoretisch unbegrenzt viele.
Wer besetzt diese Rollen?	Coachee und Coach.	Vorrangig der Coachee.
Rollen des Coachs	Beobachter und Prozesssteuerer; Übernahme einer Rolle als Antagonist oder (bei Rollentausch) die Rolle des Coachees. „Platzhalter" und „Projektionshilfe" beim Kontrollierten Dialog.	Beobachter und Prozesssteuerung, ggf. Interviewer eines Anteils.
Rollen des Coachees	Protagonist oder Antagonist, jeweils mit dem Coach als Interaktions-Partner. Beobachter, wenn der Coach etwas „vorspielt". Auch: Beobachter und Regisseur eines innerlich inszenierten „Films" einer erinnerten Szene, in der er sich selbst und die anderen Beteiligten „sieht".	Als „Selbst" bzw. in der Rolle als „Vorsitzender des Inneren Teams" ist er Beobachter und Regisseur der Inneren Teamdynamik. Auch schlüpft der Coachee selbst in die „Rollen" seiner Inneren Anteile/Teammitglieder, und agiert diese von einem bestimmten Platz in „Reinform" aus.
Methode	Rsp.: Kontrollierter Dialog Rsp.: Interview des Konfliktpartners	Stunde der Wahrheit für einen Anteil; Pro- und Contra-Stuhl; Dialog des Selbst mit einem Anteil; Reise zur Inneren Weisheit; Rsp.: König, Magier, Liebender und edler Krieger.

Interview mit dem Konfliktpartner

von Birgit Preuß-Scheuerle

Überblick

Kurzbeschreibung   Der Coachee versetzt sich in die Rolle des Konfliktpartners und wird vom Coach interviewt.

Zielgruppe
- Fortgeschrittene, die sich gut in eine andere Rolle hineinversetzen können.
- Alle, die lernen wollen, sich besser in andere hineinzuversetzen und den anderen besser zu verstehen.

Lernziele
- Sich besser in den Konfliktpartner hineinversetzen können.
- Mehr vom Erleben und Fühlen des Konfliktpartners verstehen.
- Eine wertschätzende und einfühlsamere Kommunikation entwickeln, die Konflikte lösen kann.

Einsatz
- Im Coaching, wenn der Klient seine Empathie zum Konfliktpartner verbessern möchte und den anderen auch emotional verstehen will.
- Bei schwer greifbaren, subtilen Beziehungsthemen oder bei schwierigen Wechselwirkungen ist die Methode hervorragend geeignet, um genauer hinzuschauen, sich hineinzufühlen und dadurch deutlicher wahrzunehmen, was die Themen mit dem Konfliktpartner sind und was die wechselseitige Beziehung so schwierig macht.

Interview mit dem Konfliktpartner

- Statt immer nur aus der eigenen Sicht über den anderen zu berichten, ist es ein interessantes Experiment, aus der Sicht des Konfliktpartners den Konflikt zu betrachten.
- Wer mit dem Internal Family System arbeitet, geht mehr in die Tiefe und beleuchtet, welche Persönlichkeitsanteile in der Situation eine wichtige Rolle spielen.
Die Methode ist nur im Coaching sinnvoll einsetzbar. Im Gruppen-Coaching ist sie ebenfalls möglich, wenn die Teilnehmer schon Vertrauen zueinander aufgebaut haben und sicher sind, dass alle die Verschwiegenheit wahren.

Spielen und auswerten

- Coachee A schlüpft in die Rolle des Konfliktpartners B.
- Der Coach führt ein Interview mit A in der Rolle von B.

Situation

Coachee A wechselt auf einen anderen Sitzplatz, um sich in die Position von Konfliktpartner B hineinzu*versetzen*. Dabei sitzt er etwas abgewandt vom Coach und blickt in die Ferne. Der Coach führt A langsam und spielerisch in die Rolle von B hinein. Er bittet ihn, sich über Haltung und Gestik in die Rolle von B hineinzuversetzen.

Durchführung

Zum Einstieg des Interviews begrüßt der Coach B mit Namen und stellt ein paar Fragen zur Person, damit A weiter in die Rolle von B hineinfindet. Dann stellt der Coach Fragen zum Erleben der Konfliktsituation von B, zu den Hintergründen, und fragt B auch zur Beziehung zu A.
- „Wie erleben Sie diese Situation?", „Wie fühlt sich das für Sie an?", „Was ist das daran schwierig für Sie?"
- „Welche Erfahrungen haben Sie mit A in dieser Situation gemacht?"
- „Wie geht es Ihnen mit Person A?", „Was ist da passiert?", „Wie hat sich die Situation entwickelt?", „Was befürchten Sie?", „Was befürchten Sie, was A tun könnte?", „Was wünschen Sie sich von A?"
- „Welche anderen Dinge beeinflussen die Situation noch?"

▶ „Was könnte Person A tun, um die Situation zu verbessern?" oder „Was müsste A tun, um die Situation noch schlimmer zu machen?"

Am Ende des Gesprächs bedankt sich der Coach für das offene Gespräch und das entgegengebrachte Vertrauen. A verlässt den Platz von B und schlüpft unterstützt durch den Coach aus der Rolle wieder ins „eigene Ich".

Moderation der Auswertung   Der Coach reflektiert mit A, was er durch diesen Rollenwechsel von B erfahren hat. Was hat ihn am stärksten berührt oder angesprochen?

Wenn im Coaching mit IFS gearbeitet wird, fragte der Coach nach der Wirkung des Interviews auf den Coachee selbst und auf dessen Persönlichkeitsanteile. Wie beeinflusst diese Erfahrung das eigene Handeln und was können die nächsten Schritte sein, um den Konflikt zu lösen?

Außerdem ...

Anmerkungen   Das Interview mit dem Konfliktpartner stellt für den Coach eine Herausforderung dar. Er braucht eine empathische und unvoreingenommene Haltung gegenüber der interviewten Person. Ansonsten findet der Coachee nicht in die Rolle und kann auch aus ihr heraus keine Antworten finden, da er in eine Verteidigungsposition gerät, aus der heraus es nicht möglich ist, sich in eine andere Rolle hineinzuversetzen.

Quellen   Die Wurzeln der Technik liegen in der Gestalttherapie und Gesprächspsychotherapie. Sie wurden von Walter Wölfle in jahrelanger Coaching-Praxis weiterentwickelt. Ich habe sie in der Coaching-Weiterbildung bei Dietz Training und Beratung durch Walter Wölfle in dieser Form kennengelernt.

Kontrollierter Dialog

von Birgit Preuß-Scheuerle

Überblick

Beim Kontrollierten Dialog geht es darum, ein bestimmtes Verhalten oder einen bestimmten Gesprächsausschnitt genauer zu analysieren und dadurch auch die reale Gesprächssituation zu verändern.

Kurzbeschreibung

- Coachees sowie Seminarteilnehmer in Gruppen mit hohem Vertrautheitsgrad und Geduld.
- Alle Coachees, die sich selbst und ein Gespräch mit einer anderen Person stimmiger erleben bzw. ein herausforderndes Gespräch vor- oder nachbereiten wollen.

Zielgruppe

- Der Coachee kann einen bestimmten Gesprächsausschnitt, der besonders heikel ist, genauer betrachten und dabei auch sein Verhalten reflektieren.
- Es hilft dem Coachee, einen bestimmten Punkt, der für ihn schwierig ist, konkret anzusprechen, auch mit genauen Formulierungshilfen.
- Überprüft der Coachee im Verlauf des Dialogs sein Verhalten, kann er dabei die Selbstregulierung stärken, indem er zum Beispiel lernt, besser zuzuhören oder andere ausreden zu lassen.
- Mit dieser Technik kann auch ein „Worst-Case-Szenario" des Gesprächs inszeniert werden, um typische Gesprächsfallen des Coachees besser zu erkennen und zu bearbeiten.

Lernziele

Einsatz
▶ Der Kontrollierte Dialog bietet dem Coachee die Möglichkeit, eine Gesprächssituation genau zu betrachten und alternative Verhaltensweisen zu trainieren.

▶ Er ist bedingt auch im Training einsetzbar. Im Training ist darauf zu achten, dass die Rollenwechsel nicht zu lange dauern, da es für die Beobachter wegen der Wiederholungen schnell langatmig werden kann.

▶ Für die Auswertung ist es im Training wichtig, dass sich die Teilnehmer auf ein Statement beschränken. Sätze wie „Ich hätte an Deiner Stelle aber das und das gemacht" sind tabu. Die Teilnehmer schildern lediglich, wie die Worte und Sätze auf sie wirken und was sie sich anstelle von A oder B gewünscht hätten.

Spielen und auswerten

Situation
Coach und Coachee arbeiten den heiklen Punkt im Gespräch, z.B. mit dem Kollegen, Kunden oder Chef, genau heraus. Dann schlüpfen Coachee und Coach abwechselnd in die Rolle des Gegenübers.

Durchführung
Der Coachee spielt in der ersten Sequenz seine eigene Rolle als Person A. Der Coach schlüpft dabei in die Rolle von Person B, also beispielsweise in die Rolle des Chefs von A, und hört zu, was A sagt. A spricht ein oder zwei Sätze, dann werden die Plätze getauscht: Der Coach schlüpft in die Rolle des Coachees/Person A und der Coachee schlüpft in die Rolle des Chefs/Person B.

Der Coach wiederholt die Worte von A möglichst wortgetreu auch in Körperhaltung, Gestik und Mimik. Der Coachee erlebt, wie seine Worte und sein Verhalten auf ihn wirken, wenn er in der Rolle des Chefs ist. Er reagiert auch auf A und wieder wird der Platz getauscht.

Der Coach wiederholt als Chef/Person B, was der Coachee als Chef gesagt hat, und der Coachee als A reagiert wiederum darauf.

Kontrollierter Dialog

Dadurch kommen alle Reaktionen in diesem Dialog vom Coachee, der Coach agiert in beiden Rollen nur als Partner, der möglichst wortgetreu wiederholt.

Der Platzwechsel ist ein wichtiges Element, damit jeder weiß, wen er im Moment spielt und keine Verwirrung entsteht. Meist genügen zwei bis drei Wechsel, um den wesentlichen Gesprächsausschnitt herauszuarbeiten und genauer zu betrachten.

Für die Reflexion können folgende Fragen dienen: *Beobachtung*
- Was hat der Coachee über sich erfahren?
- Was hat er über seinen Gesprächspartner erfahren?
- Welche Hürden, Klippen und Fallen sind aufgetaucht?
- Welche wunden Punkte wurden deutlich?
- Welche Persönlichkeitsanteile waren aktiv?
- Wie soll die zukünftige reale Gesprächssituation gestaltet werden?
- Was ist ein gutes und angemessenes Verhalten?
- Welche Schritte sollten vorbereitet werden?
- Wie möchte der Coachee künftig mit solchen Situationen umgehen?

Wird der Kontrollierte Dialog im Training eingesetzt, ist es besser, ohne Video-Feedback zu arbeiten. Erstens erleichtert es dem Teilnehmer, in die fremde Rolle zu schlüpfen, wenn er weiß, dass nicht gefilmt wird. Zweitens wirkt der Wechsel auf die anderen Teilnehmer schnell ermüdend. Das Ganze dann noch zusätzlich auf Video zu sehen, führt eher zu Unruhe und Langeweile. *Moderation der Auswertung*

Außerdem ...

- Die Technik erfordert vom Coachee Geduld, der Coach sollte während der Übung schnell in andere Rollen wechseln können. *Anmerkungen*

- Der Coach sollte keine eigenen Inhalte (Ideen und Gedanken) in den Kontrollierten Dialog hineinbringen.
- Der Coach kann bei Bedarf auch zwischendurch stoppen und den Coachee bitten, innezuhalten, achtsamer zu werden, den inneren Zustand bewusster wahrzunehmen.
- Auch mit dem Kontrollierten Dialog ist es möglich, in die Teilearbeit des Internal Family Systems einzusteigen. Welche Persönlichkeitsanteile sind in der Situation im Vordergrund? Welche Persönlichkeitsanteile sollten führen, um die Situation beispielsweise zu entschärfen und welche Persönlichkeitsanteil sind in Bedrängnis geraten?
- Es wird kein schriftliches Material benötigt. Der Coach braucht lediglich ein gutes Gedächtnis für die Wiederholung.
- Ich setze die Technik oft im Coaching ein, vor allem dann, wenn der Coachee eine schwierige Gesprächssituation in nächster Zukunft zu bewältigen hat. Sie erhöht das Verständnis für den Gesprächspartner und seine Reaktionsweisen enorm. Und sie vermittelt einen ganz hervorragenden Blick auf die eigenen Verhaltensweisen. Dadurch kann der Coachee in den meisten Fällen auch sehr schnell in der realen Situation anders reagieren.
- Beim Einsatz im Training wird diese Tiefe allerdings kaum erreicht und ist meines Erachtens nur in einer sehr vertrauensvollen Atmosphäre zum Schutz des Teilnehmers sinnvoll.

Quellen Die Wurzeln der Technik liegen in der Gestalttherapie und Gesprächspsychotherapie. Sie wurden von Walter Wölfle in jahrelanger Coaching-Praxis weiterentwickelt. Ich habe sie in der Coaching-Weiterbildung bei Dietz Training und Beratung durch Walter Wölfle in dieser Form kennengelernt.

König, Liebender, Magier und edler Krieger

von Peter Kensok und Eva Neumann

Überblick

Kurzbeschreibung

Der Coachee baut vier Rollenpositionen auf: den archetypischen „König", den „Magier", den „Liebenden" und den „edlen Krieger". Er interviewt die vier personifizierten Archetypen zu einer persönlichen Frage. Der Coach moderiert diesen Dialog.

Zielgruppe

- Coachees, die einen einschränkenden Belief/Glaubenssatz überprüfen wollen.
- Coachees, die eine sie bewegende, existenzielle Frage aus unterschiedlichen Perspektiven beleuchten wollen.

Lernziele

- Zugang zu archetypischen „Haltungen" und Stärken in sich selbst finden.
- Innere Stärkung und Klärung erfahren.

Einsatz

- Einschränkende Beliefs überprüfen und verändern.
- Ergänzend zur Arbeit mit Persönlichkeitsanteilen.
- Der Coachee erkennt sich selbst als Quelle für Antworten auf schwierige Fragen.

Peter Kensok und Eva Neumann

Spielen und auswerten

Situation Die Übung setzt voraus, dass „der König", „der Liebende", „der Magier" und der „edle Krieger" – beziehungsweise deren weiblichen Entsprechungen – mit ihren Eigenschaften als weise, archetypische Persönlichkeitsanteile in jedem Menschen vorhanden sind. Diese Archetypen werden vom Coachee in ihren sichtbaren, hörbaren und fühlbaren Eigenschaften vorgestellt und projiziert. Alle Archetypen sind dem Klienten wohl gesonnen, und was er an ihnen an edlen Eigenschaften entdeckt, ist genau richtig. Dadurch erhalten die Archetypen im ersten Schritt ihre „Gestalt". Der Coachee hat damit jeweils ein vorgestelltes Gegenüber, das er im zweiten Schritt zu einem Thema konsultiert.

Rollen Die vier Archetypen („Rollen"):

Der König
Der König ist der souveräne Herrscher, der würdevoll seine Verantwortung trägt, der alles wahrnimmt, was in seinem Reich vorgeht. Beim Abwägen von Entscheidungen hat er Werte und langfristige Ziele im Blick. Er vergibt Würden, delegiert Verantwortung und Aufgaben und kann sie auch jederzeit wieder an sich nehmen. Seine Aussagen werden nicht infrage gestellt. Er wirkt unterstützend und nimmt sich weise zurück, wenn es für das System des Fragenden am besten ist.

Der Magier
Für diesen Archetypen ist nichts unmöglich. Der Magier hat Humor und nimmt wie ein mittelalterlicher Narr kein Blatt vor den Mund. Er kann an unvermuteter Stelle auftauchen, sich verwandeln, sich auf magische Weise in alle Risiko- und Lernzonen hineinbegeben und von dort unbeschadet wieder in seine Mitte zurückkehren. Manche ziehen den Zauberer oder eine Fee dem Magier vor, ihre Kerneigenschaften sind die gleichen.

Der Liebende

Der Liebende steht für das Prinzip der allumfassenden Liebe, was Sexualität durchaus einschließt. Der Liebende ist voller Herzensgüte, er nimmt alles an, er kann verzeihen, und hat je nach Weltbild etwas Göttliches an sich, ohne dass das Leben nicht zu denken ist. Für den einen ist er ein schöner Jüngling oder ein Engel, für den nächsten eine Venus und für den dritten ein bärtiger Mann.

Der edle Krieger

Der Krieger ist edel, hilfreich und gut, zum Beispiel in der Gestalt eines japanischen Samurai. Der Krieger tritt selbst unter Lebensgefahr für das Gute ein. Er ist wehrhaft, gewandt, setzt diese Fähigkeiten aber nie aus purem Selbstzweck ein. Er erkennt rechtzeitig Risiken, entscheidet schnell und strategisch und handelt beherzt.

1. Installation der Archetypen

Durchführung

Der Coach beginnt mit einem Archetypen, z.B. dem König (der Königin) und schildert dem Coachee, mit welchen Eigenschaften (s.o.) er rechnen kann. Übrigens kann ein männlicher Coachee durchaus weibliche Archetypen haben und eine Frau männliche.

Dann schließt der Coachee ggf. die Augen und spürt innerlich nach, wo im Raum er „seinen" eigenen König wahrnimmt. Wenn der König gefunden ist, beschreibt der Coachee das Aussehen seines Königs/seiner Königin. Der Coach notiert diese Angaben mit und kann darauf im späteren Verlauf zurückgreifen.

Der Coachee tritt nun an den Platz, wo er seinen König erkannt hat. Er „wird" nun zu diesem Archetyp und fühlt sich in diese Rolle ein: Welche Körperhaltung, welches Körpergefühl entsteht? Wie klingt die Stimme dieses Archetyps? Wenn er einen Laut oder einen Satz äußert – wie hört sich der an?

Der Coachee tritt dann aus der Rolle des Archetyps heraus und an seinen ursprünglichen Platz zurück: Der König ist damit als Gestalt und Ansprechpartner stimmlich, optisch und gefühlsmäßig aufgestellt.

Die Konzentration auf den König wird nun durch eine Mini-Pause (Ablenkung, Schluck Wasser o.Ä.) unterbrochen. Dann begegnet der Coachee auf die gleiche Weise seinem Magier, dem Liebenden und dem edlen Krieger oder deren weiblichen Entsprechungen.

2. Verdichten des Themas

Der Coachee steht wieder auf der Ausgangsposition. Mit Unterstützung des Coachs bringt er sein Anliegen auf eine Kurzformel, die sich leicht merken und schnell wiederholen lässt. Zum Beispiel lautet ein Thema *„Ich kann keinen Sport treiben, weil ich zu wenig Zeit habe, außerdem bin ich unsportlich und viel zu dick. Wenn ich laufe, dann tut mir alles weh, und das tut mir bestimmt nicht gut. Für mich gilt: Sport ist Mord ..."* Daraus wird dann möglicherweise: *„Ich bin zu unbeweglich."* Auch krassere Formulierungen sind willkommen „Ich bin zu fett" oder Ähnliches. Wenn der Coachee die Kurzform im folgenden Prozess hört, wird er die lange Fassung mitdenken.

3. Vorbereitung auf den Dialog mit den Archetypen

In der folgenden Dialogsituation hat der Coachee in seinem jeweiligen Archetypen ein Gegenüber. Der Coachee spricht also nicht als König, Liebender und so weiter, sondern er geht wie zu einer Audienz beim König. Der Coach begleitet ihn dabei.

Der Coach kann – so das Spiel – die Archetypen nicht direkt ansprechen. Nur der Coachee kann die Antworten empfangen und gibt sie dem Coach wieder. Nennen Sie nun Ihrem Coachee nochmals die Merkmale des ersten Archetypen, die im ersten Schritt erlebt und beschrieben wurden: das Aussehen, die Stimme, die Haltung, das Körpergefühl, also die gesamte Gestalt dieses Archetypen.

4. Innerer Dialog: „Mein König sagt ..."

Hat der Coachee den ersten Archetypen klar vor sich, beginnt der Dialog. Der Coach wiederholt stereotyp das Thema in Verbindung mit einem Satzanfang, den der Coachee dann vervollständigt. Der Coachee gibt die vorgestellten Antworten des Archetypen wieder und lässt seinen Coach auf diese Weise an dem teilnehmen, was

König, Liebender, Krieger und Magier antworten. Hier ein Beispiel für solch einen Dialog:
Coach: „Ich bin zu dick – Dein König sagt (dazu) …?"
Coachee: „Mein König sagt: Stimmt!?"
Coach: „Ich bin zu dick – Dein König sagt …?"
Coachee: „Er sagt: Woran genau misst Du das?"
Coach: „Ich bin zu dick – Dein König sagt …?"
Coachee: „Du bist nicht dick, Du bist stattlich!"
Coach: „Ich bin zu dick – Dein König sagt …?"
Coachee: „Tu, was in Deiner Macht steht, das zu ändern!"

Der Coach motiviert zu schnellen Antworten. Denkt der Coachee zu lange nach und beginnt in diesem Schritt sogar damit, die Antworten zu bewerten, geht das zu Lasten der Intuition und der spontanen inneren Weisheit. Zögert der Coachee, dann wiederholt der Coach das Thema in der genannten Formel, bis mindestens zehn Aussagen erfasst sind und dem Coachee absolut nichts mehr einfällt. Der Coach muss sehr aufmerksam sein und notiert die Antworten der Archetypen in den Worten des Coachees.

Achten Sie darauf, dass der Coachee nicht als (!) König (oder anderer Archetyp) in der „Ich-Form" spricht, sondern wirklich die Antworten im Sinne von „Mein König sagt …" wiedergibt.

Zum Abschluss der „Audienz" bedankt sich der Coachee bei dem König. Die Konzentration auf den König wird wieder durch eine Ablenkung unterbrochen. Nun wird der nächste Archetyp befragt, z.B. der Liebende. Auch der wird erst „gerufen", die Stimme und das Körpergefühl dazu erinnert (vom Platz des Coachees aus), und der Archetyp visuell vorgestellt. Dann geht es weiter wie unter 4. oben „Ich bin zu dick – Dein Liebender sagt (dazu): …" Und der Coachee antwortet: „Mein Liebender sagt, …"

▶ Der Coach begleitet den Coachee durch dieses Rollenspiel, moderiert den Prozess und ist ansprechbar bei Fragen des Coachees.

Beobachtung

- Er hilft dem Coachee, die innere Repräsentation der Archetypen lebendig zu halten.
- Der Coach schreibt die Antworten der Archetypen stichwortartig auf.
- Er beobachtet den Coachee im (inneren) Dialog mit seinen Archetypen, achtet genau auf Körpersprache und Stimme, um einschätzen zu können, wo genau im Prozess der Coachee sich gerade befindet und ob der wirklich mit seinem Archetypen im Kontakt ist.

Moderation der Auswertung

5. Integration

Alle vier Archetypen mit ihren besonderen Eigenschaften haben schließlich zum Thema des Coachees Stellung genommen; die Audienzen sind beendet. Jetzt liest der Coach seinem Coachee alle Antworten der vier Archetypen der Reihe nach vor. Der Erinnerungseffekt ist noch stärker, wenn der Coach, der in den Audienzen neben dem Coachee stand, nun die Antworten aus der Richtung spricht, aus welcher der jeweilige Archetyp bei der Installation im ersten Schritt gesprochen hat.

6. Entscheidung

Der Coachee entscheidet dann, welche Aussagen von welchem Archetypen ihn am stärksten angesprochen, bewegt, ihm eingeleuchtet haben und welche Schlüsse er daraus zieht. Sehr wahrscheinlich hat er jetzt einen neuen Zugang zu seinem Thema, ein einschränkender Glaubenssatz hat vielleicht seine Brisanz verloren, eine Entscheidung ist herangereift, mit der im Coaching dann weitergearbeitet werden kann.

7. Umsetzung

Der Coachee prüft das Ergebnis auf die Umsetzbarkeit im Alltag. Er entwickelt dazu eine konkrete Vorstellung, einen sogenannten „Zukunftsfilm".

Coachs, die Teilearbeit beherrschen, können noch eine Konferenz zwischen Coachee und Archetyp moderieren, in dem eine Vereinbarung für die Zukunft getroffen wird: Wie können eine oder mehrere Archetypen die neue Orientierung mit verantworten?

Außerdem ...

Anmerkungen

Dieses Spiel darf sehr fantasievoll inszeniert werden, indem der Coachee selbst in verschiedene Rollen schlüpft. Wichtig ist, dass der Coach darauf achtet, dass der Coachee die Antworten der Archetypen nicht reflektiert oder gar bewertet. Sie sollen unbewussten Charakter haben dürfen, was bei schnellen, kurzen, manchmal durchaus deftigen Antworten der Fall ist. Wichtig ist auch, im Verfahren den Archetypen/die Archetypin mit genau dem Namen anzusprechen, den der Coachee dafür genannt hat. Sonst gefährden Störgefühle den Prozess.

Variante: Installation der Archetypen im eigenen Körper
Der Coachee schließt die Augen und spürt in sich hinein, wo in seinem Körper er seinen König entdeckt. Er entwickelt dazu eine Stimme: „Wo genau nimmst Du die Stimme Deines Königs wahr? Lass von dort einen Ton entstehen, der zu Deinem König passt!" Dieser Ton kann dem Archetypen eindeutig zugeordnet werden. Verschiebt man probehalber den Ort der Stimme, dann „passt es nicht mehr".

Der Coachee kann seine Hand an den Ort der Stimme legen und ihn damit kinästhetisch „sichern" und abrufbar machen.

Das Rollenspiel basiert auf Arbeiten des Psychologen Robert L. Moore und des Mythologen Douglas Gillette („King, Warrior, Magician, Lover"), die sich dazu von Carl Gustav Jung inspirieren ließen. Anthony Robbins baute 2001 darauf bei einer Krisenintervention im Rahmen eines Seminars auf. Peter Kensok adaptierte das Konzept für die NLP-Master-Ausbildung erstmalig in Deutschland.

Quellen/Download

Download-Link: http://www.managerseminare.de/tmdl/b,187486

Führungskompetenzen erwerben durch Szenariobasiertes Lernen

von Dirk Heidemann und Eva-Maria Schumacher

Szenariobasiertes Lernen

Die Qualifizierung von Führungskräften steht immer vor der Herausforderung, Kompetenzen für die Praxis zu generieren und Prinzipien und Führungsinstrumente in die Praxis zu transferieren.

An der Deutschen Hochschule der Polizei (DHPol) wurde eine Lehrform entwickelt, die träges Führungswissen in handlungsorientierte Kompetenzen für die Praxis überführt. Das „Szenariobasierte Lernen" (SBL) bereitet Führungskräfte auf ihre Aufgaben und Herausforderungen im Führungsalltag vor, mit dem Ziel, Rollen-, System- sowie strategische Kompetenzen zu entwickeln.

Gerade Führungskompetenzen sollten in praxisnahen, situativen sowie problemorientierten Lernumgebungen gelernt werden. Hierzu eignet sich der didaktische Ansatz des „Situierten Lernens" (vgl. Markowitsch 2004). Dieser Ansatz spiegelt im Unterschied zu einer frontalen Belehrungskultur eine Lernkultur wider und orientiert sich an den Prinzipien Komplexität, Reflexion und Artikulation, multiple Perspektiven sowie sozialer Austausch. Beim Situierten

Situiertes Lernen

Lernen wird mit authentischen, also realistischen und lebensnahen Problemstellungen gearbeitet. Lernende werden so motiviert, sich mit komplexen Problemen auseinanderzusetzen, neue Inhalte zu erarbeiten oder bekannte Inhalte anzuwenden, Zusammenhänge zu entdecken und gemeinsam im Austausch Lösungswege zu erarbeiten und in Rollenspielen und Organisationsaufstellungen zu erproben.

Das Situierte Lernen wurde an der DHPol durch die Gestaltung einer Lernumgebung in Form einer virtuellen Organisation umgesetzt. In dieser Organisation spielen sich verschiedene Alltagssituationen ab, sogenannte Szenarien, die die Führungskraft analysieren, bewerten und lösen muss. Besonders wichtig ist dabei die Verknüpfung und Anwendung von Fachwissen und Führungskompetenzen. Die Bearbeitung der Szenarien findet in den SBL-Trainings statt, denen eine bestimmte Grundstruktur im Hinblick auf Ablauf und Einsatz von Medien und Methoden zugrunde liegt. Diese speziell entwickelte Lehrform kann als „Blended Training" bezeichnet werden und wurde Szenariobasiertes Lernen genannt. Die Szenarien werden in Trainings von zertifizierten SBL-Trainer/-innen durchgeführt.

Blended Training

Virtuelle Organisation und Szenarien

Das SBL spielt in einer realitätsnahen Organisation, die im Intranet abgebildet wurde: Die sogenannte Virtuelle Dienststelle mit dem Namen Polizeiinspektion Karstadt. Sie enthält alle wichtigen Informationen über Personen, Organigramme, Personalakten, Dienstpläne, Krankendaten und so weiter. Mittelpunkt der Dienststelle ist die junge Führungskraft Herr Wetz, der als Leiter dieser Polizei-Inspektion (PI) unterschiedliche Situationen und Szenarien erlebt. Die Teilnehmenden agieren im SBL-Training aus der Perspektive dieser Führungskraft.

Szenariobasiertes Lernen

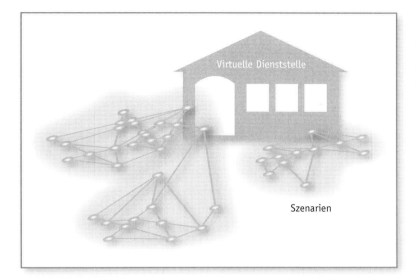

Abb.: Szenarien bilden die Realität des Führungsalltags ab

Um die Realität des Führungsalltags abbilden zu können, wurden sogenannte Szenarien entwickelt. Szenarien sind komplexe Abläufe einer Organisation mit formellen und informellen Geschehnissen, in der sich die Führungskraft „bewegen" muss. Sie werden von SBL-Trainer/-innen entwickelt, die, ähnlich wie bei einem Film, eine Story erarbeiten, in der verschiedene Ereignisse passieren und je nach Zielsetzung unterschiedliches Fachwissen zum Einsatz kommen muss. So gibt es im beispielhaft ausgewählten und unten dargestellten Szenario „Das Versetzungsgesuch" mehrere Informationen, die zu der Frage führen, ob es sich um Mobbing handeln könnte und welche dienstrechtlichen Konsequenzen das haben kann.

Szenarien

Das SBL-Training

Im SBL-Training werden die Szenarien in einer bestimmten Grundstruktur durchgespielt. Die Szenarien sind so konzipiert, dass sie an einem Trainingstag durchlaufen werden können. Im SBL-Training werden verschiedene Trainingsmethoden wie Rollenspiel, Diskussion, Gruppenarbeit und Organisationsaufstellungen kombiniert. Von daher lässt es sich als „Blended Training" beschreiben; in Anlehnung an „Blended Learning", wo unterschiedliche Medien und Methoden gemixt werden.

Einlagen   Um die Szenarien möglichst authentisch zu gestalten, gibt es sogenannte Einlagen. Das sind – einfach gehaltene – multimedial aufbereitete Informationen und Ereignisse, wie beispielsweise Zeitungsartikel, Anrufe von Vorgesetzen, die über Audiofunktion vorgespielt werden, Fotos, die beispielsweise das Büro eines chaotischen Mitarbeiters zeigen, Personalakten oder auch kurze Videoeinspielungen. Nach jeder Einlage folgt eine Analyse im Plenum, um die Situation auf der Basis der neuen Informationen und Ereignisse einzuschätzen und Entscheidungen anzubahnen. Nach der Analysephase geht es dann um Ziele und Lösungen. Diese Maßnahmen werden vorbereitet und dann in Rollenspielen oder Organisationsaufstellungen durchgeführt. Im Anschluss folgen dann Reflexionen und nächste Konsequenzen.

So durchlaufen die Teilnehmenden einen Ausschnitt aus dem Führungsalltag, wie er sich in der Realität finden lässt. Nur dass im Training immer wieder Reflexions- und Diskussionsphasen eingebaut werden und Führungsverhalten antizipiert werden kann.

Szenariobasiertes Lernen

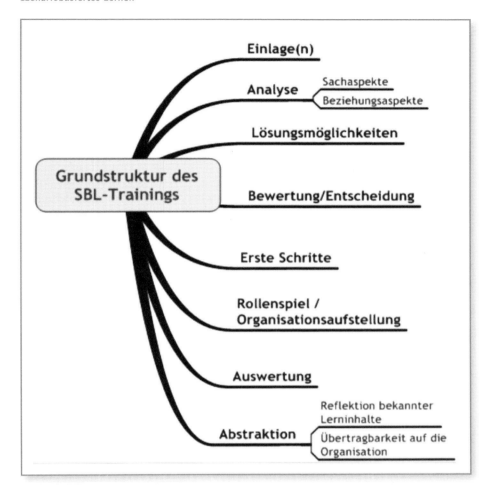

Abb.: Grundstruktur des SBL-Trainings

Beispiel eines SBL-Trainings „Das Versetzungsgesuch"

Im Folgenden wird ein Szenario vorgestellt, in dem eine Führungsperson mit einer unklaren, möglicherweise schon verfestigten Konfliktlage in einer nachgeordneten Abteilung konfrontiert wird. Neben der Entwicklung allgemeiner Führungskompetenzen geht es für die Teilnehmer darum, ihr Wissen zu den Themenfeldern Mobbing, schwerwiegende Konflikte in Gruppen, Rolle der Führungskraft, straf- und beamtenrechtliche Relevanz von Mobbing bzw. mobbing-ähnlichen Handlungen sowie zu Möglichkeiten und

Grenzen von Dienstvereinbarungen zur Fairness am Arbeitsplatz zu reflektieren und zu erproben.

An dieser Stelle folgt zunächst ein erster Überblick über die Story, in der sich die Führungskraft Herr Wetz befindet, aus deren Perspektive das Training durchlaufen wird. Im Anschluss wird auf die Durchführung und die unterschiedlichen Rollen der SBL-Trainer eingegangen.

Zum Schluss gibt eine Planungsmatrix weitere konkrete Hinweise für das Vorgehen in diesem SBL-Training.

Die Story und das Problem

Situation   Herr bzw. Frau Wetz als junge Führungskraft ist nunmehr seit ungefähr sechs Wochen als PI-Leiter/-in in der Polizeiinspektion im Amt. Die wesentlichen Abläufe sind ihr bzw. ihm inzwischen vertraut, die wesentlichen Personen innerhalb und außerhalb der Dienststelle (Bürgermeister, vorgesetzte Behörde, Presse, Personalrat …) bekannt. Eine gewisse Kontinuität im Führungsalltag stellt sich ein.

Phase 1
An diesem Morgen bittet der Streifendienstbeamte Klaus Trautmüller, ein bisher sehr vielversprechender Mitarbeiter, der seit etwa sechs Monaten der Dienststelle angehört, um ein Gespräch. Trautmüller bittet um Unterstützung seines Versetzungsgesuchs, dem zu entnehmen ist, dass er baldmöglichst entweder heimatnah oder in die benachbarte Großstadt versetzt werden möchte. Zu den Gründen möchte er sich nicht äußern. Das seien persönliche Gründe. Als der PI-Leiter kurz darauf den Leiter des Streifendienstes auf das Versetzungsgesuch anspricht, reagiert dieser mit den Worten: „Ach der Trautmüller, ich habe sowieso den Eindruck, dass mit dem keiner gern Streife fährt."

Phase 2

In den folgenden Tagen stellt der PI-Leiter fest, dass die Dienstgruppe Trautmüllers ihren diesjährigen Betriebsausflug ohne Trautmüller geplant hat. Außerdem erhält der PI-Leiter die Kopie einer E-Mail mit der Trautmüller den „ehrlichen Finder" seiner Einsatztasche bittet, diese zurückzugeben. Sie habe auf seinem Schrank gestanden und es befänden sich wichtige Unterlagen darin. Bei der Auswertung von Notizen zur Leistungsbeurteilung stellt der PI-Leiter bei Trautmüller und bei einer weiteren jüngeren Beamtin der betreffenden Dienstgruppe einen Leistungsabfall fest.

Phase 3

Schließlich berichtet der Leiter des Streifendienstes, der sich zwischenzeitlich informiert hat, dass Trautmüller innerhalb der Dienstgruppe isoliert sei, weil er – zusammengefasst – sich nicht an die ungeschriebenen Regeln innerhalb der Gruppe halten wolle. Im Übrigen sei er häufig krank, wenn es darauf ankomme.

Das in der Story enthaltene Problem stellt sich folgendermaßen dar: Dem Leiter der PI werden dosiert Informationen zugespielt, die zumindest auf einen schwerwiegenden Konflikt innerhalb der Dienstabteilung schließen lassen. Je nach Interpretation ist auch der Schluss auf Mobbing-Handlungen durchaus zulässig. Nichthandeln würde die Gefahr mit sich bringen, dass derartige Handlungen als erfolgreich angesehen werden und dass schädliche Handlungsmuster sich möglicherweise verfestigen.

Handeln ist durch die strukturelle Schwäche der Position des PI-Leiters (neu in der Dienststelle, erfahrene Führungskräfte, die eine andere Problemsicht haben, geringe Möglichkeit zur tatsächlichen Aufklärung des Sachverhalts, fehlende Bereitschaft des Opfers, an der Aufklärung mitzuwirken) nur begrenzt wirksam. Das Ergebnis der Interpretation des Sachverhaltes und das Führungshandeln sind unter Umständen folgenschwer, sowohl was die Sachaspekte angeht (Mobbing = straf- und beamtenrechtliche Konsequenzen) als auch soweit es die Dienststelle (Betriebsklima, Organisationskultur) und die Führungsposition des Leiters bzw. der Leiterin der PI betrifft.

Durchführung **Die Durchführung**

Einstieg

Die Trainer/-innen versetzen die Teilnehmer/-innen zu Beginn mit einer möglichst bildhaften Darstellung der Arbeitssituation in die Rolle des PI-Leiters.

Abb.: Einstiegsfolie des Szenarios „Das Versetzungsgesuch"

Phase 1

Nachdem die Teilnehmer in der Rolle des PI-Leiters das Versetzungsgesuch und den Kommentar des Leiters Streifendienst zur Kenntnis genommen haben, leiten die Lehrenden die Analyse der Situation ein. In dieser Phase liegen zunächst kaum verwertbare Informationen vor, so dass die Diskussion in der Gruppe sich um die Frage drehen wird, ob überhaupt ein Problem für den PI-Leiter vorliegt. Versetzungsgesuche aus persönlichen Gründen sind so selten nicht, und wenn sich ein Mitarbeiter in der Dienststelle nicht so wohlfühlt, muss das nicht zwingend ein Problem für den Dienststellenleiter sein. Oder vielleicht doch? Die Diskussion kann jedenfalls geeignet sein, die vielfältigen Erwartungen an die Rolle „PI-Leiter" zu formulieren und zu klären und ermöglicht den Teilnehmern, ihre eigene Position zu entwickeln.

Phase 2

Die Informationen haben sich verdichtet. Für die Isolation Trautmüllers gibt es nun konkrete Anhaltspunkte. Die Mail zur verschwundenen Einsatztasche lässt verschiedene Interpretationen zu: ein übler Scherz, eine Nachlässigkeit Trautmüllers oder gar ein Diebstahl. Jede dieser Annahmen erfordert ein grundlegend anderes Verhalten des PI-Leiters mit jeweils unterschiedlichen Wirkungen und Nebenwirkungen. Rolle der Trainer ist es hier, die Analyse der Situation fortzusetzen, den Teilnehmern unterschiedliche Perspektiven auf das Problem zu ermöglichen und die Entwicklung von Handlungsoptionen zu unterstützen.

Phase 3

Die Lebendigkeit und Dynamik von Organisationen wird hier deutlich. Der Leiter des Streifendienstes hat im Rahmen seiner Rolle die Situation weiterentwickelt und sich Informationen beschafft, die je nach Sichtweise auf einen noch unerfahrenen, etwas eigensinnigen Mitarbeiter hindeuten, die andererseits aber auch sämtliche Merkmale von Mobbing-Handlungen aufweisen. Aufgabe der Lehrenden in dieser Phase ist es, das Wissen der Teilnehmer zum Thema Konflikte und Mobbing zu aktivieren, den Abschluss der Analyse zu initiieren, die Entwicklung von Handlungsmöglichkeiten abzuschließen und eine Entscheidung für einen Lösungsweg herbeizuführen.

Dieser Lösungsweg wird im weiteren Verlauf im Rahmen eines Rollenspiels erprobt, wobei es im Wesentlichen darauf ankommt, das Rollenspiel in den Verlauf der Story einzubinden. Dies können die Lehrenden zunächst in der Phase des Einrollens unterstützen, indem sie noch einmal auf die Situation und ihre Vorgeschichte eingehen. Ein weiterer Aspekt ist die Auswahl des Rollenspielers, der beim Szenariobasierten Lernen grundsätzlich nicht aus der Gruppe der Lernenden kommt, dessen Habitus der zu spielenden Rolle möglichst entsprechen muss und der mithilfe eines geeigneten Rollenskripts auf das Rollenspiel vorbereitet wurde. Schließlich wird es bei der Auswertung des Rollenspiels nicht nur um die kommunikativen Aspekte des Spiels gehen. Weitere Schwerpunkte sind die Analyse des Ist-Stands bzw. der erfolgreichen Umsetzung der gewählten Strategie nach dem Rollenspiel und die Prüfung, welche Handlungen des PI-Leiters nun eventuell noch erforderlich sind, um dem zuvor gesetzten Ziel möglichst nahezukommen. Frei nach dem Motto: „Nach dem Spiel ist vor dem Spiel!"

Abschluss

Reflexion

Die Teilnehmer reflektieren ihr Verhalten in der Rolle des PI-Leiters, diskutieren den Wert ihres theoretischen Wissens unter anderem zu den Aspekten Konflikte/Mobbing und sichern ihre Lernergebnisse. Die Lehrenden sind hier gefordert, diese Prozesse durch geeignete Frage- bzw. Aufgabenstellungen anzuregen und zu unterstützen.

Die Problemlandkarte – ein spezifisches Tool beim SBL-Training

Leitfragen zur Analyse, Lösungssuche und Maßnahmenplanung

Wenn die Teilnehmenden ein Szenario durchlaufen, orientieren sie sich immer an der sogenannten Problemlandkarte, die unterschiedliche Fragen zur Analyse und Problembehandlung, sowie Lösungssuche, Zielformulierung und Maßnahmenplanung enthält. Diese Landkarte wird als Kognitive Strategie für erfolgreiches Führungsverhalten eintrainiert und befähigt die Teilnehmenden, das System an sich zu erkennen, Akteure und ihre Interessen wahrzunehmen und die Effekte und Folgen möglicher Entscheidungen vorwegzunehmen. Während in den ersten Einlagen vor allem die Landkarte der Akteure und ihrer Interessen fokussiert wird, um die Brisanz und mögliche Fettnäpfe der Situation zu erkennen, sind die Fragen zur Lösungsfindung, Zielfokussierung und Maßnahmenplanung für den zweiten Teil der SBL-Trainings von Relevanz.

Szenariobasiertes Lernen

Am Beispiel der Problemlandkarte zeigen sich auch die unterschiedlichen Aufgaben, Rollen und notwendigen Kompetenzen der SBL-Trainer.

Problemlandkarte (Rademacher, Heidemann)

Phase		Leitfragen	Bearbeitungsformen/Rolle
Analyse	Ursachen	Wodurch ist das Problem entstanden? Welches sind die relevanten Ursachen des Problems?	Moderator: Sachaspekte des Problems ermitteln, vergangenheitsorientierte Perspektive einnehmen. Bearbeitung im Plenum der Trainingsgruppe, Kartenabfragen, Einzelarbeit, Gruppenarbeit.
	Konsequenzen	Warum ist das Problem ein Problem? Was passiert, wenn das Problem nicht gelöst wird? Was passiert, wenn das Problem ignoriert wird?	Moderator: Sachaspekte des Problems ermitteln, zukunftsorientierte Perspektive einnehmen. Bearbeitung siehe oben.
	Akteure/Interessengruppen	Welche Akteure und/oder Interessengruppen sind an dem Problem beteiligt bzw. können zu dessen Lösung beitragen? Welche Interessen und Standpunkte vertreten sie? Welche formellen und/oder informellen Handlungsmöglichkeiten haben sie?	Moderator/Tutor: Beziehungsaspekte des Problems ermitteln. Perspektivwechsel fördern, verschiedene Sichten auf das Problem zeigen. Ggf. einzelne Akteure herausgreifen, Gruppenarbeit zu verschiedenen Akteuren. Präsentation – Diskussion.
	Kontext	In welchem Umfeld besteht das Problem? In welchem Umfeld muss es gelöst werden? Gibt es Zusammenhänge mit anderen Bereichen? Welche weiteren Aspekte spielen deshalb eine Rolle?	Moderator/Tutor

Bear-beitung	Ziel	Welche Ziele werden verfolgt?	Moderator/Tutor: Fokusperson als Akteur – Leiter der PI im Mittelpunkt.
	Teilprobleme	Lässt sich das Problem in Teilprobleme gliedern? Kann die Bearbeitung der Teilprobleme getrennt bzw. schrittweise erfolgen?	Moderator/Tutor: Prioritäten setzen lassen – was soll zunächst geschehen, was kann später gemacht werden?
	Mögliche Lösungsansätze	Welche sind denkbar – welche sind realisierbar? Welche Chancen und Risiken sind damit verbunden? Welche (un-)erwünschten Wirkungen und Nebenwirkungen sind damit verbunden?	Moderator/Tutor
	Erste Schritte zur Umsetzung	Welches sind die ersten Schritte zur Realisierung der Problemlösung?	Rollenspiel-Leiter/Trainer/Tutor/Organisationsaufsteller: Genaue Beschreibung auf Verhaltensebene einfordern. Rollenspiel/Organisationsaufstellung Auswertung.
Abstraktion	Lernziel/Ergebnissicherung	Welche ähnlichen Probleme gibt es? Beispiele? Inwiefern unterscheiden sich die Beispiele vom bearbeiteten Sachverhalt? Welche Gemeinsamkeiten gibt es? Welche erfolgskritischen Faktoren sind erkennbar? Wie ist das Verhalten des ... zu bewerten? Welches Wissen ist für die Bearbeitung relevant?	Moderator/Dozent: Unterscheidungen initiieren (eigene vs. Gruppenposition). Arbeitsproben veranlassen (z.B. Beurteilungsnotizen für ... erstellen lassen). Experten zur Kommentierung einsetzen (z. B. Jurist, Kriminalist).

Rollen und Kompetenzen der SBL-Trainer/-innen

Teamteaching In dieser Phase des SBL-Trainings, das übrigens immer im Teamteaching durchgeführt wird, sind die SBL-Trainer überwiegend als Moderator gefordert, der die Problemanalyse und -bearbeitung mit Moderationsfragen unterstützt. Bei der Erarbeitung von Lösungsmöglichkeiten und ersten Schritten verändert sich die Rolle des

SBL-Trainers in Richtung der Rolle eines Tutors, der aufgrund seiner Erfahrung Bewertungshilfen geben kann. Hier wird deutlich, dass es sehr sinnvoll ist, wenn die SBL-Trainer selbst feldkompetent sind – jedoch nur als Tutor und in didaktisch sinnvollen Momenten diese Feldkompetenz einbringen! Danach wird der SBL-Trainer zum bzw. zur Rollenspielleiter/-in. Bzw. alternativ zurm SBL-Organisationsaufsteller. Hier geht es darum, erarbeitete Lösungen zu erproben bzw. Auswirkungen bestimmter Vorgehensweisen in der Organisation erlebbar zu machen. In dieser Abstraktionsphase steht die Rolle des Dozenten im Vordergrund, der den Bezug zu den Lerninhalten und deren Reflexion fördert.

Vom Trainer zum Tutor

Aus dem Dargestellten ergibt sich eine Reihe von Anforderungen an Trainer im Szenariobasierten Lernen, die an einem Trainingstag als Dozent, Tutor, Moderator, Trainer, Rollenspielleiter, Organisationsaufsteller oder Coach gefragt sein können.

Je nach Phase setzen die SBL-Trainer die gängigen Instrumente der Moderationsmethode ein. Die Werkzeuge Rollenspiel und Organisationsaufstellung wurden für das Szenariobasierte Lernen angepasst.

Weitere spezifische Tools

Echte Rollenspieler und Organisationsaufstellungen als didaktische Antizipation

Eine Besonderheit der SBL-Rollenspiele sind die externen Rollenspieler. In der Virtuellen Dienststelle sind alle Beteiligten der Organisation mit Personalakte und -beschreibung aufgeführt. Die Story wurde vom Plot her so konzipiert, dass die Teilnehmenden dramaturgisch auf eine bestimmte Maßnahme hinsteuern. Das kann ein Gespräch mit einem Mitarbeiter sein oder ein Telefonat mit dem Vorgesetzten. Diese Beteiligten sind immer externe Personen, die gebrieft wurden und ihre Interessen im Gespräch entsprechend vertreten. Auch wenn der Aufwand enorm ist, die externen Rollenspieler auf einen bestimmten Zeitpunkt hin einzuladen, bestätigt sich diese Vorgehensweise durch die Effekte dieser realistischen Situation.

Arbeit mit externen Rollenspielern

Systemverständnis fördern

Ein Lernziel der SBL-Trainings ist die systemische Kompetenz, die Situation und ihre Beteiligten in ihrer Verbundenheit und Verwobenheit wahrzunehmen sowie die Wirkung von Führungsverhalten auf das System hin zu erkennen. In Diskussionen gibt es immer wieder „kognitive Affekte", wenn Führungskräfte meinen: „Da hau ich mal auf den Tisch und dann ..." Um dieses Verhalten mit seinen Auswirkungen erfahrbar zu machen, wird die Methode der Organisationsaufstellung als didaktisches Mittel eingesetzt.

Die Organisationsaufstellung zeigt die Wirkung unterschiedlicher Führungsstrategien im System der Virtuellen Dienststelle und aus der Rolle von Herrn/Frau Wetz. Insofern ist sie weniger selbsterfahrungsorientiert und somit „ungefährlicher" für misstrauische Teilnehmende. Gleichzeitig sind die Teilnehmenden über die Wirkung einer Aufstellung im Rahmen des SBL-Settings erstaunt und begeistert. Reagiert doch das aufgestellte System mit den Beteiligten auf die Führungsintervention und gibt so der Führungskraft sofort Feedback über Wirkung und Nebenwirkungen.

Systemverständnis wird auch insofern gefördert, als dass die Teilnehmenden erkennen: „Egal wo ich interveniere, das System verändert sich drum herum. Fragt sich, wo ich sinnvollerweise ansetze." Auch die Entwicklung, die das gewachsene System der Organisation durch die Ziele und Maßnahmen der jungen und ambitionierten Führungskraft nimmt, lässt sich so didaktisch antizipieren – und häufig zu realistischeren Zielen kommen.

Fazit

Das Szenariobasierte Lernen ist eine eigene Lehrform, die als „Blended Training" unterschiedliche Formen und Methoden der Weiterbildung systematisch kombiniert. Die Entwicklung eines solchen Fortbildungsinstruments ist eine enorme Herausforderung, die sich allerdings langfristig auszahlt. Nicht nur die Evaluationsergebnisse zeigen dies.

Die SBL-Trainer/-innen werden an der DHPol dafür in mehreren Stufen qualifiziert. Sie lernen die SBL-Trainings durchzuführen, entwickeln im Team ein eigenes Szenario und bilden sich als SBL-Organisationsaufsteller im oben dargestellten didaktischen Sinne weiter.

Inzwischen wurden 24 SBL-Trainer qualifiziert und etwa 15 Szenarien unter anderem mit den Themen Mitarbeiterbefragung, Teamentwicklung, Personalbeurteilung und Berufsethik entwickelt. Dies ist sicherlich eine weitere Stärke des SBL: Aktuelle Themen und Fachinhalte können in weitere Szenarien fließen, die für die Organisation relevant sind. So kann aktuelles Fachwissen und Führungskompetenz integrativ trainiert werden.

Auch wenn das Szenariobasierte Lernen zunächst für den höheren Dienst der Polizei entwickelt wurde, kann es auf andere Organisationskontexte, wie beispielsweise mittelständische Unternehmen oder Krankenhäuser, problemlos übertragen werden. Darüber hinaus gibt es Überlegungen, die Qualifizierung von Schulleitern über eine virtuelle Schule in Kombination mit Szenarien des Schul- und Organisationsalltags zu entwickeln. Es erfordert hierfür zunächst Informationen über eine Organisation und das Fach- und Erfahrungswissen der Systembeteiligten, um realistische Szenarien entwickeln zu können, die den Führungsalltag einer Führungskraft mit all ihren Irrungen und Wirrungen widerspiegeln.

Die Autoren stehen gerne zur Beratung zur Verfügung.

Als Download ist ein exemplarischer Ablauf des Szenarios „Das Versetzungsgesuch" verfügbar.
Download-Link: http://www.managerseminare.de/tmdl/b,187486

Download

Schauspieler im Rollenspiel

von Sabine Heß und Eva Neumann

Wie realtitätsnah ist das Spiel?

Die berühmte „AGAP-Formel" (*Alles ganz anders in der Praxis*) ist eine der größten Hürden für die Akzeptanz von Rollenspielen: *„So verhalten sich meine Kunden nicht"* oder *„Eine echte Mitarbeiterin würde ja ganz anders reagieren"*, sind die typischen Einwände, die einem in der Beratungsarbeit gerne begegnen.

Sicher, manchmal basiert ein solches Argument auf dem natürlich-menschlichen Verdrängungswunsch. Wenn ich als Protagonistin, also als Hauptspielende, mit meinem Verhalten unzufrieden war, fühlt es sich zunächst oft angenehmer an, einen Grund für meine „suboptimale" Leistung außerhalb meiner eigenen Person zu finden. Also war im Zweifel „die Situation unrealistisch".

Manchmal begründet sich das Argument aber auch darauf, dass sich Mitspielende in der Antagonisten-Rolle tatsächlich nicht sehr realitätsnah verhalten haben. Nicht jeder Mensch ist mit der Lust und dem Talent gesegnet, eine vorgegebene Rolle überzeugend einnehmen zu können.

Gespieltes Verhalten sollte realitätsnah erlebt werden

Egal, auf welcher Motivation eine solche Anmerkung beruht – es macht in jedem Fall Sinn, die Chance zu erhöhen, dass das Verhalten der Mitspieler als realitätsnah erlebt wird. Sodass die Protagonisten in ihrer Verantwortung bleiben und auf ihr eigenes Verhalten schauen, um darin nach Ansatzpunkten für Veränderungen zu fahnden. Was lässt sich also an den Rahmenbedingungen optimieren, damit die Situation, die im Seminar gestellt wird, der realen Situation möglichst nahekommt?

Wer spielt mit?

Meist werden als Antagonisten, also als Gegenspieler, andere Teilnehmer eingesetzt. Dies kann sehr gut funktionieren. Es kann aber auch dazu führen, dass Rollenspiele tatsächlich unrealistisch werden, denn …

Wenn Rollenspiele unrealistisch werden

- mancher Mitteilnehmer möchte den Protagonist (bewusst oder unbewusst) davor schützen, sich zu blamieren. Daher verhält er sich „nett" – wesentlich netter, als sich die meisten realen Gesprächspartner verhalten würden. Der Protagonist verbleibt in der Komfortzone, lernt nichts und empfindet das Erlebte als eher langweilig.
- manche Mitspielerin möchte den Protagonisten (bewusst oder unbewusst) herausfordern, damit er die Chance hat, sich an einer eher schwierigen Situation auszuprobieren. Sie verhält sich wesentlich aggressiver oder widerspenstiger, als die realen Gesprächspartner dies tun würden. Auch ein förderliches Verhalten des Protagonisten „belohnen" sie nicht mit einer Veränderung ihres eigenen Verhaltens. Die Folge: Der Protagonist „steigt aus", nimmt das Spiel nicht mehr ernst und kann dadurch keinen Lerneffekt erreichen.

Natürlich gibt es auch hier Wege des Gegensteuerns (Spiegeln, Rollentausch etc.). Oder der Trainer übernimmt die Rolle des Antagonisten selbst. Dies kann kritisch werden, wie der Erfahrungsbericht von Birgit Preuß-Scheuerle zeigt (siehe Kasten). Deshalb: Was halten Sie davon, die Rollen der Antagonisten mit professionellen Seminarschauspielern zu besetzen?

Kann ein Coach, Berater und Trainer gleichzeitig auch als Schauspieler agieren?

Erfahrungen mit Schauspielszenen von Birgit Preuß-Scheuerle

Meine Erfahrungen mit dem Einsatz von professionellen Schauspielern in Unternehmen, vor allem in Veränderungsprozessen, sind durchgängig positiv.

Einmal ergab sich allerdings eine durchaus witzige, aber auch verwirrende Situation. Durch widrige äußere Umstände fiel eine Schauspielerin aus und es war kurzfristig kein Ersatz zu bekommen. Da ich als Trainerin überaus gerne in andere Rollen schlüpfe, erklärte ich mich bereit, für die Schauspielerin einzuspringen, um die Veranstaltung mit 90 Teilnehmern „zu retten". Allerdings hatte ich von Beginn an Bedenken, dass es auf der Seite der Kunden zur Verwirrung führen könnte, da ich im Unternehmen als Coach und Trainerin engagiert war.

Als Schauspielerin nahm ich auf der Bühne die Rolle der nörgelnden Magda an, die alle Veränderungen im Unternehmen immer nur negativ betrachtet und nun vom Publikum gecoacht wurde. Eine herrliche Rolle, es machte Spaß, alles zu kritisieren und schlechtzureden. Auch die Teilnehmer der Veranstaltung nahmen ihre Rolle als Coachs ernst und vermittelten mir als Magda einen anderen Blick auf die Veränderungsprozesse im Unternehmen. Auf der Bühne lief alles reibungslos.

Im weiteren Prozessverlauf wurde ich allerdings ab diesem Zeitpunkt im Unternehmen immer als Magda angesprochen. Das vermittelte zwar sehr schön und auch witzig, wie hoch die Identifikation mit der Schauspielsituation war, jedoch wurde ich nun auch als Nörglerin gesehen, was mit meiner Rolle als Coach und Trainerin nur schwer vereinbar war.

Häufig musste ich deutlich machen, dass ich heute als Birgit Preuß-Scheuerle beratend, begleitend oder moderierend unterwegs war und nicht als nörgelnde Magda. In den Köpfen der Beschäftigten war ich trotzdem auch immer ein bisschen „Magda".

Wie sehr sich die Mitarbeiter damit auseinandergesetzt und identifiziert hatten, wurde mir nach über einem Jahr erneut klar. Da die Prozessbegleitung kurz vor dem Abschluss stand, war ich zur Moderatorin einer Teambesprechung in einer Niederlassung des Unternehmens. Auf dem Flur begegnete ich einem Mitarbeiter, der mich freudig begrüßte „Ach die Magda ist wieder da" – ein Willkom-

> mensgruß, und auch wirklich herzlich gemeint, der für mich abermals deutlich macht, wie positiv und nachhaltig der Einsatz von Schauspielern sein kann.
>
> Allerdings sollte es eine klare Trennung von Coachs und Schauspielern geben, um eventuelle Rollenverwirrungen und -irrungen zu vermeiden. Für mich bedeutet das, zukünftig leider auf das „Laien"-Schauspielern zu verzichten. Allerdings könnte ich ja auch komplett das Fach wechseln und mich auf die professionelle Schauspielerei verlegen. Wer weiß ... :)

Schauspieler als Antagonisten

„Heute ist die Arbeit mit Seminarschauspielern in den Niederlanden ein Qualitätsmerkmal für Trainings und Transfer", schreibt Wilma Pokorny-van Lochem, Geschäftsführerin der Institut Synergie GmbH, auf ihrer Homepage. Dass dies auch in Deutschland mehr und mehr in Mode kommt, zeigen nicht zuletzt die Auszeichnungen, die in den letzten Jahren für Projekte mit Seminarschauspielern vergeben wurden (2008 Trainingspreise des BDVT, 2009 Coaching-Award).

Erhöht der Einsatz von Seminarschauspielern die Chance, beim Protagonisten das Verhalten zu beobachten, das er auch in der realen Situation zeigt?

Einige Universitäten sind davon überzeugt. Sie greifen schon seit Jahren in Rollenspielen auf Schauspieler zurück. Nicht nur in Großbritannien an der Liverpooler John Moores Universität, sondern zum Beispiel auch an der Berliner Charité und an der Universität Leipzig trainieren Medizinstudenten den Umgang mit Patienten in Rollenspielen, in denen der Kranke ein professioneller Schauspieler ist. Das „richtigen Vorgehen" entscheidet dabei zum Beispiel in Liverpool mit über das Bestehen des Abschlusses.

An einer Universitätsklinik im süddeutschen Raum ist der Umgang mit Patienten Teil der Medizinerausbildung – ebenfalls bis hin zur Prüfung. Mehrere der 18 Prüfungsstationen sind mit „Patienten" besetzt, die von Schauspielern dargestellt werden. Eine Aufgabe besteht beispielsweise darin, in sechs Minuten eine komplette internistische Anamnese durchzuführen – dabei achtet der Prüfer auf die Gesprächsführung. Der Tübinger Frank Seeger ist seit Langem einer der Schauspieler. Den Theaterpädagogen und Trainer reizt diese Aufgabe auch noch nach Jahren. Nicht nur in der Prüfung, sondern auch während des Studiums kommt er zum Einsatz. *„Einen an Aids erkrankten Patienten zu spielen, an dem die angehenden Ärzte üben, wie sie diese Botschaft einfühlsam transportieren, gibt der Aufgabe einen erfüllenden Sinn"*, so Frank Seeger. Zu erleben, wie viel praxisorientierter diese Ärzte bei Berufsbeginn sein werden, lässt ihn hierin einen wachsenden Markt für den Einsatz von Schauspielern sehen.

Ein weiteres Feld, bei dem Seegers Schauspielkunst genutzt wird, liegt in der Konfliktbearbeitung. Gemeinsam mit einer Kollegin soll er Konfliktparteien demonstrieren, wie ihr Umgang miteinander auf Außenstehende wirkt. Der „heilsame Schock", wie er es nennt, dient dazu, die Bereitschaft der Konfliktparteien zur aktiven Arbeit an einer Lösung zu erhöhen. Oft wird er geholt, wenn die Beteiligten zwar im Unternehmen gehalten werden sollen, sich jedoch nicht bereit erklären, ihr Konfliktthema zum Beispiel mithilfe eines Mediators zu bearbeiten. *„Um ein realistisches Bild zu transportieren, ist es wichtig, dass wir die Personen zuvor beobachten können. Damit wir in der Lage sind, deren Körpersprache so gut nachzuahmen, dass sie sich wiedererkennen."* Bei dem Spiel, das die Konfliktpartner in einen Spiegel schauen lässt, ist neben den Beteiligten in der Regel der Vorgesetzte anwesend, der Seeger und seine Kollegin engagiert hat. Dieser bearbeitet die Situation mit den Konfliktparteien weiter.

Konfliktbearbeitung

Gebräuchlich ist der Einsatz von Schauspielern in der Wirtschaft darüber hinaus schon seit Längerem bei Assessment-Centern. Aber auch im Coaching und bei Verhaltenstrainings können ausgebildete Schauspieler intensivere Lerneffekte ermöglichen. Der eine spielt überzeugend genau den Kundentypen, der für die Verkäuferin „das rote Tuch" ist. Der zweite wird bei der Reklamation ebenso ausfallend, wie der Dienstleister dies kürzlich erlebt hat. Und im Mitarbeitergespräch bricht die dritte realistisch in Tränen aus, womit die Führungskraft in dem Gespräch vor vier Wochen in Stress geriet.

Assessment-Center

Best Practice – Drei Erfahrungsberichte

Erfahrungsbericht 1: Die Serviceoffensive der Deutschen Bahn

Wenn 6.000 Mitarbeiterinnen und Mitarbeiter darin trainiert werden sollen, ihre Haltung und ihr Verhalten gegenüber den Kunden zu verändern, bemühen sich viele Trainingsinstitute um diesen Auftrag. Guido Hornig von Theater-Interaktiv hat auch deshalb den Zuschlag der Deutschen Bahn erhalten, weil er in seinem Konzept den Einsatz von Seminarschauspielern vorsah. *„Ein Trainer behält zu 100% seinen Status als Trainer, eine andere Person spielt. Dies ermöglicht Rollenklarheit"*, listet er die Vorteile der Methode auf. *„Der Seminarschauspieler ist in der Lage, im Training anhand der Vorgaben der Teilnehmenden eine Rolle ad hoc überzeugend auszufüllen – was zu sehr realitätsnahem Erleben führt."*

Schauspieler spielen Mitarbeiter, Teilnehmende spielen die Kunden

Das Deutsche-Bahn-Training wurde in Vorbereitung auf die Fußball-WM 2006 in Deutschland durchgeführt. Gemeinsam mit DB-Training hat Theater-Interaktiv die Servicetrainer auf die Methode vorbereitet. Im Seminar begab sich die Schauspielerin dann zunächst in die Rolle einer DB-Mitarbeiterin, die Teilnehmenden wurden zu Reisenden. Eine typische Situation galt es zu inszenieren – der Zug hält am Bahnhof, Reisende kommen mit verschiedenen Wünschen und Fragen auf den DB-Boardservice zu. In einem früheren Stadium des Seminars wurden die Teilnehmenden befragt, wie sich DB-Servicekräfte verhalten, wenn sie einen schlechten Tag haben. Die Schauspielerin baute nun „typische Fehler" aus dieser Liste in ihr Verhalten ein. Ein schnippisches „Warten Sie halt einen Moment" zur Mutter mit Kinderwagen wurde genauso erlebbar wie ein genervtes „Ich kann doch auch nichts dafür, dass der Zug Verspätung hat". Dabei war die Dosierung sehr wichtig, damit sich die Teilnehmenden weiterhin mit der gespielten Reaktion identifizieren konnten.

Nach dem Spiel wurde reflektiert, wie dieses Verhalten gewirkt hatte. Da die Teilnehmenden in der Rolle der Kunden zu spüren bekommen hatten, welche Folgen die schnippische Art oder die genervte Antwort haben, fiel es leicht zu entdecken, an welchen

Stellen Änderungen wichtig wären. Aber wie genau sieht diese Veränderung idealerweise aus?

Das Verhalten der Schauspielerin wurde durch die Teilnehmenden „korrigiert". Die Darstellung des geänderten Vorgehens in verschiedenen Nuancen half den DB-Mitarbeiterinnen und Mitarbeitern zu erkennen, welche Details den Unterschied in der Wirkung ausmachen. „Aha, es kann schon okay sein, die Mutter um's Warten zu bitten – wenn die Aussage mit einem Lächeln und einer Entschuldigung verbunden ist."

Teilnehmer korrigieren das Schauspielerverhalten

Die Rückmeldungen der Teilnehmer waren positiv. Zwei Beispiele: „Es fiel mir ganz leicht, die Brille des Kunden aufzusetzen.", „Ich fand es spannend, meine Situation mal von außen zu sehen." Die guten Erfahrungen mit Seminarschauspielern werden bei der Deutschen Bahn weiterhin genutzt. So stellt das Seminar „Ist Ihre Führungsrolle bühnenreif?" einen festen Bestandteil des Katalogs bei DB-Training dar. Ziel des Seminars (konzipiert und durchgeführt von Theater-Interaktiv) ist es, in der Auseinandersetzung mit dem Inneren Team nach Friedemann Schulz von Thun das eigene Verhalten in Führungssituationen zu entwickeln:

Ein Fallgeber (Führungskraft) hat eine Situation mit einer Mitarbeiterin erlebt, die er gern im Nachgang besser verstehen würde – um in künftigen ähnlichen Fällen souveräner zu handeln. Er beschreibt einem Seminarschauspieler, wie sich die Mitarbeiterin verhalten hat. In der ersten Spielrunde ist der Schauspieler der Antagonist, stellt also die Mitarbeiterin dar, der Fallgeber spielt sich selbst in der Führungsrolle – so, wie er im konkreten Fall agiert hat. Die gespielte Alltagssituation zeigt also das bisherige Verhalten der Führungskraft. In der Analyse melden die Beobachterinnen und Beobachter (die anderen Teilnehmenden) anhand des Modells „Inneres Team" von Friedemann Schulz von Thun zurück, welche Teammitglieder sie im Inneren Team der Führungskraft wahrgenommen haben. Und welche ihnen fehlen. Und was sie sich von den Team-Mitgliedern wünschen (vgl. Friedemann Schulz von Thun: Miteinander reden 3. Rowohlt Verlag, 16. Aufl., 2007).

Eine erlebte Situation wird nachgespielt

Schauspiel mit dem Inneren Team

Im anschließenden zweiten Spiel mimt der Seminarschauspieler die Führungskraft. Der Teilnehmer geht in die Rolle des Antagonisten und testet verschiedene Mitglieder seines Inneren Teams aus. Die Beobachtenden können weitere Teammitglieder vorschlagen und das Gespräch mehrfach auf verschiedene Arten ablaufen lassen.

Anhand dieser stellvertretenden Situation erarbeitet die Gruppe individuelle Strategien, um ihre vorhandenen Ressourcen zu entfesseln. Eine sehr erlebnisorientierte und einprägsame Form der Arbeit mit dem Modell des Inneren Teams.

Erfahrungsbericht 2: Debitel Verkaufstraining

Der Schauspieler spiegelt beobachtetes Teilnehmerverhalten

Ein Verkäufer berät seinen Kunden zu Mobiltelefonen – und berührt ihn dabei immer wieder. Er schlägt ihm jovial auf die Schulter und tätschelt ihm den Arm. Diese Szene aus einem Rollenspiel hat jedoch kein sofortiges Feedback der Gruppe zur Folge. Vielmehr fordert die Trainerin nach einiger Zeit die beiden Akteure auf, die Rollen zu tauschen. Der bisherige Verkäufer, Teilnehmer dieses Seminars, steigt in die Kundenrolle. Der Antagonist, der den Kunden gemimt hat, wird zum Verkäufer. Diese Position besetzt ein speziell ausgebildeter Seminarschauspieler. Er besitzt die Fähigkeit, während er eine Rolle ausfüllt, genau zu beobachten, wie sich sein Mitspieler verhält. Denn er wird in einem zweiten Spiel dessen Verhalten spiegeln, sich also genauso verhalten, wie der Mitspieler es getan hat.

Eben dies geschieht im Seminarraum eines Debitel-Trainings. Der Verkäufer (Seminarschauspieler) berät den Kunden (Teilnehmer) und berührt ihn dabei immer mal wieder – an der Schulter, am Arm, an der Hand. Nach kurzer Zeit springt der Teilnehmer auf, deutet empört auf seinen Ehering und sagt wütend zu dem Seminarschauspieler: „Hör doch mal auf mit dem Getatsche, ich stehe nicht auf Männer!"

Erst nachdem die gesamte Gruppe bestätigt hat, dass der Teilnehmer in der Verkäuferrolle seinen Kunden ebenfalls häufig berührt hat, kann der Akteur dies glauben. Die Rollen werden erneut getauscht und nach dem Gespräch, das ohne Berührungen abgelaufen ist, sagt der Teilnehmer: „Oh Mann, jetzt hab ich echt gemerkt, wann ich gezuckt hab und ihn anpacken wollte!"

Diese Methode des Spiegelns, entwickelt von Wilma Pokorny-van Lochem, lässt den Teilnehmer erleben, welche Reaktionen das eigene Verhalten im Gesprächspartner auslöst. Verstärkt die Reaktion des Verkäufers sogar einen vorhandenen Ärger beim reklamierenden Kunden? Löst die Führungskraft selbst den Widerstand aus, den ihre Mitarbeiter oft zeigen? Ein ganz besonderer Aha-Effekt!

Erfahrungsbericht 3: Train the Trainer
Nachdem wir uns diese Methode näher angeschaut hatten, lag es nahe, einen „Selbstversuch" zu starten.

Den Rahmen bot die Trainerausbildung. Hier besteht ein Ziel darin, mit sogenannten kritischen Situationen souverän umzugehen, also u.a. mit Momenten, bei denen die (angehenden) Trainer das Verhalten ihrer Teilnehmer als „schwierig" erleben. Ein Lernziel, das sehr gut mit Rollenspielen erreicht werden kann. Bisher gingen dabei andere Teilnehmende in die Rolle der Gegenspieler. Damit die Rahmenbedingungen so realistisch wie möglich sind, wusste der Übende weder, welche Situation ihm begegnen würde noch durch wen. Bei der Überlegung, ob wir diese Rollen durch einen professionellen Schauspieler besetzen lassen sollten, blieb hier ein großes Fragezeichen. Denn in der bestehenden Gruppe würde sofort klar sein, wer hier als „Störenfried" agieren, also ein auffälliges Verhalten zeigen würde. Inwiefern würde dies den Lernerfolg verringern, die Situation zu unrealistisch werden lassen?

Der Schauspieler simuliert kritische Situationen

Wir ließen es auf einen Versuch ankommen. Als Erstes nahmen wir Kontakt zu einem der Anbieter auf. Wir schilderten den Verlauf des Seminarteils, in dem wir den Schauspieler einsetzen wollten, beschrieben die Zielgruppe und die Ziele, die wir verfolgten, sowie Zeit und Ort, die ebenfalls bereits feststanden. Ein „Blind Date" zum Kennenlernen und das Briefing mit dem uns empfohlenen Schauspieler wurde kurzfristig verabredet.

Dieses Gespräch dauerte ungefähr eineinhalb Stunden, die Vorbereitung dazu etwa das Dreifache. Unser Ziel war es, für jeden aus unserer bestehenden Gruppe individuell eine Situation zu gestalten, die genau für sie oder ihn eine Herausforderung darstellte. So entstanden sehr verschiedene Rollenbeschreibungen, an denen wir mit dem Seminarschauspieler nun feilen konnten. Da gab es die Rolle desjenigen, der die Kompetenz der Trainerin anzweifelt und daher kritische Fragen stellt und die eigene Meinung eher unfreundlich kundtut. Oder den, der seine Langeweile deutlich zeigt, da er vom Chef zum Seminar geschickt wurde und dies völlig überflüssig findet. Oder den sehr anhänglichen Teilnehmer, der mit seiner gezeigten Zuneigung zur Trainerin die Grenzen überschreitet. Zu jeder Situation entwickelten wir einen Seminarpart, den die Teilnehmenden durchführen sollten – denn um zu verweigern, brauchte der Schauspieler zum Beispiel eine Übungseinladung, um zu kritisieren einen Vortragspart.

Das intensive Briefing-Gespräch führte zu kleinen Veränderungen an den Rollenbeschreibungen und verlief sehr ermutigend. Nachdem noch die organisatorischen Dinge wie Parkmöglichkeiten, Verpflegung und kurzfristige gegenseitige Erreichbarkeit geklärt waren, sahen wir neugierig den gemeinsamen Seminartagen entgegen.

Den ersten der drei Seminartage gestalteten wir mit einer Teamübung und der Analyse der Gruppendynamik, für die beiden Folgetage waren konkrete Situationen mit kritischen Momenten angekündigt. Die Gruppe rechnete damit, selbst in die Rollen „schwieriger Teilnehmer" zu schlüpfen. Am Morgen des zweiten Seminartags kam kurz nach Beginn jemand in den Raum. Er entschuldigte sich, er müsse nur mal eben etwas ausmessen, wir sollten uns nicht stören lassen. Eine Teilnehmerin sagte sofort: „Das geht jetzt aber nicht." Unserer Bitte, später wiederzukommen, wollte er nicht nachgehen, es würde schnell gehen und er müsse gleich wieder weg. Es entspann sich eine Szene von etwa drei Minuten Dauer, an deren Ende dieser zunehmend verärgert wirkende Mann schließlich Türen schlagend den Raum verließ.

Die Gruppe war hin und her gerissen zwischen dem Gefühl, dass dies so geplant war und dem Eindruck einer echten Störung. Wir ließen die Möglichkeiten im Raum stehen und erzählten wahrheitsgemäß, dass unserer Erfahrung nach in diesem Baustein auch uns immer wieder ungewöhnliche Momente begegnen. Nach ein paar Auswertungsfragen zum eben Erlebten lösten wir dann die Situation auf – und holten den Schauspieler in unsere Gruppe. Es gab viel Gelächter – und sofort die Klarheit darüber, dass er in solchen Momenten eine Rolle spielt und dass diese von der Person zu trennen ist. Nach einer kurzen Vorstellungsrunde ging es in die erste Situation. Und es wurde schnell spürbar, dass unsere Bedenken sich nicht bestätigten, dass durch die Vorhersehbarkeit, wer eine besondere Rolle spielt, die Lernchance geringer würde. Vielmehr erlebte bereits die erste Teilnehmerin ihre eigene Reaktion als sehr realistisch. Der Schauspieler schlüpfte nach der von uns angesagten Unterbrechung in ihre Rolle und spiegelte ihr Verhalten.

Der Schauspieler spiegelt Teilnehmerverhalten

Dieser Moment ist intensiv und braucht nach unserer Einschätzung ein hohes Maß an Vertrauen innerhalb der Gruppe, damit sich niemand vorgeführt fühlt. In der Ausbildungsgruppe war diese Vertrauensbasis sehr gut vorhanden, zumal die Teilnehmer bereits zwei Bausteine miteinander erlebt hatten. In Gruppen, die noch nicht so lange miteinander lernen, braucht die sensible Situation einen einfühlsamen Trainer, damit das Erkennen der eigenen Wachstumsfelder ein motivierendes Erlebnis wird.

Die Teilnehmerin äußerte nun zunächst selbst ihre Einschätzung zu dem, was sie gerade erlebt hatte. Von den anschließend gesammelten Ideen, welche Vorgehensweise zielführend sein kann, wählte sie eine und probierte sie aus – indem der Schauspieler ihr noch einmal das anfängliche Verhalten als Teilnehmer anbot.

In dieser Form setzte sich das Training fort. Es wurde bei einer Situation noch einmal deutlich, wie wichtig es ist, dass der Schauspieler gut dosieren kann. Sobald sich die Situation für die Teilnehmerin unrealistisch anfühlt, steigt sie aus. Dann nimmt der Seminarschauspieler etwas von der Rollenüberzeichnung zurück und die Teilnehmerin kommt zurück in ein reales Empfinden.

Insgesamt äußerten sich die Mitglieder der Ausbildungsgruppe absolut begeistert über das Lernen mithilfe des Seminarschauspielers. Sie nannten als besondere Vorteile,
- dass der Schauspieler jemand von außen ist, der sich traut, wirklich kritisches Verhalten zu zeigen,
- dass die unterschiedlichen Verhaltensweisen sehr überzeugend dargestellt wurden,
- dass die Spiegelung ganz neue Einsichten zur Folge hatte,
- dass die sofortige Umsetzung der neuen Ideen zu einem wichtigen Erfolgserlebnis führt.

Als Trainer wurde für uns gleichzeitig spürbar, dass die Arbeit mit einem Seminarschauspieler auch auf unserer Seite die eine oder andere neue Vorgehensweise benötigt.

Was brauchen Trainer, die mit Seminarschauspielern arbeiten?

Lust auf Arbeit in der Tiefe, Mut, die Bühne und den „Ruhm" zu teilen und ein paar konkrete methodische Kniffe und Handwerkszeuge sollten sich im Gepäck des Trainers befinden. Sowohl Theater-Interaktiv als auch Institut Synergie GmbH bieten eine Ausbildung für diejenigen an, die mit Seminarschauspielern arbeiten. Laut Wilma Pokorny-van Lochem lernt der Trainer sozusagen die Knöpfe zu bedienen, die bei den Seminarschauspielern installiert wurden.

Dass diese ein bis zwei Tage eine lohnende Investition sein können, ist auch unser Eindruck. Denn auch als langjährig erfahrene Trainerin gab es für mich Momente, in denen ich mich in meinem ersten Training mit einem Seminarschauspieler unsicher fühlte. Wann genau unterbreche ich das Rollenspiel? Wie genau binde ich den Seminarschauspieler in die Feedback-Runde ein? Welche anderen Methoden kann ich anwenden um die Ressourcen des Seminarschauspielers zu nutzen und gleichzeitig Abwechslung ins Seminargeschehen zu bringen?

Und derer gibt es einige: So sitzt zum Beispiel der Seminarschauspieler in der Mitte der U-Form und rutscht mit seinem Stuhl von Teilnehmer zu Teilnehmer. Jedes Mal, wenn er den Stuhl postiert hat, agiert er als Kunde in einem Verkaufsgespräch und baut in seine Aussage ein Abschlusssignal ein. Der gegenübersitzende Teilnehmer ist dann gefragt, die zuvor erlernten Abschlussfragen am „lebenden Beispiel" und auf die spontane Situation passend einzusetzen.

Oder zwei Gruppen treten in einen lernfördernden Wettstreit. So entwirft jede Gruppe eine typische herausfordernde Situation. Sie beschreibt eine Rolle und eine Situation und instruiert den Schauspieler. In der Durchführung sind die Mitglieder der anderen Gruppe gefragt, beim Spielen abwechselnd mit dieser Situation umzugehen und möglichst überzeugenden Ideen zu entwickeln, wie sie lösbar wird.

Grundsätzlich sind nicht nur die Methoden mit den Seminarschauspielern sondern auch die Einatzbereiche vielfältig. Neben Verkaufstrainings, Train-the-Trainer-Maßnahmen und Führungskräfteseminaren sind einige weitere Anwendungsfelder möglich. Zum Beispiel Schlagfertigkeitstainings ...

Schlagfertigkeitstraining mit Schauspielern

von Carolin Fey

Viele Menschen haben das Bedürfnis, bei schwierigen Fragen, persönlichen Angriffen, frechen Bemerkungen intelligent und cool zu reagieren: Sie wünschen sich, nicht so emotional, sondern sachlich zu argumentieren oder auch mal schlagkräftig zu kontern.

Dazu gehört die Fähigkeit, sich nicht von Adrenalin und anderen Kampfhormonen benebeln zu lassen, sondern die sogenannte Amygdala – die mandelförmige Gefahrenmelderin im Gehirn – zu überlisten, um das Hirnpotenzial voll zu nutzen. Oft ist der erste entscheidende Lernschritt, nach einem Angriff nicht sofort zu reagieren, sondern Zeit zu gewinnen um die verschiedenen Reaktionsmöglichkeiten zur Deeskalation und Versachlichung anzuwenden.

Bei einem klassischen Schlagfertigkeitstraining von zwei Tagen hilft es vielen Teilnehmenden sehr, wenn sie erstens ein selbstsicheres körpersprachliches und stimmliches Verhalten aufbauen, zweitens ihren ICH-Zustand und den Umgang damit analysieren und drittens verschiedene Konter-Techniken anhand typischer Killerphrasen ausprobieren.

Anti-Stress-Übungen und Klopftechniken wie Emotional Freedom Techniques (EFT – Technik der Emotionalen Freiheit) wirken unterstützend. Nicht zuletzt lernen die Teilnehmenden Strategien zur Abwehr von Provokationen: humorvoll, durch Übertreibung, Analogienbildung, Ablenkungen und vieles mehr.

Kaum jemand, der schlagfertig ist, hat sich diese Fähigkeit durch schulmäßiges Lernen erworben, geschweige denn angelesen. Die emotionalen Zentren im Gehirn registrieren sehr gut, wann eine Situation als real erlebt wird und wann als „nur gespielt". Auch die Herausforderungen in Seminar und Training werden von vielen Übenden noch als „nicht echt" wahrgenommen – sie bleiben unaufgeregt entspannt. Damit auch diese Zielgruppe optimalen Trainingserfolg erzielt, ist die Frage: Wie inszenieren Sie reale Herausforderungen und damit gehirngerechte „Angriffssituationen"?

Drei Highlights machen ein Schlagfertigkeitstraining zu einer Spitzen-Veranstaltung:

1. Schauspieler/-innen inszenieren Einlagen

Engagieren Sie Schauspieler, die nach Absprache hinzukommen, ohne dass die Teilnehmenden davon wissen. Beispielsweise kommt ein Pizzabäcker ins Seminar und behauptet, einige Teilnehmer hätten bei ihm Pizza bestellt und inszeniert einen Streit. Oder ein Hausmeister kommt herein und sagt, der Raum müsse jetzt geräumt werden. Eine weitere Variante: Eine Polizeibeamtin will eine Autonummer überprüfen, die bei einer Zeugenaussage zu Fahrerflucht genannt wurde (dazu sollten Sie natürlich vorher Autonummern von Teilnehmenden ausfindig gemacht haben). Erfahrungsgemäß lohnen sich während eines zweitägigen Trainings zwei Showeinlagen, alles Weitere fällt auf. Spannender als eine sofortige Auflösung ist es, kurz vor Ende des Seminars die verschiedenen Aktionen zu besprechen. Dazu muss die Trainerin allerdings umfassend mitgeschrieben haben oder sich sehr genau gemerkt haben, wie der „Zwischenfall" im Seminar verlief ...

2. Alternativ zum Schauspieler: Ausgewählte Teilnehmerin spielt Störenfried

Nachdem Sie als Trainer/-in eingeschätzt haben, wer im Seminar dazu geeignet ist, wird eine Person in der Pause instruiert, sich über etwa eine halbe Stunde als Störenfried aufzuspielen, immer wieder die anderen zu unterbrechen, Geräusche zu machen, kritische Fragen zu stellen, schnippische Antworten zu geben usw.

Nach dieser halben Stunde wird das Spiel offengelegt, die Person offiziell aus ihrer Rolle entlassen und die verschiedenen Aktionen und Reaktionsweisen analysiert und systematisiert.

Als Trainer/-in müssen Sie hier bei der Instruktion des „Störenfrieds" darauf achten, dass dieser nicht übertreibt und passende Antworten parat hat, wenn die anderen misstrauisch werden, damit das Spiel nicht vor seiner Zeit aufgedeckt wird.

3. Ein zusätzlicher Trainer wird als Advocatus Diaboli eingesetzt

Ein zusätzlicher Trainer oder Co-Trainer kommt angekündigt für etwa 90 Minuten (abhängig von der TN-Zahl) hinzu, am besten am zweiten Tag und am Nachmittag, z.B. nach dem Mittagessen, so dass noch genügend Zeit zur Auswertung bleibt.

Der zusätzliche Trainer übernimmt die Rolle des Provokateurs innerhalb eines vorgegebenen Rollenspiels. Seine Aufgabe ist es, zu provozieren, freche Fragen zu stellen und möglicherweise auch die wunden Punkte bei den Anwesenden im Seminar zu stimulieren.

Woher nehmen ... und wie hoch bezahlen?

Zwei „Quellen" für Seminarschauspieler haben wir uns näher angeschaut. Sie zählen zu den uns bekannten, bisher wenigen Instituten in Deutschland, die ihre Seminarschauspieler fundiert ausbilden. Die folgende Liste zeigt die Angebote im Vergleich (Stand von November 2009) und erhebt keinen Anspruch auf Vollständigkeit. Aktuelle Informationen der Anbieter finden Sie auf deren Webseiten. Die Kosten sind vorher kalkulierbar und sollten in ein Gesamtangebot eingebunden werden. „Die Hemmnisse aufseiten der

Unternehmen spielen sich vor allem in den Köpfen der Trainer ab", sagt Wilma Pokorny-van Lochem auf die Frage, ob die Unternehmen bereit seien, diese Investition zu tätigen. Hier nur ein paar der Unternehmen, die Maßnahmen mit Seminarschauspielern bereits durchgeführt haben: BASF, Bayer, Deutsche Bahn, Debitel, Kannegießer, Kreis Herford, Silhouette, Volkswagen ...

	Institut Synergie GmbH	**Theater-Interaktiv GbR**
Kontakt	www.seminarschauspieler.de	www.theater-interaktiv.net
Ausbildung der Schauspieler	Casting (Kriterien): gleichzeitig spielen und beobachten, Druck ausüben, aber auch wieder mildern, Feedback geben. Dauer der Ausbildung: mind. 15 Tage innerhalb eines halben Jahres. Inhalte: Feedback verfeinern, Elemente des NLP, Systemisches, provokative Interventionen, Führungsstile, Verkaufsphasen, Resonanz; zudem „Volontariat" und Coaching-Prozess für jeden Seminarschaupieler, damit „eigene Themen nicht mitschwingen".	Ausbildungsprogramm mit 50-60 Stunden (Stufenplan): Hospitation, Beobachter bei Veranstaltungen – mit Protokollführung, Beisitzer bei Projektvorbereitung – mit Protokollführung, Probe intern. Die Protokollführung beinhaltet die Reflexion darüber, was die Beobachtung beim Schauspieler ausgelöst hat, was er sich in der Situation gewünscht hätte und welche Handlungsempfehlungen er ausgesprochen hätte.
Abschluss der Schauspieler	Zertifikat: Seminarschauspieler von Institut Synergie GmbH	Verschiedene Zertifikate, z.B. Unternehmenstheater-Schauspieler
Invest pro Tag	750 EUR	600-1.200 EUR
Demovideo	Ja	Nein
Beschäftigte Seminarschauspieler	Bisher 35	Bisher 30 für unterschiedliche Formate
Vorgehensweise bei der Entscheidungsfindung	Telefonische Anfrage beim Institut, der genaue Bedarf wird erfragt: Welches didaktische Ziel soll erreicht werden? Soll eine Spiegelung eingesetzt werden? Welche Zielgruppe? Daraus wird eine Empfehlung für einen Schauspieler abgeleitet, der Kontakt wird durch das Institut hergestellt.	Telefonische Anfrage beim Institut, der genaue Bedarf wird erfragt. Es wird zusätzlich eine konzeptionelle Unterstützung angeboten. Gemäß der Schwerpunkte der ausgebildeten Schauspieler erfolgt eine Empfehlung. Die Schauspieler sind auf der Webseite sichtbar.

Viele Anbieter der Unternehmenstheater-Methodik vermitteln ebenfalls Schauspieler für Rollenspiele. Hier drei Beispiele:
- *die-businessklasse.de*
- *spielplan.com*
- *vitamint4change.de*

Falls Sie häufiger Schauspieler einsetzen möchten, empfehlen wir einen Blick in *www.deutsche-rentenversicherung.de* unter dem Suchbegriff Künstlersozialabgabe. Denn wer „regelmäßig künstlerische oder publizistische Leistungen für jeglichen Zweck seines Unternehmens in Anspruch nimmt und damit Einnahmen erzielen will" kann u.U. verpflichtet sein, einen Beitrag an die Künstlersozialkasse abzuführen. Wann dies in Frage kommt und wie hoch der Beitrag ist, darüber informiert die Broschüre, die als Download auf der Rentenversicherungsseite bereitgestellt wird.

Voraussetzungen, die Schauspieler mitbringen sollten

Schauspieler werden bei ihren Bühnen- oder Filmeinsätzen danach beurteilt, wie überzeugend sie einen Charakter darstellen, erlebbar machen konnten. Für Seminarschauspieler kommen noch weitere Anforderungen hinzu: Zunächst ist nicht die Frage entscheidend „Wie gut kann ich spielen" – sondern „Wie leer kann ich mich vorher machen". Denn die genaue Rollenbeschreibung kommt vom Teilnehmer oder vom Trainer – und es stört, wenn der Schauspieler an einem inneren Klischee „Kunde" „Mitarbeiter" „Auszubildender" etc. hängen bleibt.

Zum Zweiten ist es wichtig, den „Rampensau"-Anteil in der eigenen Persönlichkeit zurücknehmen zu können. Denn, wie Frank Seeger es ausdrückt: *„Man muss weniger dick auftragen als beim Theater und mehr als beim Film."*

Zum Dritten ist eine Erfahrung im Wirtschaftskontext enorm wichtig. Der Schauspieler sollte sich gut fühlen, wenn er mit Bänkern, Steuerberatern oder Geschäftsführern zusammen ist. Der Berliner Urban Luig, Schauspieler, Improspieler und Personalentwickler, hat bei seinen ersten Einsätzen im Businesskontext Berührungsängste gespürt. Er fühlte sich ein wenig „exotisch, wie der Wilde aus dem Urwald". Das hat ihn motiviert, sich zusätzlich zum Personalentwickler weiterzuqualifizieren.

Das Briefing entscheidet über den Erfolg

Eine Erfahrung, die sämtliche Seminarschauspieler teilen: Letztlich entscheidet oft das konkrete Briefing durch den Trainer/Einkäufer über den Erfolg des Einsatzes. Ein Trainer, der sich mit der Einstellung „Nun machen Sie mal, dafür bezahle ich Sie schließlich" hinten in den Seminarraum setzt, wird ebenso eine Enttäuschung erleben wie der Personalenwickler, der eine Woche vorher den Schauspieler nebenbei beauftragt.

Briefing-Tipps

Viermal A und ein O für das Briefing des Schauspielers

Abgrenzung

Der Schauspieler agiert **nicht** als Trainer. Die Leitung des Prozesses obliegt nach wie vor dem Trainer. Der Schauspieler wird dann aktiv, wenn der Trainer ihn dazu auffordert. Deshalb ist es wichtig, im Vorfeld den genauen Seminarablauf miteinander abzustimmen.

Ankopplung

Wie gut kennt der Schauspieler die Unternehmenswelt der Teilnehmer? In größeren Projekten kann es sinnvoll sein, eine Hospitation am Arbeitsplatz der Teilnehmer einzurichten. Ansonsten sind die Informationen entscheidend, die der Trainer dem Schauspieler gibt. Hierzu sollten auch wichtige Abkürzungen und Fachbegriffe gehören.

Abwechslung

Ein Seminarsetting, in dem ein Rollenspiel nach dem anderen stattfindet, ermüdet selbst die motiviertesten Teilnehmer. Eine Planung weiterer Methoden, mit denen der Schauspieler sinnvoll eingesetzt werden kann, ist hier ratsam.

Absprachen

Nicht zuletzt sind die organisatorischen Details ein wichtiger Faktor. Wann geht es los? Ist der Schauspieler von Anfang an dabei oder wird sein Erscheinen ein erster Auftritt? (Es kann zum Beispiel vereinbart werden, dass der Schauspieler als Unbekannter in den Raum kommt und den Seminarverlauf stört. Der kurze Auftritt wird vom Trainer scheinbar spontan für eine Übung genutzt, zum Beispiel zum Thema Wahrnehmung oder Konflikt. Erst danach erfolgt die Auflösung und der Schauspieler wird der Gruppe vorgestellt.) Wie können Trainer und Schauspieler einander direkt vor Seminarbeginn erreichen – für Notfälle? Welche Art der Verpflegung ist für den Schauspieler organisiert? Wann finden Nachbesprechungen statt? Wann endet der Einsatz des Schauspielers?

Outfit

Wie ist die Teilnehmergruppe gekleidet? Wie sollte der Schauspieler erscheinen? Dies abzustimmen gibt Sicherheit auf allen Seiten.

Urban Luig, der sowohl als Rollenspieler als auch im Unternehmenstheater in zahlreichen Projekten im Businesskontext agiert hat, überspitzt es humorvoll: *„Schauspieler funktionieren nicht wie der Beamer – anschalten und dann läuft er."* Damit die eigene Vorbereitung gut erfolgen kann, sollte das Briefing mindestens zwei Wochen vorher abgeschlossen sein.

Transfersicherung mit Schauspielern

Guido Hornig hat die Erfahrung gemacht, dass die von Schauspielern dargestellten Figuren für den Transfer-Kick nach dem Training sehr gut nutzbar sind. So gibt es zum Beispiel nach Arbeitssicherheits-Trainings Plakate mit typischen Situationen und Aussagen, die im Seminar von Bedeutung waren und mit der gespielten Figur verbunden werden – sie verankern noch einmal das Erlebte.

In vielen Fällen können Filmaufnahmen der Veranstaltung im Nachgang Verwendung finden, oder es wird wie bei den Stadtwerken Flensburg die markante Stimme eines Schauspielers genutzt: Eine

Filmaufnahmen

Rollenfigur hatte sich als besonderer Sympathieträger herauskristallisiert. Er rief im Nachhinein bei den trainierten Führungskräften an und fragte nach deren Erfahrungen beim Einsatz des im Seminar Gelernten.

Podcasts Auch bei Podcasts können die durch die Veranstaltung positiv besetzten Schauspielerstimmen genutzt werden – indem sie zum Beispiel wichtige Seminaraussagen wiederholen.

Grenzen des Rollenspiels mit Schauspielern

Einschränkungen in der Methodenauswahl Bei aller Begeisterung für den Einsatz von Schauspielern im Seminar – auch diese Methode hat natürlich ihre Grenzen. So sinkt die Flexibilität der Trainerin in der Methodenwahl, denn wenn ein Schauspieler engagiert ist, soll er natürlich auch eingesetzt werden – und das am besten während seiner gesamten Anwesenheit. Es gibt zwar, wie oben beschrieben, Methoden, die Abwechslung ins Spiel bringen – dennoch ist es empfehlenswert, vorher genau zu überlegen, welchen Anteil am Seminargeschehen die Rollenspielmethodik haben soll und ob sich dann ein Schauspielereinsatz lohnt.

Zudem braucht es eine hohe Kompetenz des Trainers, damit die intensiven Prozesse für die Teilnehmer zu einem guten Ergebnis geführt werden. Denn die Methode kann starke Emotionen auslösen und der Trainer ist dafür verantwortlich, diese mit den Teilnehmern in einem sicheren Rahmen zu nutzen. Nicht jeder Schauspieler fühlt sich wie Frank Seeger mit in der Verantwortung für den gut geleiteten Prozess. Er legt Wert darauf, die Kompetenz des Trainers im Vorfeld zu erfragen, damit er die Teilnehmer in einem sicheren Rahmen an ihre Emotionen führt.

Ebenso wichtig wie das Vertrauen in den Trainer ist das Vertrauen in die anderen Teilnehmenden. Damit sich niemand schämt oder anderweitig unwohl fühlt, braucht es eine wertschätzende Atmosphäre und ein unterstützendes Miteinander. Auch hier ist die Trainerin gefragt, eine solche Kultur in der Gruppe zu installieren und zu fördern. Ein Schauspieler, der evtl. erst nach einer gewissen Seminarzeit hinzukommt, sollte gut in die Gruppe eingeführt werden – damit er zwar als jemand mit einer besonderen Aufgabe wahrgenommen wird, aber nicht als Fremdkörper. Es ist ratsam, die Form der Vorstellung im Vorfeld zu vereinbaren, in der es dem Schauspieler gelingen sollte, seine Kompetenz zu zeigen – und gleichzeitig auf der menschlichen Ebene Sympathien zu erlangen. Dazu ist wieder die Trainerin gefragt, denn sie kennt die Zielgruppe und sollte über ein Methodenspektrum für kurze, zielführende Vorstellungsformen verfügen.

Wenn Schauspieler vor- und verführen

Auch auf der Bühne, in größerem Rahmen als einem einzelnen Rollenspiel, können Schauspieler eine sinnvolle Unterstützung im Lern- und Veränderungsprozess bieten.

Menschliche Grundcharaktere auf der Bühne

Erfahrungsbericht von Gaby Seuthe

Im Rahmen eines DISG®-Trainings war ich auf der Suche nach einem inhaltsbezogenen, unterhaltsamen Abendprogramm für meine Teilnehmer. Ich lud eine Charakterkomikerin in eine eigens für uns gemietete Theaterräumlichkeit ein. Das Bühnenstück zeigte die vier verschiedenen menschlichen Temperamente: Choleriker, Sanguiniker, Melancholiker und Phlegmatiker. Menschliche Urmodelle, zurückzuführen auf Hippokrates und Gales, die bereits seit dem Altertum von Philosophen, Medizinern, Pädagogen und Psychologen analysiert, behandelt und katalogisiert wurden. Somit war der Bezug zu den vier DISG®-Persönlichkeitsbereichen gegeben.

Auf naiv-komödiantische Weise wurden die unterschiedlichen Verhaltensweisen sowie ihre Stärken und Schwächen dargestellt. Durch die Einbindung der Teilnehmer mittels Fragen und Diskussion über mögliche Reaktionen der vier Charaktere erkannte sich jeder Trainingsteilnehmer selbst und seine Mitmenschen leicht wieder und lachte über die eigenen Schwächen und die Schwächen anderer. So wurde der Inhalt des Tages auf humorvolle Weise unterstützt.

Unternehmenstheater   In solchen Bühnenstücken und in Form des Unternehmenstheaters sind Schauspieler in der Wirtschaft schon seit einiger Zeit positiv in Erscheinung getreten. Uns interessiert beim Thema Rollenspiele besonders, wie Schauspieler *vor*führen – und gleichzeitig zum Mitspielen *ver*führen.

Praxisbeispiel Sparda-Bank Berlin eG

Ein Unternehmen hat für seine jährlichen Vertriebs-Workshops Anfang 2008 einen neuen Weg gesucht – die Sparda-Bank Berlin eG. Das Ziel des Kick-offs: Die Beraterqualität wieder ein Stück weiterentwickeln, um dem Kunden „Das bisschen mehr …" zu bieten, als er erwartet. Die zweitägige Maßnahme, die zu Jahresbeginn an mehreren Standorten für alle der jeweils 100 bis 190 Mitarbeiter der Region durchgeführt wird, sollte pfiffig und unkonventionell sein. Denn diese Haltung stellt die Basis der Beratung bei der Sparda-Bank Berlin dar. Sabine Ködel, Leiterin Kundenmanagement, fand als externen Partner Christian Hoffmann mit seinem Team von SpielPlan.

In Vorbereitung auf das Briefing der externen Unterstützer erfolgte unter anderem im Rahmen einer internen Diplomarbeit eine Befragung der ca. 85 Führungskräfte des Unternehmens. Aus den Antworten wurden jene Themenfelder an die Schauspieler weitergegeben, in denen Verbesserungspotenzial steckte. Zudem erlebten die Spielenden den Arbeitsalltag innerhalb der Bank durch Hospitationen. Sie blieben Externe, mit dem Vorteil des offeneren Blicks und holten sich gleichzeitig genug internes Wissen, um in den Rollen zu überzeugen.

Beraterqualitäten spielend weiterentwickeln

Szenen werden überzeichnet dargestellt   Das gemeinsam mit internen Trainern der Bank entwickelte Konzept sah vor, dass die Schauspieler von SpielPlan Szenen von weniger gelungenen Kundensituationen auf der Bühne in Form des Unternehmenstheaters „liebevoll überzeichnen". Diese Geschehnisse sollten anschließend in Workshops mit den Mitarbeitern überarbeitet und durch die Sparda-Bank Mitarbeiter in neuer Form dargestellt werden. Maik Jank, interner Trainer: *„Die Vertriebsmitarbeiter sollen idealerweise jeden Tag für Kunden neue, individuelle Lösungen finden. Diese Methode ermöglicht es, zu spüren, was den Einzelnen bisher noch daran hindert – und die Hemmnisse weiter aufzulösen."*

„Es war toll, wie alle einbezogen wurden", resümiert Regina Lenz, Regionalleiterin Sachsen. *„Alles basierte auf Freiwilligkeit. Einige haben halt nicht in der spielenden Rolle mitgemacht – was völlig okay war, auch durch die anderen gänzlich akzeptiert wurde."* Sie begrüßt an dem Vorgehen besonders, dass dadurch Kultur erlebbar, fühlbar gemacht wurde. Die Botschaft: Ja, ihr dürft dem Kunden gegenüber Humor zeigen und Leichtigkeit leben, eben mit Spaß arbeiten.

Denn es wurde viel gelacht an den zwei Tagen, einige Szenen erwiesen sich als „Schenkelklopfer" und blieben auf diese Weise langfristig positiv in Erinnerung. Manch ein ungeahntes Schauspieltalent durfte sich entfalten. Mitarbeiter/-innen, die sonst eher im Hintergrund agieren, wurden auf der Bühne plötzlich für alle wahrnehmbar, was für angenehme Überraschungen sorgte. Die Darsteller äußerten sich dankbar dafür, durch diesen Prozess den Mut gefasst zu haben, sich zu zeigen – eine zielführende persönliche Entwicklung des Einzelnen.

Erinnerungsanker

Die Teilnehmenden zum Spielen zu bewegen, ist eine der Herausforderungen für die Schauspieler. Urban Luig, der über SpielPlan an dem Projekt beteiligt war, beschreibt den Schritt als „Herausholen aus der Konsumentenhaltung". Er unterstreicht, wie wichtig es ist, deutlich zu kommunizieren, was mit der Maßnahme erreicht werden soll. Dann lassen sich die Teilnehmenden erfahrungsgemäß auch auf ungewöhnliche Aktivitäten zum Anwärmen ein, die oft aus dem Improvisationstheater stammen.

Solche gemeinsamen Erlebnisse setzen auch für die Teamsituation positive Impulse. Ein Fazit, das Heiko Steiner, Leiter der Sparda-Bank-Geschäftsstelle Bergen auf Rügen, zieht: *„Die Veranstaltung hat dazu beigetragen, das Wir-Gefühl zu stärken."* Gleichzeitig

Positive Impulse für die Teamsituation

macht er deutlich: *„Das ist aber nur eine Zeitaufnahme. Wenn diese Maßnahme nicht nachgehalten wird, versandet sie."*

Eine Möglichkeit des Nachhaltens bietet die DVD der Vertriebstagung, die jede Geschäftsstelle im Anschluss erhalten hat. Einige Führungskräfte nutzen sie z.B. als Einstieg für Teamsitzungen, in denen die Ergebnisse weiterverfolgt werden. Susanne Scholz, Geschäftsstellenleiterin Erfurt, greift Stichworte, die durch die Tagung allen etwas sagen, als roten Faden im gesamten Vertriebsjahr wieder auf. Immer mal wieder zeigt sie Filmausschnitte oder lässt durch Fotos die Erinnerung an die Veranstaltung aufleben. *„Wir betreten jeden Tag unsere Bühne und können für unseren Kunden ein Erlebnis schaffen, so wie wir dort ein Erlebnis hatten."* Das, was Susanne Scholz eine „Selbstreflexion der Mundwinkel" nennt, hilft auch mal über einen schlechteren Tag hinweg.

So erlebt Regina Lenz, dass sich einige der Teams in ihrer Region mehr trauen, aufgeschlossener geworden sind. Dieser Effekt ist auch bei Einzelpersonen wahrnehmbar – das Loben des bei der Tagung gezeigten Mutes fördert die aktive Ansprache der Kunden.

Durch die Einbeziehung der internen Trainer in den Prozess werden Methoden des Schauspiels auch in den Vertriebstrainings weitergeführt, was Maik Jank und seine Kollegen als methodischen Gewinn schätzen.

Förderung der Zusammenarbeit zwischen Zentrale und Vertrieb
Im zweiten Teil der Maßnahme, die das Ziel hatte, die interne Kundenorientierung weiter zu steigern, waren von Anfang an Mitarbeiter des Unternehmens auf der Bühne. Die Zentrale spielte sich sozusagen selbst. Ausgewählte Kollegen wurden in einem dreitägigen Vorbereitungs-Workshop von SpielPlan mit Methodiken des Theaters vertraut gemacht. Auf der Bühne halfen ihnen diese Techniken, in überspitzter Form Szenen darzustellen, in denen sich die Zuschauer wiederfinden konnten.

Eine Mitarbeiterin der Personalabteilung sitzt auf ihrem Schreibtisch und lackiert sich die Fingernägel – ein schönes, sattes Rot.

Das Telefon klingelt. Natürlich kann sie diesen Anruf im Moment nicht entgegennehmen, die ganze Arbeit wäre ruiniert. Also lässt sie den Apparat läuten – ist doch prima, wenn der Vertrieb wieder einmal merkt, was die Personalabteilungs-Mitarbeiter für einen Stress haben …! Diese Szene spiegelt einen Konflikt wider, der zwischen Vertrieb und Zentrale ausbrechen kann. „Die da drinnen machen sich ´nen netten Tag während wir hier draußen ackern", ein Gedanke, der dem einen oder anderen Vertriebsmitarbeiter schon mal kommt, wenn die Unterstützung der Zentrale nicht in der erwarteten Form oder Geschwindigkeit erfolgt.

So wie die Fingernagel-Szene wurden drei weitere Situationen durch Mitarbeiter der Zentrale dargestellt. Nun galt es für die „Zuschauer", den Ablauf des Geschehens umzuplanen. Vier Teilgruppen, bestehend aus Führungskräften und Mitarbeitern des Vertriebs und der Zentrale, arbeiteten unter der Leitung eines Schauspielers an den Veränderungen einer Szene. Die Gruppenmitglieder konnten entscheiden, ob sie selbst die veränderte Szene spielen oder als Regisseure agieren wollten, die die bisherigen Darsteller zu verändertem Verhalten anleiten.

Szenen neu inszenieren

Die neu inszenierten Szenen zeigten, dass jeder „Wink mit dem Zaunpfahl" verstanden wurde. *„Der eine oder andere hat sich selbst wiedererkannt, das Verständnis füreinander ist sehr gewachsen. Jetzt lachen wir bei der Erinnerung an die Tagung oft gemeinsam, wenn das Telefon in Stressmomenten läutet"*, lächelt Ina Zillmann, Darstellerin der Fingernagel-Szene und im „wirklichen Leben" Mitarbeiterin der Personalabteilung. *„Der Umgang miteinander ist noch lockerer, aufgeschlossener, freundlicher geworden – und das hält bis heute an"*, berichtet sie. Auch Christian Koch, Produktmanager, bestätigt: *„Es herrscht mehr Verständnis füreinander und dadurch gibt es weniger Reibungsverluste."*

Zur Sicherung der Nachhaltigkeit wurden im Anschluss an die Veranstaltung Arbeitsgruppen für jene Themen gegründet, die sich als die bedeutendsten herauskristallisiert haben. In Zusammenarbeit mit dem Betriebsrat wird so die Priorisierung, Vertiefung und Umsetzung der während der Tagung erdachten Ideen betreut. *„Es* ist wichtig, dass solche Workshops direkt nach der Veranstaltung beginnen", so Christian Koch. *"Ein Moderator sorgt für die Effizienz der Treffen. Besonders hilfreich ist eine Vernetzung von Vertrieb und Zentrale in diesen Workshops."* Die Ergebnisse der Arbeitsgruppen werden dem Vorstand präsentiert.

Fazit

Nachhaltige Veränderungen anstoßen und langfristig sichern

Auch dieses Praxisbeispiel zeigt, dass eine Trainingsmaßnahme, hier durchgeführt mit Methoden des Theaters, einen wichtigen Impuls setzen und nachhaltige Veränderungen anstoßen kann – und dass gleichzeitig die interne Weiterarbeit im Unternehmen für die langfristige Sicherung der Veränderung notwendig ist.

Es ist daher ratsam, die Führungsebenen bereits im Vorfeld in den Umsetzungsprozess einzubinden. Sie sollten wissen ...
- welches Ziel die Maßnahme verfolgt,
- was im Prozess von ihnen erwartet wird,
- welche unterstützenden Medien sie nutzen können.

So kann eine Zielvereinbarung zur Weiterführung des Prozesses eine wichtige Botschaft zur Priorisierung an die Führungskräfte sein. Denn sie sind es, die die Impulse im Arbeitsalltag setzen, um das Angestoßene in Bewegung zu halten.

Die Maßnahme bereitet den Praxistransfer gut vor

Die schauspielgestützte Maßnahme sollte den Transfer in die Praxis gut vorbereiten. Klare Ziele der Veranstaltung, die deutlich kommuniziert werden, schaffen die grundlegende Motivation für alle Beteiligten. Nach den Übungen empfiehlt sich eine Auswertung: Was genau ist die Schlussfolgerung aus dem Erlebten für die alltägliche Praxis? Welche weiteren Schritte sind zu tun, damit diese Ideen zum Leben erwachen? Wer übernimmt die Verantwortung – in jeder Unternehmensgruppe?

So kann der Schwung, der dem Rad durch den Trainingsimpuls gegeben wurde, im Unternehmen für einen langen Weg genutzt werden: mit kleinen, regelmäßigen Folgeimpulsen.

Mit Rollen spielen nach Seminarende –
Impulse für motivierte Teilnehmende zum Weiterlernen

von Eva Neumann und Sabine Heß

Alleine weiterüben – aber wie?

Wenn wir Trainer unseren Teilnehmer/-innen Transfermöglichkeiten in den Alltag anbieten, unterstützen wir damit das Umsetzen der erworbenen Fähigkeiten in ihre Praxis. Was aber, wenn noch weiterer Übungsbedarf besteht, weil die Veränderung noch nicht so gut „sitzt"?

„Danke für die schönen zwei Tage – ich habe gerade durch das Rollenspiel und die Rückmeldungen sehr viel gelernt. Am liebsten würde ich so was häufiger machen, aber das ist ja auf diese Art, so spielerisch, im Alltag nicht möglich." So oder ähnlich könnte ein Feedback nach einem gelungenen Seminar lauten – mit einem Wermutstropfen: Heißt das „Ich bin zwar motiviert, habe aber nicht die Möglichkeit alleine weiterzulernen"? Doch die Lernerfahrung in Rollenspielform kann sich durchaus noch nach Abschluss eines Trainings fortsetzen, und wir Trainer können das unterstützen.

Um passende Angebote zu machen, lohnt sich die Frage: Was genau ist es, was Teilnehmende gerne im Alltag „häufiger machen" möchten, und was ihren Lernfortschritt bedingt?

Motivation zu mehr Rollenspiel im Alltag

Die Motivation entsteht auf der Sach- sowie auf der Beziehungsebene

Zum einen motiviert Teilnehmende, dass sie durch ein „anderes" Verhalten (anders als ihr bisheriges Verhalten) ein gewünschtes Ergebnis oder Gesprächsziel in der Übungssituation im Seminar besser erreicht haben. Zum Beispiel wandte eine Seminarteilnehmerin eine gezielte Folge von Fragen in einem Klärungsgespräch an, in dem sie zuvor ausschließlich mit Aussagen gearbeitet hatte. Das Gespräch verlief in einem zweiten Durchgang entspannter und kreativer, das Ergebnis erwies sich als tragfähiger. Aus dieser positiven Erfahrung entsteht Neugier: Was geht noch? Wie kann ich auch andere Situationen noch besser meistern?

Außerdem ist die Bedeutung konstruktiven Feedbacks für die Motivation nicht zu unterschätzen, sei es für einen Auftritt in einem Rollenspiel oder für persönliches Verhalten in der Gruppe im Laufe des Seminars. Zum Beispiel, wenn ein Teilnehmer sein Verhalten selbst infrage stellt, es aber von den anderen Seminarteilnehmern bzw. der Trainerin positiv bewertet wird:

Ein Teilnehmer verhielt sich zu Beginn einer Weiterbildung auffällig zurückhaltend und beschwichtigend. Später wagte er sich mehr aus sich heraus, indem er in einer Situation, die ihn ärgerte, seine Meinung deutlicher als sonst äußerte. Er entschuldigte sich umgehend dafür, dass er der Gesprächspartnerin vielleicht zu nahe getreten sei. Seine Seminarkollegen sahen das anders: Er habe das Richtige gesagt und sein Tonfall sei angemessen gewesen.

Der Feedback-Nehmer reagierte nachdenklich und dann erfreut. In seinem Abschlusswort hieß es: „Schade, dass einem die Leute im Alltag so was so selten sagen."

Die Motivation zum Weiterlernen entsteht also auf der Sachebene (besseres Ergebnis durch verändertes Verhalten) und auf der Beziehungsebene (konstruktives Feedback). Wie können sich Teilnehmende nun diese Motivation in ihrem alltäglichen Umfeld erhalten, immer wieder neues Verhalten überprüfen und die im Seminar erlernten Verhaltensstrategien weiter testen, ohne die als Witz bekannte Reaktion hervorzurufen „Was ist denn mit Kollege S. los, der verhält sich so seltsam?" – „Ach, der war bis gestern bei einem Seminar. Keine Sorge, das legt sich spätestens in einer Woche"?

Die Antwort hinsichtlich der Sachebene lautet: Identifizieren Sie mit den Teilnehmenden Alltagssituationen, die sich zum „Üben" der neuen Verhaltensweisen eignen. Hierzu geben wir Ihnen weiter unten einige Anregungen. Die Antwort hinsichtlich der Beziehungsebene lautet: Unterstützen Sie die Teilnehmenden dabei, sich auch im Alltag für ihre Experimente und Übungsziele konstruktives Feedback zu sichern!

Motivierendes Feedback auch im Alltag sichern

Was Teilnehmende als konstruktives Feedback erleben, wird im Kommunikationsseminar meist zum ersten Mal vor dem Einstieg in Rollenspiele thematisiert. Die Trainerin hängt ein Chart mit der Überschrift „Rückmeldungen für Rollenspiele" auf und fragt: „Wie hätten Sie's denn gern?" Das gemeinsam erstellte „Menü" bleibt im Seminarraum sichtbar hängen.

Die Frage, wie hilfreiches und motivierendes Feedback beschaffen ist, rückt zum zweiten Mal in den Mittelpunkt, wenn es auch inhaltlich um „Rückmeldegespräche im Alltag" geht. Die Liste wird erneut ins Blickfeld genommen, und die intuitiv gegebenen Antworten werden theoretisch unterfüttert und durch Übungen erfahrungsorientiert vertieft.

Rückmeldegespräche im Alltag

Wenn es im Seminar dann um die Frage geht „Wie übe ich im Alltag weiter?", greifen wir das Thema Feedback zum dritten Mal auf: Wo bekommen die Teilnehmenden im Alltag nützliche Rückmeldungen, die es ihnen ermöglichen, eigenes Verhalten anzuschauen, zu überprüfen und zu verändern? Wer gibt ihnen solche Rückmeldungen? Wie könnten sie selbst für solches Feedback sorgen? Wer wäre dazu in der Lage oder bereit, wenn sie ihn bäten?

Hier eine Checkliste, die Sie Ihren Teilnehmenden an die Hand geben können:

Schaffen Sie sich ein motivierendes Umfeld

Von welchen Menschen können Sie sich gezielt hilfreiche Spiegelungen holen? Wem vertrauen Sie und wissen, dass er Ihnen Gutes tun will? Wer könnte Ihnen Rückmeldung in der Qualität geben, die Sie sich wünschen oder die Sie dringend benötigen? Ein Freund oder ein neutraler Beobachter? Einzelne oder mehrere Personen? Wen nehmen Sie ernst genug – und zugleich leicht genug? Bei welchem Anlass benötigen Sie Masse oder Klasse?

- Wen informieren Sie über Ihre Lernabsicht? Wen bitten Sie um Unterstützung (um Geduld, Nachsicht, Humor ... um eine bestimmte Form der Rückmeldung)?
- Reflektieren Sie für sich: Was brauchen Sie, um negative Rückmeldungen gut annehmen zu können? Einen bestimmten Rahmen? Eine bestimmte Formulierung? Eine bestimmte eigene Stimmung? Bitten Sie den Feedback-Partner darum, diese Bedingungen mit Ihnen gemeinsam herzustellen.
- Vergegenwärtigen Sie sich Ihr Ziel: Was wäre das optimale Ergebnis? Wozu hätte ich das gern?
- Wie motivieren Sie den anderen dazu, dass er Ihnen Rückmeldung gibt? (Vielleicht könnten Sie Ihren Feedback-Partner zu einem „Feedback-Essen" einladen ...)

In welchen anderen Situationen bekommen Sie bereits Rückmeldungen (auch solche, die Sie bisher nicht als konstruktiv erleben)? – Hier ist es spannend, „Übersetzungen" zu erlernen, um diese Aussagen konstruktiv zu nutzen. Ein Beispiel: Ihr Vorgesetzter sagt „Was haben Sie denn da wieder für eine Riesensache daraus gemacht ...?". Motivierender wirken diese Worte, wenn Sie sie aus dem „Destruktivo" in den „Konstruktivo" übersetzen:

- Welcher positive Aspekt steckt im Gesagten? „Sie meinen, ich habe mich in dem Gespräch sehr engagiert ..."
- Welche Verbesserungschance möchte der Vorgesetzte Ihnen aufzeigen? „... und ich könnte es mir in Zukunft einfacher machen?" Mal sehen, was Ihr (vermutlich verblüffter) Chef dann antwortet.
- Wenn er zustimmt „Na ja, sag ich doch!", kann die nächste Frage lauten „Was genau könnte ich denn an welcher Stelle tun, damit es der Sache angemessen ist?".

So nutzen Sie das gleiche Vorgehen, das Sie für das Geben von konstruktivem Feedback kennengelernt haben, auch als Übersetzungsformel für Feedback, das Sie bekommen.

Mit Rollen spielen nach Seminarende

Alltagssituationen zum Üben nutzen

Viele Teilnehmer benötigen eine veränderte Einstellung zu Rollenspielen, um sie im Alltag für möglich zu halten. Dazu können Sie ihnen bewusst machen: „Im Alltag spielen wir bereits mit und in verschiedensten Rollen!" Bringen Sie als Beweis hierfür, dass Menschen oft unwillkürlich verschiedene „Ich-Rollen" einnehmen: z.B. als Eltern, als Chef/-in oder als kollegialer Mitarbeiter; als „die Kranke", „der hilfsbereite Nachbar" oder „die Freundin" etc. und das alles als dieselbe Person! Und weisen Sie darauf hin: „In jeder Alltagsrolle können wir neues Verhalten ausprobieren, wenn wir bessere Ergebnisse erzielen wollen. Wer immer nur das tut, was er bisher getan hat, braucht sich nicht zu wundern, wenn er dadurch immer nur das bewirkt, was er schon immer bewirkt hat."

Hinweis auf Rollenvielfalt

Auch ist es höchst spannend, sich in neue Rollen zu begeben – neues Verhalten wird in neuen Situationen entwickelt und nützt dann auch für die anderen Lebensbereiche. Als Beispiel können Sie Lebens-Lernsituationen benennen, die einige der Teilnehmenden vielleicht bereits erfahren haben:

Neue Situationen als Chance nutzen

- Auf Zeit in einem anderen Land leben – wie verhalten Sie sich dort, um Ihre Interessen zu erreichen? Was verändert sich für eine Frau, wenn sie in Italien oder in Saudi-Arabien unterwegs ist?
- Ein Kind bekommen – wie verändert sich unser Verhalten auf Spielplätzen? In Restaurants? Zu anderen Eltern?
- Eine neue Funktion in der Firma übernehmen – wie verändert sich das Verhalten zu den neuen Kollegen? Wie das zu den bisherigen? Wie die Haltung zu den neu hinzugekommen Themen? Und das Auftreten nach außen zu diesen Themen?

All diese „neuen" Situationen sind Chancen dafür, eigene Handlungs- und Verhaltensspielräume auszuloten. So erscheint das Rollenspiel im Seminar als „Vorstufe" des Lernens im Alltag. Und für die Teilnehmenden ist es eine schöne (Seminar-)Übung herauszufinden, in welchen Alltagssituationen sie als Lernende sich „Spielraum" für neues Verhalten zugestehen und den „Ernst des Lebens" einmal zurückstellen können. Wenn Teilnehmende Alltagssituationen als Rollenspielsituationen begreifen, dann können sie das eigene – gezielte oder spontane – Handeln distanzierter beobachten und seine Wirkung bewusster wahrnehmen. Sie nehmen ihr Lernen auch außerhalb des Seminars in die Hand, eigenverantwortlich und in ihrem Tempo.

Trainer könnten ihrer Zielgruppe vorschlagen, welche Alltags-Situationen sich für das Ausprobieren und Einüben neuer Verhaltensweisen anbieten. Andererseits ist es effektiver, wenn die Teilnehmenden sich ihre Listen selbst erarbeiten. Investieren Sie dazu etwa 15 Minuten der Seminarzeit. Aus den in der Gruppe gesammelten Ideen fertigt sich jede Teilnehmerin und jeder Teilnehmer eine persönliche Aktions-Liste: Was tue ich wo wann wie oft? Wann überprüfe ich meine Aktivitäten?

Hier eine Auswahl von Übungsmöglichkeiten für Teilnehmende eines Rhetorikseminars:

Übung in Alltagsrollen

Meine Rolle: Ich als ... --> (z.B. Teamsprecherin)
Meine Entwicklungsziele: Ich möchte meine Körpersprache verbessern (aufrechter Stand, Blickkontakt halten), und so sprechen, dass mich auch entfernt Sitzende gut verstehen.

❏ = meine Übung

A. Rede bei sich und anderen *beobachten*

❏ Fernsehen und Wahlveranstaltungen: Politiker beobachten, während sie reden, ein Interview geben, oder im Bundestag auftreten – was wirkt authentisch, glaubwürdig, überzeugend auf mich? (Tagesschau, Talkshows)
❏ Kinder beim Spielen beobachten: Welche Stimmung drücken sie wie aus? Welche Körperhaltung zeigen sie gegenüber unterschiedlichen Spielpartnern?

- In den Spiegel sehen: Wie verändert sich meine Ausstrahlung, wenn ich mich anders hinstelle? Überlegen: Was würde ich jetzt gern von meinem Gegenüber (der Person im Spiegel) sehen/hören?
- Einem Freund, einer Freundin zuhören, wie er/sie erzählt: Was beeindruckt, was berührt oder bewegt mich emotional? Welche „Bilder" entstehen in meinem Kopf? Welche Formulierungen lösen positive Reaktionen bei mir aus?
- Als Eltern: sich selbst wahrnehmen: wie stehe ich da, wenn ich einem Kind etwas erkläre oder vormache? Wenn ich eine „Predigt" halte? Wenn ich es rufe?

B. Als Rednerin *auftreten*

- Wenn Sie in einer Gruppen stehen (z.B. in Pausen): die eigene Körpersprache (Haltung, Stand, Gestik, Distanzzonen) bewusst reflektieren und verändern. Blickkontakt zielgerichtet suchen. Aktiv das Wort ergreifen.
- Sich zur Verfügung stellen, um Arbeitsergebnisse zu präsentieren z.B. am Arbeitsplatz für Ihr Team oder im nächsten Seminar nach einer Kleingruppenarbeit.
- Einer Gruppe beitreten oder eine Gruppe selbst initiieren, deren Zweck ist, regelmäßig das Reden zu praktizieren, z.B. Debattierclub oder Netzwerk mit Austausch von fachlichem Know-how.
- Eine berufliche oder ehrenamtliche Zusatzfunktion übernehmen, die es erfordert, öffentlich Stellung zu nehmen, zu moderieren oder zu präsentieren, z.B. Elternsprecher, Vereinsvorsitz.
- Reden in der Öffentlichkeit: in Bürgerinitiativen im Verein, im Team, als Übungsleiterin, vor dem Ortschaftsrat, bei einem Behördengang; die eigene Meinung vertreten bei Versammlungen.
- Bei der Volkshochschule ein Vortragsthema zu Ihrem Interessengebiet anbieten.
- Sich als Kandidat für Wahlen aufstellen lassen und sich vor unterschiedlichem Publikum persönlich und mit den eigenen Zielen vorstellen.
- In eine Theatergruppe eintreten.
- Bei Elternversammlungen in der Schule oder im Kindergarten mitreden: Vorbereitung einer Argumentation zum eigene Anliegen; deutlich und laut sprechen, Blickkontakt halten ...
- Zum Familienfest, Geburtstag, Jubiläum von sich und anderen: eine kurze Begrüßung, einen Toast oder eine kurze festliche Rede halten.
- Arbeitskreis mit Kollegen, dort gegenseitig Ergebnisse präsentieren.

Und so könnte eine Liste von Übungssituationen in Alltagsrollen nach einem „Knigge"-Seminar aussehen (Ideen von Renate Weiß, *www.weiss-consulting.de*):

Übung in Alltagsrollen

Meine Rolle: Ich als ... --> (z.B. Gastgeberin)
Meine Entwicklungsziele: Ich möchte meine Gäste freundlich und angemessen begrüßen, und das Gespräch unter ihnen in Gang bringen.

❏ = meine Übung

- ❏ Wie oft wird beim nächsten Meeting „danke" gesagt oder ein „bitte" geäußert?
- ❏ An der Supermarktkasse (beim Tanken, in der Bank): Wie nimmt die Kassiererin Kontakt auf? Wie gestalten Sie als Kundin das Gespräch mit?
- ❏ Wie wirkt die Kleidung Ihrer Arbeitskollegen auf Sie? Wessen Kleidungsstil vermittelt „Kompetenz"? Und wie begegnen Ihnen Ihre Mitmenschen, je nachdem, welche Kleidung Sie heute tragen?
- ❏ Beobachten Sie die Tischkultur in Restaurants oder in der Kantine, beim Hineingehen, am Tisch gegenüber ... – Üben und entwickeln Sie ihre eigene Tischkultur je nach Anlass weiter
- ❏ Als Gastgeberin: Begrüßen Sie Ihre Gäste beim nächsten Fest und erinnern Sie sich an die Hinweise zum stilechten Begrüßen und Vorstellen.
- ❏ Als Gast: Beobachten Sie bewusst, wie sich Gäste und Gastgeber begegnen und begrüßen.
- ❏ Wann fühlen Sie sich beim Small Talk mit Ihrem Gesprächspartner gut, wann ist es unangenehm?
- ❏ Was empfinden Sie bei Fernsehshows als „höflich", was als „unhöflich"?
- ❏ Gezielt „komplizierte" Speisen aussuchen und sich zeigen lassen, wie man sie isst.
- ❏ Das nächste Geschäftsessen genau beobachten: Wie wirkt es auf mich, wenn jemand die Regeln einhält? Und wie wirkt es, wenn jemand es nicht tut? Welche Regeln sind mir besonders wichtig?

Auf diese Weise erleben Teilnehmerinnen den Übergang vom Seminar in den Alltag nicht als Sprung ins „kalte Wasser", sondern als schrittweises Weiterlernen, das jede und jeder im eigenen Tempo und durch einen bewussten Umgang mit alltäglichen Situationen praktiziert und selbst gestaltet.

Schrittweises Weiterlernen

Fazit

Rollenspiele – eine bewährte Methode, die jederzeit neu entdeckt werden kann: in anderen Einsatzbereichen wie dem Einzel-Coaching, unter erweiterten Rahmenbedingungen wie Alltagssituationen, und in neuen Besetzungen wie zum Beispiel mit Schauspielern.

Wir wünschen Ihnen viele spielerische Momente voll Freude und Erkenntnis und freuen uns auf Ihre Anregungen, Fragen und Rückmeldungen!

info@evaneumann.de oder sabine.hess@flextrain.de

DREI

Nach-Lese

Schnellfinder

Literatur und Quellen 365
Die Herausgeberinnen 368
Autorenverzeichnis 370
Stichwortverzeichnis 381

Literatur und Quellen

Ergänzend zu unseren Lesetipps im ersten Band finden Sie hier weitere Veröffentlichungen, auf deren Inhalte sich Texte oder Rollenspiele aus diesem Buch beziehen:

- Rainer Alf-Jähnig, Thomas Hanke, Birgit Preuß-Scheuerle: Teamcoaching. Konzeption, Methoden und Praxisbeispiele für den Teamcoach. managerSeminare, 2008.
- Arbeitsgemeinschaft für Gruppenberatung: Das Methoden-Set. Ökotopia Verlag, 12. Auflage 2004.
- Richard Bandler, John Grinder, Virginia Satir: Mit Familien reden. Klett-Cotta, 2002.
- Tim-C. Bartsch, Michael Hoppmann, Bernd Rex (Hrsg,): Handbuch der Offenen Parlamentarischen Debatte – Streitkultur e.V. Cuvillier, 4. Auflage 2006.
- Karl Berkel: Konflikttraining. Konflikte verstehen, analysieren, bewältigen. Arbeitshefte Führungspsychologie Bd. 15, Recht und Wirtschaft (1997), 9. Auflage 2008.
- Ingeborg und Thomas Dietz: Selbst in Führung. Achtsam die Innenwelt meistern. Junfermann, 2007.
- Heinrich und Gudrun Fey: Redetraining als Persönlichkeitsbildung. Walhalla, 6. Auflage 2008.
- Carolin Fey: Klartext reden! Droemer-Knaur, 2003.
- Gudrun Fey: Gelassenheit siegt. Walhalla, 12. Auflage 2009.
- Friedrich Glasl: Konfliktmanagement: Ein Handbuch für Führungskräfte, Beraterinnen und Berater. Haupt, 8. Auflage 2004.
- Astrid Göschel: Rhetoriktrainings erfolgreich leiten. managerSeminare, 2008.

- Stephanie Große Boes, Tanja Kaseric: Trainer-Kit: Die wichtigsten Trainingstheorien, ihre Anwendung im Seminar und Übungen für den Praxistransfer. managerSeminare, 3. Auflage 2008.
- Stephan Hametner: Musik als Anstiftung: Theorie und Praxis der systemisch-konstruktivistischen Musikpädagogik. Carl-Auer, 2006.
- Mechthild Hauff, Dirk Heidemann, Eva-Maria Schumacher: Szenario-basiertes Lernen. Ein Konzept für die Entwicklung von Führungskompetenzen im Masterstudiengang an der Deutschen Hochschule der Polizei Münster. In: Handbuch Hochschullehre G5.9 2008.
- Dirk Heidemann: Professionelle Führung lernen. Kompetenzorientiertes Lernen in der Ausbildung von Führungskräften der Polizei. In: C. Barthel, J. Christe-Zeyse, D. Heidemann: Professionelle Führung in der Polizei, Frankfurt 2006.
- Ingrid Holler: Trainingsbuch Gewaltfreie Kommunikation. Junfermann, 2008.
- Keith Johnstone, George Tabori, Petra Schreyer: Improvisation und Theater. Alexander, 1993.
- Peter Kensok, Katja Dyckhoff: Der Werte-Manager: Effektives Wertemanagement in Coaching und Beratung. Junfermann, 2005.
- Jörg Markowitsch, Karin Messerer, Monika Prokopp: Handbuch praxisorientierter Hochschulbildung. Wien, 2004.
- Robert Moore, Douglas Gillette: King, Warrior, Magician, Lover. Harper Collins Publishers Inc., New York, 1990.
- Christian Püttjer, Uwe Schnierda: Die heimlichen Spielregeln der Verhandlung. So trainieren Sie Ihre Überzeugungskraft. Campus, 2002.
- Werner Rautenberg und Rüdiger Rogoll: Werde, der du werden kannst: Persönlichkeitsentfaltung durch Transaktionsanalyse. Herder, 26. Auflage 2009.
- Marshall B. Rosenberg: Gewaltfreie Kommunikation: Eine Sprache des Lebens. Junfermann, 2007.
- Leonhard Schlegel: Handwörterbuch der Transaktionsanalyse. Sämtliche Begriffe der TA praxisnah erklärt. Kostenloser E-Book-Download: www.dsgta.ch/139d144.html.
- Thomas Schmidt: Kommunikationstrainings erfolgreich leiten. managerSeminare, 4. Auflage 2008.

- Thomas Schmidt: Konfliktmanagement-Trainings erfolgreich leiten. managerSeminare, 2009.
- Johanna Schott, Klaus Steinke: Souverän telefonieren. Walhalla, 2. Auflage 2001.
- Friedemann Schulz von Thun und Verena Hars: Miteinander reden, Bd. 3: Das Innere Team und Situationsgerechte Kommunikation. Rowohlt, 16. Auflage 2007.
- Richard C. Schwartz: IFSSM Das System der Inneren Familie. Ein Weg zu mehr Selbstführung. Herausgeber: IFSSM Europe, Book on demand GmbH. Norderstedt, 2008.
- Lothar J. Seiwert und Friedbert Gay: Das 1 x 1 der Persönlichkeit. Persolog, 2002.
- Wiebke Stegmann, Friedemann Schulz von Thun: Das Innere Team in Aktion. Praktische Arbeit mit dem Modell. Rowohlt, 3. Auflage 2004.
- Christian-Rainer Weisbach, Petra Sonne-Neubacher: Professionelle Gesprächsführung. Ein praxisnahes Lese- und Übungsbuch. DTV, 7. Auflage 2008.

Die Herausgeberinnen

Eva Neumann M.A., Schorndorf

Trainerin und Coach für Rhetorik und Gesprächsführung. Sie studierte Musikwissenschaft, Allgemeine Rhetorik und Philosophie an der Universität Tübingen, und arbeitete gleichzeitig journalistisch für Tageszeitungen und den Rundfunk. Seit Mitte der 90er Jahre berät, entwickelt und trainiert sie in Unternehmen der Automobilindustrie, in öffentlich-rechtlichen Institutionen, Kliniken und Krankenhäusern. Sie gründete das Forum für kommunikatives Handeln 2000 mit der Idee partnerschaftlichen Wissensaustauschs und qualitätvoller Zusammenarbeit von Trainerinnen, Beratern und Kunden. – Als Coach für Persönlichkeitsentwicklung (DBVC-anerkannt) kombiniert sie das Internal-Family-System mit neurolinguistischen Verfahren. Sie ist NLP-Master (DVNLP), wingwave®-Coach und -Trainerin, und bildet Coachs in Stuttgart aus.

Musizieren, Freude an der Sprache, Tauchen, Kochen mit Partner und Freunden sowie ihre fünfköpfige Familie erfüllen ihre Freizeit.

Kontakt:

Eva Neumann
Forum für
kommunikatives Handeln

Rechbergstraße 7
73614 Schorndorf

Tel.: 07181-406798
Fax: 07181-406799

info@evaneumann.de
www.evaneumann.de

Meine Motivation für dieses zweite Rollenspiele-Buch
Rollenspiele sind wie eine gute Zutat zu einem ausgeklügelten (Trainings-)Menü. Sie überraschen in neuen Kontexten wie im Coaching oder nach Seminarende. Professionell serviert – z.B. mithilfe von Schauspielern – werden sie zu einer außergewöhnlichen und erinnernswerten Lernerfahrung. Mehr davon!

Die Herausgeberinnen

Sabine Heß, Berlin

Trainerin (seit 1989), Rednerin und Coach. Jg. 1967, heute Inhaberin im Team flextrain, „von Hause aus" Bankfachwirtin. Sie arbeitet hauptsächlich mit TrainerInnen, AusbilderInnen und ReferentInnen, leitet die BDVT-zertifizierte Traineraus- und Weiterbildung bei flextrain. Und entwickelt und begleitet individuell zugeschnittene Maßnahmen in Unternehmen wie Bertelsmann oder L'Oréal. Mehrfach wurden ihre Arbeiten ausgezeichnet (BDVT, ASTD). Als zertifizierte Trainerin dta, systemische Beraterin, NLP-Coach und Trainerin sowie Consultant für das Language and Behaviour Profile lebt die Berlinerin seit 2007 ihre Experimentierfreude beim Improvisationstheater aus. Nicht nur für Großgruppen nutzt sie die kreativen Story-Telling-Ideen, die sie bei Dough Stevenson erlernt hat. 2008 wurde sie in die German Speakers Assoziation aufgenommen, 2009 ergänzte sie ihr Methodenspektrum um Systemische Strukturaufstellungen, ausgebildet von Insa Sparrer und Matthias Varga von Kibéd.

In weiteren Rollen ist sie Mutter zweier Jungs, Läuferin und Musikliebende.

Meine Motivation für dieses zweite Rollenspiel-Buch
Hocherfreut von der positiven Resonanz auf den ersten Band habe ich mich für die Begleittexte zu den neuen Rollenspielen auf Bereiche „gestürzt", die mich rund um das Thema auch für meine eigene Arbeit brennend interessieren – zum Beispiel Schauspieler in Rollenspielen.

Kontakt:

Sabine Heß
flextrain

Donnersmarckplatz 3
13465 Berlin

www.flextrain.de
sabine.hess@flextrain.de

Autorinnen und Autoren

Isabel Bommer

Jahrgang 1967 – Coach, Trainerin, Expertin für Kommunikation und Gesundheitspsychologie. Über 15 Jahre Beraterin für interne Kommunikation, Marketing, Öffentlichkeitsarbeit (international, Führungsebene, Agentur und Unternehmen). Über 5 Jahre Heilpraktikerin für Psychotherapie. Ausbildung in Gestalttherapie (GIF), Gestaltcoaching und thymopraktische Körperarbeit (F.P.I.), BDVT-zertifizierte Trainerin, M.A. Romanistik, Studium der Psychologie.

Isabel Bommer
GoConsult GmbH –
Communications Coaching Training
Hubertusstr. 6
65812 Bad Soden

Tel.: 069-97789808
Fax: 0721-151397770
Mobil: 0171-8995999
ibommer@goconsult.com
www.goconsult.com

Carolin Fey

Geschäftsführende Gesellschafterin der Frauenkolleg GmbH seit 1993. M.A. Allgemeine Rhetorik und Germanistik. Ausbildung in Transaktionsanalyse. Autorisierte DISG-Trainerin, Schwerpunktthemen: Frauenförderungs-, Gender- und Diversity-Projekte, Klartext reden, Rhetorik, Kommunikation, Anti-Lampenfieber-Training, Führungstrainings und Teamentwicklung, train-the-trainer, Coach für Teams und Einzelpersonen, Fachbuchautorin.

Carolin Fey M.A.
Frauenkolleg GmbH
Kleine Falterstr. 26
70597 Stuttgart

Tel.: 0711-7787044
Fax: 0711-7787050
info@frauenkolleg.de
www.frauenkolleg.de

Autorenverzeichnis

Dr. Gudrun Fey, M.A.
ist eine der renommiertesten Trainerinnen für Rhetorik und Kommunikation in Deutschland, die über 30.000 Menschen geschult hat. Sie macht u.a. Seminare für große Unternehmen der Automobilindustrie und andere Branchen und coacht Führungskräfte aus Wirtschaft und Politik. Sie studierte Philosophie, Linguistik u. BWL. Seit 1997 ist sie geschäftsführende Gesellschafterin der study & train GmbH in Stuttgart.

Dr. Gudrun Fey M.A.
study & train GmbH
Möhringer Landstr. 36
70563 Stuttgart

Tel.: 0711-7168286
Fax: 0711-7168287
info@study-train.de
www.study-train.de

Astrid Göschel, M.A.
SprachINGENIEURIN, Autorin, Rhetorikerin, Linguistin, Master of NLP (DVNLP e.V.), Persolog®-zertifiziert, Auszeichung für 10+ Jahre (Prof. R. Geilsdörfer). Konzeption, Prozessbegleitung, Schulung und Beratung (GL/FK/MA) in Großprojekten zu den Themen Feedbackkultur und emotional-intelligente Mitarbeiterführung, gelebter Service, Kommunikation für Techniker. Ausbildung interner Multiplikatoren in Didaktik und hirngerechten Lehrmethoden.

Astrid Göschel, M.A.
SprachINGENIEURIN

ag@sprachingenieurin.de
www.sprachingenieurin.de

Jessica Greiwe
Jahrgang 1971, gelernte Handelsfachwirtin und Mitinhaberin von „Trainings & Workshops – pfiffig. individuell. nachhaltig." Nach Stationen in der Personalentwicklung, in der betrieblichen Ausbildung und im Verkauf sind die heutigen Trainingsschwerpunkte: Verkaufstrainings, Kommunikation in Verkauf und Service, Bewerbungsmanagement, Trainings für junge Führungskräfte.

Jessica Greiwe
Trainings & Workshops
pfiffig. individuell. nachhaltig
Freihofstr. 7
97725 Elfershausen

Tel.: 09732-785702
Fax: 09732-785702
Mobil: 0171-7523391
jessica.greiwe@pfiffig-trainieren.de
www.pfiffig-trainieren.de

Mariella Guarneri, M.A.

ist seit 2002 freiberufliche Trainerin für Rhetorik, Telefontraining und Gesprächsführung. Sie trainiert auf Deutsch, Italienisch und Englisch und arbeitet mit Firmen und Organisationen in Deutschland, der Schweiz, Polen, Russland, Litauen und der Ukraine. Mariella Guarneri studierte Allgemeine Rhetorik und Romanische Philologie in Tübingen und Bologna.

Mariella Guarneri, M.A.
Kocherstr. 4
71263 Weil der Stadt

Mobil: 0173-1960056
info@redekultur.de
www.redekultur.de

Dr. Stephan Hametner

Jahrgang 1969, AHS-Lehrer (ME), Psychotherapeut (SF), Coach, Supervisor, Trainer, Lehrbeauftragter und Autor. Studien der Musikwissenschaft, Rhythmik und Musikpädagogik/Psychologie, Philosophie und Pädagogik und Ausbildung zum Systemischen Familientherapeuten. Buch: „Musik als Anstiftung: Theorie und Praxis einer systemisch-konstruktivistischen Musikpädagogik, Bd. 1". Carl-Auer Systeme Verlag.

Dr. Stephan Hametner
Eichenweg 5
A-4283 Bad Zell
Österreich

Tel.: 0043-699-11090789
office@diskant.org
www.diskant.org

Dirk Heidemann

Jahrgang 1960, Personalentwickler, Dozent, Trainer, Projektleiter. Seit 1995 in verschiedenen Führungsfunktionen der Polizei Niedersachsen mit Schwerpunkt Personalführung und -entwicklung tätig. Von 2002 bis 2007 Dozent für Führung, Personal- und Organisationswissenschaften an der Deutschen Hochschule der Polizei. Seit 2007 Projektleiter für Aufbau und Implementierung des digitalen Sprech- und Datenfunksystems für die Behörden und Organisationen mit Sicherheitsaufgaben in Niedersachsen. Entwicklung und Implementierung des Szenariobasierten Lernens (SBL) an der Deutschen Hochschule der Polizei.

Dirk Heidemann
Zentrale Polizeidirektion Hannover
Seidelstr. 5
30163 Hannover

Mobil: 0172-5731992
dirkheidemann@web.de

Hans Heß

Jahrgang 1956, Trainer und Coach für lebendige und energiereiche Teams, innovative Mitarbeiter, respektvolle Führungskräfte und begeisternde Verkäufer. 20 Jahre bewegende Trainings, 15 Jahre wertschätzendes Coaching. Ausbildung in Psychodrama, NLP, Systemisches Coaching, DISG, LIFO, Playback Theater. National und international ausgezeichnet. Neugierig, pragmatisch, begeisterungsfähig, suchend, kreativ.

Hans Heß
flextrain
Frohnauer Str. 133
13465 Berlin

Tel.: 030-401939403
Fax: 030-401939404
Mobil: 0170-4154004
hans.hess@flextrain.de
www.flextrain.de

Angelika Höcker

seit 18 Jahren Trainer und ExecutiveCoach für Change-Management und Leadership. Entwickeln, was in Ihnen steckt, Ressourcen aktivieren, Lösungsorientiert arbeiten – das sind ihre erklärten Ziele im systemischen Coaching. Mit einer außergewöhnlichen Methodenvielfalt begleitet sie Menschen darin, ihre individuellen Ziele zu erreichen und Veränderungen positiv zu nutzen. Autorin in mehreren Fachmagazinen. Ausgezeichnet mit dem Internationalen Deutschen Trainingspreises des BDVT in Gold, Bronze und des Excellence in Practice des ASTD.

Angelika Höcker
flextrain
Gerolsteiner Str. 71
50937 Köln

Tel./Fax: 0221-92308-14 /-15
Mobil: 0171-5449868
angelika.hoecker@flextrain.de
www.flextrain.de

Bernd Höcker

seit 30 Jahren Trainer und Berater mit den Schwerpunkten Verkauf, Führung, Team, Rhetorik und Präsentation. Führungskräfte vertrauen Bernd Höcker seit vielen Jahren. Im Coaching nutzen die Klienten seine große Erfahrung und die gesamte Bandbreite seines systemischen Werkzeugskoffers mit großem Erfolg. So entwickeln sie selbst in kritischen Karriere-/Konfliktsituationen unter der Leitung des charismatischen Coachs nachhaltig wirksame Lösungen. Er hat selbst Erfahrung in Führungspositionen in bedeutenden Unternehmen verschiedenster Branchen. Preisträger des Internationalen Deutschen Trainingspreises des BDVT in Gold, Bronze und des Excellence in Practice des ASTD.

Bernd Höcker
flextrain
Gerolsteiner Str. 71
50937 Köln

Tel./Fax: 0221-92308-14 /-15
Mobil: 0171-3149067
bernd.hoecker@flextrain.de
www.flextrain.de

Autorenverzeichnis

Peter Kensok, M.A.

Jahrgang 1959, Ethnologe, freier Journalist, ausgebildeter Redakteur, Dozent für Presse, Werbung und PR, Autor, redaktioneller Berater für öffentliche Verwaltung, Unternehmen und Wissenschaft. Kommunikationstrainer, Coach mit lösungsorientierten und leistungsaktivierenden Kurzzeit-Verfahren für Mentales, Gesundheit, Business. Lehrtrainer für Neurolinguistische Verfahren, wingwave®. Konzepte für Potenzialcoaching und Wertemanagement.

Peter Kensok
Lehrinstitut für
Kommunikationstraining
Stitzenburgstr. 18
70182 Stuttgart

Tel.: 0711-243943
info@kensok.de
www.kensok.de
www.wingwave-stuttgart.de

Claudia Kreymann

Trainerin (ausgebildet durch flextrain), Wirtschaftsmediatorin, Coach. Durch die Arbeit als Personalreferentin wuchs die Lust, Führungskräfte durch punktgenaue Konzepte und durch mit Spaß durchgeführten Trainings in ihrer (Führungs-) Rolle zu unterstützen und zu motivieren. Arbeitsschwerpunkte: gesunde Führung, Rückkehrgespräche als wesentlicher Bestandteil des BGM, Konfliktprävention und Konfliktbearbeitung, Mediation, Trainings mit dem MBTI® -Profil, Kommunikationstraining für einen wertschätzenden und wahrnehmenden Umgang, Coaching.

Claudia Kreymann
punktgenau trainiert
Westheide 12 A
44575 Castrop-Rauxel

Mobil: 0151-58839922
info@kreymann.com
www.kreymann.com

Frank Kurmis

Jahrgang 1963, Coach, Trainer und Berater, Experte für praxisorientierte Kreativität. Über 10 Jahre Trainings- und Coachingerfahrung, praktische Vertriebs- und Führungserfahrung. Zertifizierter Business-Performance-Coach EMCC. Lizenziert für berufsbezogene Eignungsbeurteilungen nach DIN 33430. Gewinner des Deutschen Trainingspreises 2007 in Bronze. Mitglied im European Mentoring and Coaching Council, UK.

Frank Kurmis
Im Äuelchen 30
53177 Bonn

Tel.: 0228-3505509
Fax: 02151-33629668
Mobil: 0170-5785969
Frank.Kurmis@t-online.de

Autorenverzeichnis

Dr. Karin Mauthe

Jahrgang 1963, ist Diplom-Psychologin und hat nach der Promotion mehrere Jahre als Beraterin in der Jugendhilfe gearbeitet. Nach Ausbildungen in systemischer Familientherapie und Organisationsentwicklung ist sie seit 2003 freiberuflich als Prozessbegleitung und Trainerin in mehreren Großprojekten engagiert.

Dr. Karin Mauthe
Bachstr. 67
73230 Kirchheim/Teck

Tel.: 07021-738631
k-mauthe@gmx.de

Christa Mesnaric

Jahrgang 1960, 18 Jahre Unternehmerin und Trainerin, 12 Jahre Organisationsberaterin und Coach, spezialisiert auf Erfolg durch Kurzzeit-Beratung. Spezielle Themen: Generation Y, Intelligente Intuition, Multidimensionales Coaching, Philosophie für Manager, Sex Macht Erfolg: vom Zusammenhang zwischen Sexualität und beruflichem Erfolg. Internationaler Deutscher Trainingspreis in Gold. Bildet aus zum zertifizierten Trainer u. Business-Coach BDVT.

Christa Mesnaric
Michl Group
Am Katzenstein 1
82234 Weßling

Tel.: 08153-9089990
Fax: 08153-9089994
Mobil: 0170-4454558
christa.mesnaric@michlgroup.de
www.michlgroup.de

Diana Michl

Jahrgang 1985, Studium der Rhetorik, Philosophie und Linguistik des Englischen in Tübingen. Diverse Praktika im journalistischen, politischen (u.a. bei der European Referendum Campaign in Brüssel) und kulturellen Bereich. In der Erwachsenenbildung tätig mit den Schwerpunkten Rhetorik und Neurolinguistik. Aktiv in einer Tübinger Theatergruppe als Schauspielerin, Regieassistentin, Technikerin und Autorin. Großer Erfahrungsschatz von Auftrittssituationen auf dramatischem, wissenschaftlichem, tänzerischem und musikalischem Gebiet.

Diana Michl
Wilhelmstr. 82
72074 Tübingen

Tel.: 07071-7782555
dianamichl0405@aol.com

Autorenverzeichnis

Christiane Niehoff

Jahrgang 1975, freie Trainerin. Ausbildung zur Industriekauffrau. Mehr als 10 Jahre Tätigkeit in der Aus- und Weiterbildung, über 4 Jahre Trainerin für Reiseleiter, mehr 6 Jahre Bühnenerfahrung als Amateurschauspielerin. Theater im Training.

Christiane Niehoff
Kirchstr. 4
33330 Gütersloh

Tel.: 05241-2335207
Mobil: 0176-63164773
cyniehoff@web.de

Birgit Preuß-Scheuerle, M.A.

Jahrgang 1964, Studium der Allgemeinen Rhetorik und Politikwissenschaft an der Universität Tübingen. Vom DBVC anerkannte Coachingweiterbildung „Psychologie der Veränderung – emotional intelligent coachen". Seit 1990 Trainerin, Coach und Fachbuchautorin. Lernen soll Spaß machen, das ist ihr in der Arbeit genauso wichtig wie beim Lernen mit ihren Söhnen. Rollenspiele und Spiele sind deshalb in ihren Trainings und Coachings zentraler Bestandteil, denn Erleben wirkt intensiv und nachhaltig.

Birgit Preuß-Scheuerle, M.A.
bps-training
Schwalbenstr. 9
65428 Rüsselsheim

Tel.: 06142-59709
Fax: 06142-951307
Mobil: 0177-3370906
info@bps-traing.de
www.bps-training.de

Siegfried Rapp

Jahrgang 1952, Dipl.-Päd., Mediator BAFM und BM, Gründer und Leiter des LIKOM-Ludwigsburger Institut für Konfliktmanagement und Mediation. Mediationstätigkeit in eigener Kanzlei seit Juni 2001. Seit 2005 Lehrbeauftragter an der Pädagogischen Hochschule Ludwigsburg. Seit 2007 Mitglied des dreiköpfigen nationalen Schlichtungsteams von Amnesty International Deutschland. Arbeitsschwerpunkte: Betriebliches Coaching und Teamentwicklung; Mediation für Paare, Familien und Unternehmen. Publikation: Kuss oder Schluss. Mediation für alle. winwinverlag.

Siegfried Rapp
LIKOM-Ludwigsburger Institut für
Konfliktmanagement und Mediation
Marktplatz 2
71634 Ludwigsburg

Tel.: 07141-6887999
Fax: 07141-6887997
Mobil: 0170-1784182
info@likom.info
www.likom.info

Katharina Kristine Schaal

Studium der Allgemeinen Rhetorik und Politikwissenschaften an der Universität Tübingen. Seit 1998 ist Katharina Schaal freiberufliche Beraterin mit den Schwerpunkten Rhetorik, Kommunikation und Gesprächsführung. Sie coacht Einzelpersonen und Gruppen verschiedener Branchen, darunter Automobilbranche, Gesundheitswesen, Verwaltungen und Werbung.

Katharina Kristine Schaal
starke wortarbeit
Bodelschwinghweg 5
70736 Fellbach

Tel.: 0711-8602082
Fax: 0711-3157550
schaal@starkewortarbeit.de
www.starkewortarbeit.de

Lars Schäfer

Jahrgang 1968, Verkaufs- und Kommunikationstrainer und Speaker, Spezialthemen Emotionales Verkaufen und Serviceorientierung, Zielgruppen: Verkäufer im Außen- wie auch Innendienst, gewerbliche Mitarbeiter im Kundenkontakt. „Am mächtigsten ist der, der die meiste Macht abgibt." (Vera F. Birkenbihl)

Lars Schäfer
LSTrainings
Gaulstr. 37
51688 Wipperfürth

Tel.: 02267-829066
Fax: 02267-80721
Mobil: 0171-3864104
Lars.Schaefer@LSTrainings.de
www.emotionalesverkaufen.de

Thomas Schmidt

Jahrgang 1969, Dipl.-Psych. & Dipl.-Päd., arbeitet als Leiter Personalentwicklung für die international führende Wirtschaftskanzlei Linklaters LLP in Frankfurt. Freiberufliche Tätigkeit als Trainer, Coach und Berater, Lehrtrainer am Moreno-Institut Stuttgart. Publikationen: „Kommunikationstrainings erfolgreich leiten", managerSeminare, 5. Aufl. 2009 und „Konfliktmanagement-Trainings erfolgreich leiten", managerSeminare 2009.

Thomas Schmidt
Seligenstädter Str. 41 B
63791 Karlstein am Main

Mobil: 0151-50981317
info@tsbt.de
www.tsbt.de

Johanna Schott

Nach einer Banklehre und einem BWL-Studium (Dipl.-Kauffrau) ist sie seit 1987 als Kommunikationstrainerin und Businesscoach der Internationalen Akademie der freien Universität Berlin tätig und seit mehr als 10 Jahren Geschäftsführerin vom Trainernetzwerk study & train. Der Zusammenschluss von mehr als 20 TrainerInnen ermöglicht es, mit Kunden eine Vielzahl individueller Lösungen durchzuführen und nachhaltig zu arbeiten.

Johanna Schott
study & train GmbH
Möhringer Landstr. 36
70563 Stuttgart

Tel.: 0711-7168286
Fax: 0711-7168287
Johanna.Schott@study-train.de
www.study-train.de

Katrin Schuler

Jahrgang 1967, Diplom-Psychologin und systemische Organisationsberaterin, ist seit vielen Jahren in der Personalentwicklung und im Personalwesen tätig. Zurzeit leitet sie die Abteilung Human Resources Development in einem mittelständischen Industrieunternehmen und führt nebenberuflich Trainings und Beratungen durch.

Katrin Schuler
Ina-Seidel-Str. 19
72770 Reutlingen

Tel.: 07121/470909
k_schuler@web.de

Eva-Maria Schumacher

Jahrgang 1969, Coach, Trainerin, Hochschuldidaktikerin. Seit 1994 in der Personalentwicklung und Hochschuldidaktik tätig. Von 1997 bis 2002 wissenschaftliche Mitarbeiterin an der TU Braunschweig und am Institut für Verbundstudien Hagen im Bereich Lehrkompetenz und Vermittlung von Schlüsselkompetenzen. In 2002 Gründung von constructif. Beratung und Begleitung von Hochschulen und allen Organisationen, die lehren und lernen u.a. Deutsche Hochschule der Polizei Münster (Hochschuldidaktische Weiterbildung und SBL-Trainer-Qualifizierung und -Zertifizierung). Lehrtrainerin und Lehrcoach (DVNLP). Diplom-Pädagogin, Rollenspielleiterin und Supervisorin.

Eva-Maria Schumacher
constructif
Lenneuferstr. 16
58119 Hagen

Tel.: 02334-444415
Fax: 02334-444416
Mobil: 0171-1732256
schumacher@constructif.de
www.lernen-als-weg.de

Autorenverzeichnis

Gaby Seuthe

Jahrgang 1963, ist über 10 Jahre lang in verschiedenen Führungspositionen unterschiedlicher Hierarchie-Ebenen in Vertrieb und Marketing tätig gewesen, bevor sie sich ganz ihrer Leidenschaft, dem Training, widmete. Spezialisiert auf Verhaltenstraining in Management und Vertrieb, national und international, ist sie außerdem lizenzierte Trainerin für DISG®-Persönlichkeits- und Verkaufsmethodik.

Gaby Seuthe
Buschend 4
41844 Wegberg

Mobil: 0172-8593270
gaby.seuthe@gmx.de

Klaus Steinke

Verhandlungs- und Führungsexperte, Coach, geschäftsführender Inhaber. Die Begeisterung meiner Kunden ist mein Maß, Verbesserung der Situation mein Ziel – sei es für Einzelpersonen, Unternehmen oder Hochleistungsteams. In über zwanzig Trainerjahren gewachsene Erfahrung in Rhetorik, Führung und Kommunikation, mehr als ein meisterlicher Werkzeugkasten, geübte Intuition und eine weit über dem Normalmaß liegende Präferenz für Kreativität und Innovation helfen dabei. Mein Motto: Kommunikation. Und gut.

Klaus Steinke
Sonnenbergstr. 5 A
70184 Stuttgart

Tel.: 0711-240290
Fax: 0711-2360653
Mobil: 0173-3058258
KS@12talente.de
www.KlausSteinke.com

Susann Tappert

Susann Tapperts beruflicher Schwerpunkt liegt im IT- und Telekommunikationsbereich. Dort sieht sie gerne auf die Menschen hinter der Technik. Für wen bauen sie technische Lösungen? Was für Menschen sind die Anwender, welche Bedürfnisse haben sie? Was bringt die beste Technik, wenn Menschen damit keinen Spaß an der Kommunikation haben? Als Telekommunikationsberaterin unterstützt und entwickelt sie technische Kommunikation, die dem Kunden helfen soll, seine Kunden und Partner zu erreichen.

Susann Tappert
Zuckerleweg 18
70374 Stuttgart

Mobil: 0160-440732
S.Tappert@gmx.de

Autorenverzeichnis

Ulrike Voggel

Jahrg. 1966, seit 1998 als selbstständige Beraterin und Trainerin tätig im Bereich Diagnostik, Training und Coaching. Im ersten Beruf Bankkauffrau, darauf aufbauend Studium der Arbeits- und Organisationspsychologie an der Universität Tübingen und Ausbildung in Transaktionsanalyse. Arbeitsschwerpunkte: Führungskräfte-Entwicklung, Beurteilungssysteme, Standortbestimmungen.

Ulrike Voggel
Bubengasse 30
72147 Nehren

Tel.: 07473-9241961
Mobil: 0174-1364366
info@ulrike-voggel.de
www.ulrike-voggel.de

Renate Weiß, M.A.

Jahrgang 1974, studierte Rhetorik und Musikwissenschaft in Tübingen und ist ausgebildete Imageberaterin und Trainerin für moderne Umgangsformen. Seit 1998 berät sie Einzelpersonen und Unternehmen verschiedenster Branchen in kundenorientierter Kommunikation und stilsicheren Umgangsformen. Sie vereint eigene Eleganz mit fundiertem Wissen und ihrem ausgeprägten Gefühl für Stil.

Renate Weiß M.A.
Weiß Consulting
Rilkestr. 2
72760 Reutlingen

Tel.: 07121-6955500
Fax: 07121-6955501
rw@weiss-consulting.de
www.weiss-consulting.de

Stichwortverzeichnis

Ablauf eines Rollenspiels im Coaching 275
Ad-hoc-Rollenspiele 268
Aktives Zuhören 85
Akzeptieren einer anderen Meinung 198
Allparteiliche Haltung einnehmen 115
Andere rasch einschätzen 134
Antagonisten 328
Arbeit mit inneren Anteilen 293
Argumentieren 62,212,232,236
Assessment-Center 331
Aussprache und Wirkung üben 69
Ausstrahlung 132
Authentizität 286

Bedarfsermittlung 260
Bewertungen 219
Blended Training.................................312
Blinden Fleck verkleinern 134
Briefing des Schauspielers 344

Coaching-Ziele 270,286

Debatte 122
DISG-Modell 183
Doppeln 278
Drama-Dreieck 104

Eigene Meinung vertreten 122
Einfluss von Sprache 45

Einnehmen von Körperhaltungen 152
Empathie 296
Erinnerungsanker 349
Erkennen von Vorannahmen 256

Feedback geben 41,45,250
Fingerpuppen 51
Fishbowl-Methode 32
Fragetechnik 232
Fragetechniken einsetzen 232, 248,256
Freies Reden trainieren 56, 212
Fünfsatz-Technik 212
Fürsorge aussprechen 138

Ganzheitliche Wahrnehmung 172
Gesprächführungskompetenzen trainieren 85
Gesprächsfallen 299
Gesprächspartner öffnen 260
Gesprächstechniken ausprobieren 76, 92
Gewaltfreie Kommunikation 142
Gründe für Bewertungen 219
Gruppensituationen bearbeiten 51

Haltungen 303

Ich-Botschaften 85
Ich- und Du-Botschaften 219
Ideen anderer positiv fortführen 51
Imagepflege trainieren 172

Impuls 196, 223, 329, 339, 347
Im Mittelpunkt stehen 134
Inneres Team 177
Interkulturelle Aspekte 109
Interne Konfliktlösung 92
Interview des Konfliktpartners 287

Kernbotschaften vermitteln 76
Klärungsarbeit im Gespräch 267
Klärungsgespräche führen 34
Kommunikations-Dynamiken 198
Kommunikationsstil reflektieren 96
Konfliktbearbeitung 331
Konflikte lösen 85, 242
Konfliktgespräche 115
Konfliktlösungskompetenz 177
Konfliktmanagement 34, 109
Konflikttraining 104
Kontrollierter Dialog 288
Kritische Situation ansprechen 138
Kundenansprache 20

Leerer Stuhl 289
Leistungsbeurteilung vermitteln 160
Leistungserwartungen transparent
machen 160
Lösungsfindung durch Fragen 146

Mediator 112
Mitarbeitergespräch 160
Mitarbeitermotivation 160
Mit Angriffen umgehen 76
Modellieren 279
Moderieren üben 56, 115

Multiperspektivität von
 Geschmacksfragen 198

Offene Interaktion in Gang bringen 51
Offene und geschlossene Fragen ... 138, 248

Peergroup 122
Platzierung von Coach und Coachee ... 271
Problemlandkarte 321
Problemsituationen bewältigen 146

Reflexion der eigenen Verhaltensweisen .. 228
Rollenspiel im Alltag 354
Rollentausch 276, 328
Rückmeldegespräche 355

SBL-Training 313
Schlagfertigkeit 236
Schlagfertigkeitstraining 339
Schlagfertig reagieren 122
Schnittstellenkommunikation 147
Schwierige Kommunikationssituationen
meistern 62
Sender-Empfänger-Modell 41
Sicheres Auftreten 236
Sich an persönliche Themen heranwagen 190
Sich in den Konfliktpartner
hineinversetzen 296
Sich überzeugender darstellen 26
Situiertes Lernen 311
Souveränität bewahren 62
Spiegeln 277, 328
Spiellust fördern 74, 103
Standpunkt vertreten 76
Strategien finden 232
Szenarien 313
Szenariobasiertes Lernen 311

Teambildung in gemischten Teams 154
Telefonsituationen meistern 225
Train the Trainer 335

Stichwortverzeichnis

Transaktionsanalyse 38,104
Transfersicherung mit Schauspielern 345

Übung in Alltagsrollen 358
Umgang mit Konflikten 236
Umgang mit unterschiedlichen Verhaltensweisen 228
Unangenehmes ansprechen 190
Unterschiedliche Interessen ausgleichen . 242
Unter Zeitdruck handeln 122

Vereinbarungen treffen 41
Verfremden 280
Verhaltenskodex 196
Verhaltensspektrum flexibel einsetzen 168
Verhaltenstypen 183
Verhalten in Stresssituationen 228
Verhalten überprüfen 299
Verhandeln 56
Verhandlungsführung 41
Verhandlungsstrategien 256
Verhandlungstechniken einsetzen 96
Verkaufstraining 334
Vermittlung in Konfliktsituationen 109
Vertriebstraining 256
Virtuelle Organisation 312
Vorgesetzten beim Thema halten 62
Vorstellungskraft fördern 74

Wahrnehmung erweitern 250
Warm-up 20,74,103,132,134,152
Wertschätzende Kritik üben 142

Zielerreichung 92
Zuhören und Verstehen 172

Bücher für Rollenspieler und andere Kommunikationsexperten

Für Rhetorikprofis
Astrid Göschel
Rhetoriktrainings erfolgreich leiten
Denk-BAR, Mach-BAR, Beobacht-BAR
ISBN 978-3-936075-76-2
2008, 312 S., 49,90 EUR

Für Visualisierungsprofis
Axel Rachow: Sichtbar
Die besten Visualisierungs-Tipps
für Präsentation und Training
ISBN 978-3-936075-13-7
2. Aufl. 2007, ca. 254 S., 49,90 EUR

Für Kommunikationsprofis
Thomas Schmidt: Kommunikationstrainings
erfolgreich leiten
Der Seminarfahrplan
ISBN 978-3-936075-40-3
5. Aufl. 2009, 336 S., 49,90 EUR